L'ANTIQUITÉ

(CLASSE DE SIXIÈME, A ET B)

MINERVE, de Phidias.

(Restitution du château de Dampierre.)

COURS D'HISTOIRE
RÉDIGÉ CONFORMÉMENT AUX PROGRAMMES DE 1902

L'ANTIQUITÉ

ÉGYPTIENS — CHALDÉENS ET ASSYRIENS — JUIFS — PHÉNICIENS
PERSES — GRECS — ROMAINS

PAR M. L'ABBÉ P. GAGNOL
LICENCIÉ ÈS LETTRES
LICENCIÉ EN HISTOIRE, ANCIEN ÉLÈVE DE L'ÉCOLE DES HAUTES ÉTUDES

CLASSE DE SIXIÈME
(DIVISIONS A ET B)

PARIS
LIBRAIRIE CH. POUSSIELGUE
RUE CASSETTE, 15

1902

DU MÊME AUTEUR

Histoire de France. In-18 raisin illustré. Cartonné.
PREMIER COURS (51 gravures). . . . . 1 fr. 50
DEUXIÈME COURS (66 gravures). . . . . 2 fr. 25
TROISIÈME COURS (107 gravures). . . . . 3 fr. 25

LES PEUPLES DE L'ORIENT

CHAPITRE PREMIER

GÉOGRAPHIE DE L'ÉGYPTE

SOMMAIRE

Configuration. — Le Nil. — Rôle du Nil. — Ses inondations. — Climat. — Productions. — Animaux. — Type égyptien.

Configuration. — Les plus anciennes monarchies, remontant, suivant quelques-uns, à cinq mille ans avant Jésus-Christ, se sont formées en Égypte. La géographie de ce pays est des plus simples. C'est une large bande de terre, ou plutôt de sable, qui s'étend du Tropique du Cancer environ à la Méditerranée, entre la mer Rouge et le désert de Libye, sur une superficie un peu supérieure à la superficie de la France. Vers le milieu de cette bande de sable se déroule, comme un ruban d'eau et de fraîcheur, l'étroite vallée du Nil, qui ne s'élargit jamais au delà de cinq à six lieues, et se change en plaine vers Memphis, où commence le fameux Delta. Cette vallée et ce Delta sont toute la partie habitable de l'Égypte; ils ne présentent que la modeste superficie de vingt-neuf mille kilomètres carrés, c'est-à-dire un territoire un peu moins étendu que celui de la Belgique.

Le Nil. — Sans le Nil, l'Égypte ne serait qu'un affreux désert. Le Nil, à qui l'on fait généralement l'honneur d'être le fleuve le plus long du monde entier, a plus de dix-huit cents lieues depuis la région de l'Équateur, où l'on cherche ses sources, jusqu'à la Méditerranée. Le vrai Nil, ou Nil Blanc, paraît sortir des grands lacs découverts au XIXᵉ siècle par les voyageurs anglais Burton, Speke, Grant, Baker et Stanley. Après avoir reçu à gauche le

Bahr-el-Gazal, ou rivière des Gazelles, il confond à Khartoum, capitale de la Nubie, ses eaux avec celles du Nil-Bleu, qui vient de l'Abyssinie. Le Tacazzé ou Atbara (ancien Astaboras) est son dernier affluent. Son cours en Éthiopie est obstrué par des rochers et coupé par des rapides, que les anciens décorèrent du nom de cataractes. Ces rapides, au nombre de six, entravaient la navigation dans l'antiquité ; la vapeur triomphe maintenant de ces obstacles.

Après la dernière cataracte, dite de Syène, aujourd'hui Assouan, le Nil quitte l'Éthiopie pour devenir un fleuve égyptien. Son cours jusqu'à la Méditerranée est encore de onze cents kilomètres : c'est celui de la Loire, le plus long de nos fleuves de France. Sa largeur est alors de six à sept cents mètres. Son volume d'eau, loin de croître, va diminuer à mesure qu'il marche vers la mer, parce que, à l'encontre des autres fleuves, il ne reçoit plus aucun affluent, mais abandonne, au contraire, une partie de ses eaux aux nombreux canaux qui s'ouvrent sur ses rives. Lorsqu'il se jette dans la Méditerranée, son débit n'est que légèrement supérieur à celui du Rhône.

Le Nil coule entre deux chaînes de montagnes fort rapprochées : la chaîne Arabique à l'est, et la chaîne Libyque à l'ouest. De granit rose près d'Assouan, puis de grès et enfin de calcaire, ces montagnes ont fourni les matériaux des gigantesques constructions égyptiennes.

Rôle du Nil. — « L'Égypte est un don du fleuve », a dit Hérodote. En effet, le Nil a créé le Delta, qui forme la plus grande partie de sa superficie : vingt-trois mille kilomètres carrés sur vingt-neuf mille de terres cultivables. Jadis toute la partie de l'Égypte connue sous le nom de Delta était un golfe aux eaux peu profondes. Les alluvions apportées par le Nil le comblèrent peu à peu ; d'abord marécageux, les terrains se consolidèrent ensuite par l'effet de nouveaux apports emprisonnant çà et là les eaux de la mer, qui formèrent des lacs : lacs Mariout, Boulos, Menzaleh, Ballah, Timsah, Amers, etc. Le Nil se jetait dans la Méditerranée par sept branches ; de nos jours, deux seulement sont à citer : la branche de

Rosette, au nord-ouest, et la branche de Damiette, au nord-est.

Le Nil a donc créé une partie de l'Égypte; on peut même dire qu'il l'a créée tout entière, parce qu'il a couvert d'une couche de limon très fertile la vallée, pur sable à l'origine. Mais de plus chaque année il lui rend sa fécondité. Sans lui rien ne viendrait, ni moissons, ni légumes, ni arbres, ni herbe quelconque, sur ce sol poussiéreux et sous cette atmosphère constamment embrasée, que ne rafraîchissent presque jamais même de passagères ondées.

Inondations du Nil. — Chaque année, à la suite des pluies périodiques qui inondent la région des grands lacs et les montagnes de la haute Abyssinie, se produit une crue de plusieurs mètres. Dans les derniers jours de juin, le fleuve se gonfle tout à coup. Il se répand dans les canaux qui coupent la vallée en tous sens, puis déborde sur les champs. Partout où l'eau pénètre, la terre est rafraîchie, et un limon fécond est déposé. La crue atteint son maximum au 21 septembre; elle diminue presque aussitôt, et au mois de janvier le fleuve est rentré dans son lit. Les semailles commencent alors, et la récolte se fait au mois de mars.

Pendant le débordement, les habitants, retirés dans les villes et les villages placés sur des élévations naturelles ou artificielles qui émergent comme autant d'îles, suivent avec anxiété la marche des eaux. Car l'abondance des récoltes dépend de la hauteur du Nil; entre cinq et sept mètres de crue, la récolte sera magnifique; de trois à cinq, de sept à huit, médiocre; mauvaise au-dessous de trois et au-dessus de huit; dans le premier cas, les eaux sont insuffisantes; dans le second, elles renversent les digues, et bouleversent les terres.

Durant la crue, le Nil présente un phénomène étrange, dont on ne peut suivre toutes les phases que dans la haute Égypte. L'eau, qui en temps ordinaire a une teinte bleu clair, devient verte, gluante et terne comme l'eau saumâtre; de plus, elle est très mauvaise à boire; c'est le Nil vert. Trois ou quatre jours après elle devient trouble ; au bout de dix à douze jours, elle devient opaque et d'un rouge sombre : on dirait une rivière de sang ; c'est le Nil rouge. Enfin, quand la crue atteint son maximum, les eaux prennent une teinte rose pâle.

De même que les Égyptiens ignorèrent toujours les sources du Nil, ainsi ils ne connurent jamais la cause de ses inondations périodiques. Ils la croyaient surnaturelle : Isis, en deuil d'Osiris, laissait tomber dans le Nil une des larmes qu'elle versait sur son frère. Au contact de cette goutte céleste, le fleuve s'enflait aussitôt.

Climat de l'Égypte. — Il n'y a en Égypte qu'une saison : un été éternel, car, sauf près du littoral méditerranéen, le ciel y est presque toujours serein et avare de nuages. Grâce cependant au Nil, le pays change perpétuellement de face. Au mois de juin, avant l'inondation, le sol est sec, poudreux, crevassé. En août et en septembre, l'Égypte n'est plus qu'un vaste lac. Puis les eaux, en se retirant, laissent paraître un sol noir et fangeux. Enfin, en février, le pays devient une prairie verdoyante, un champ de fleurs, un océan d'épis.

Malgré le soleil ardent, la température ne devient insupportable que lorsque souffle le terrible *kamsin* (siroco), vent qui se fait sentir de mars à la mi-mai, et qui dure environ cinquante jours. « Quand ses haleines ardentes emplissent l'air d'une fine poussière, la fournaise est partout. Alors, dit le poète, les crocodiles, demi-cuits dans leur carapace, se pâment avec des sanglots. »

Productions. — Tout venait presque sans culture dans le fertile limon déposé par le Nil : les céréales d'abord, c'est-à-dire le blé, l'orge, le sorgho. L'humidité du sol était favorable aux fèves, aux racines, aux légumes et aux fruits tant regrettés par les Hébreux, tels que les concombres, les oignons et les melons. On récoltait aussi le lupin, le pois chiche, la lentille et le ricin.

Deux plantes aquatiques surtout étaient célèbres : le lotus, dont on faisait une pâtisserie excellente ; et le papyrus, dont on faisait non seulement du papier, des chaussures pour les prêtres, des barques pour la pêche, mais encore du pain. Ce pain de lis était une friandise recherchée et figurait sur les tables royales. Les palmiers étaient si nombreux, qu'ils formaient des forêts, comme encore aujourd'hui. On y voyait de plus le caroubier, le sycomore, le grenadier, l'abricotier, le figuier.

Animaux. — Le cheval et le chameau furent introduits en Égypte longtemps après la fondation du royaume. Mais de tout temps on y connut les bœufs, les chèvres, les chiens, les lièvres, l'ichneumon, la gazelle. L'Égypte nourrissait des ânes superbes. Parmi les bêtes féroces figuraient : le chat sauvage, le loup, le chacal, l'hyène, le léopard, le lion. Les hippopotames, aujourd'hui disparus, étaient nombreux, ainsi que les crocodiles, qui reculent de plus en plus vers le sud, mais que Champollion, il y a quelque soixante ans, put voir encore réunis en conciliabule par groupe de quatorze sur un îlot. Les serpents pullulaient ; les uns inoffensifs comme la couleuvre, d'autres très venimeux comme la vipère, et surtout l'aspic ou *urœus*, reptile long de deux mètres, qui figure souvent dans la coiffure des Pharaons.

Les oiseaux abondaient, et présentaient les espèces les plus variées : aigle, faucon, épervier, vautour, pigeon, pie, tourterelle, perdrix, moineau. Les ibis blancs et noirs, les pélicans, les flamants roses, les cormorans, les oies, les canards fourmillaient dans les eaux. L'oie et le canard, apprivoisés de toute antiquité, remplaçaient le poulet, encore peu connu. La pêche fournissait aussi un précieux appoint.

Toutes ces ressources permettaient à l'Égypte de nourrir une nombreuse population. Elle est considérable encore aujourd'hui, puisqu'elle est de près de dix millions. Mais autrefois elle était supérieure ; les uns disent de dix à quinze millions, d'autres même davantage.

Type égyptien. — Les Égyptiens en général étaient grands, avaient les épaules larges et pleines, la poitrine forte, les hanches peu développées, ce qui amenait entre le haut et le bas du corps une disproportion disgracieuse. Le visage était ovale, le front légèrement fuyant, les yeux petits et bridés, les lèvres grosses. La peau, blanche à la naissance, brunissait plus ou moins vite suivant qu'on l'exposait plus ou moins au ciel; cela arrivait souvent pour le paysan, qui avait le ton du bronze. Ce type revit dans l'Égyptien de nos jours, surtout dans le *fellah*, ou habitant des campagnes.

RÉSUMÉ

Tout petit pays, vingt-neuf mille kilomètres carrés, à peine grand comme la Belgique, l'Égypte a été créée par le Nil, à qui elle doit la plus grande partie de son sol et sa fertilité annuelle. Les inondations du Nil ont lieu de juin à décembre. Le sol produit les céréales en abondance, beaucoup de légumes et de fruits; aussi la population y est-elle d'une densité exceptionnelle. Le climat, très doux en hiver, devient très chaud dès le mois d'avril. La chaleur, dans la haute Égypte, est, pour l'étranger, intolérable.

CHAPITRE II

LA RELIGION ÉGYPTIENNE

SOMMAIRE

La trinité égyptienne. — Les trinités locales. — Les divinités animales. — Apis. — L'immortalité de l'âme.

Le dieu des prêtres. — Trinité égyptienne. — Les Égyptiens étaient profondément religieux, et ils mêlaient la religion à tous les actes de la vie, soit privée, soit publique. Leurs prêtres ont eu sur la divinité des notions sublimes que l'on serait souvent tenté de rapprocher de la révélation mosaïque. Ils reconnaissaient un Dieu un en substance, mais triple en personnes. La Trinité comprenait le père, la mère, le fils. Ce Dieu triple et un avait tous les attributs du Dieu chrétien, l'immensité, l'éternité, l'indépendance, la volonté souveraine, la bonté sans limites.

Les trinités locales. — Une série de trinités locales se forma. Au premier rang de ces trinités père, mère, fils, figurent celles de Thèbes, dans la haute Égypte (Ammon, Mout, Kons), de Memphis, dans la basse Égypte (Ptah, Sokt, Imouthès), d'Abydos, **dans**

La triade osirienne : Osiris, Horus et Isis.

la moyenne Égypte (Osiris, Isis, Horus).

On confondit ensuite ces dieux avec les astres. Ainsi Râ, le soleil, fut associé ou assimilé à Ammon, à Osiris, à Ptah ; Isis devint la déesse Lune.

Un dieu resta toujours commun à toute l'Égypte, ce fut le dieu Nil. Le Nil avait dans chaque province sa chapelle et ses prêtres. On célébrait solennellement sa fête au solstice d'été, avant d'ouvrir les canaux qui permettaient à l'inondation de s'épancher sur les terres. Une tradition prétend qu'on jetait alors en grande pompe dans ses eaux une jeune fille de race noble, parée comme pour des épousailles, *la Fiancée du Nil.*

Les divinités animales. — Les Égyptiens se laissèrent aller à croire que leurs dieux avaient pris la forme d'un animal. Ils ne se contentaient pas de représenter la divinité sous la forme de l'homme ou de la femme, mais on vit des divinités à corps humain avec une tête de chatte, de lionne, de bélier ou d'épervier. Ils en arrivèrent à adorer le crocodile, le chien, le chat, le bouc, l'épervier, l'ibis, et surtout le bœuf Apis, qu'on appelait la *deuxième Vie de Ptah* et l'*âme d'Osiris.* Des animaux immondes eurent ainsi des temples, et malheur à celui qui portait sur eux une main téméraire ! Diodore raconte que, pendant qu'il voyageait en Égypte (cinquante ans environ avant Jésus-Christ), un Romain établi à Alexandrie tua par hasard un chat. Le peuple s'assembla aussitôt, le saisit et le mit à mort malgré sa qualité de citoyen romain, malgré les prières du roi, qui dépendait de Rome et craignait pour sa couronne.

Il est très probable que les prêtres, dans tous ces animaux, n'ont vu que des images vivantes, des formes sensibles de leurs dieux, et que leur culte, à travers cette forme grossière, s'est adressé à une divinité invisible et immatérielle. Mais il est sûr que le vulgaire n'allait pas au delà de l'animal, et que son culte n'était que la plus monstrueuse des idolâtries. Bossuet a pu dire qu'en Égypte tout était dieu, excepté Dieu lui-même.

Le bœuf Apis, devenu pour les Égyptiens l'expression la plus complète de la divinité sous la forme animale, n'était point pris au hasard. Il devait être noir, porter au front une tache triangulaire, sur le dos la figure d'un vautour ou d'un aigle aux ailes éployées, sur la langue l'image d'un scarabée, insecte cher à Ptah ; enfin les poils de sa queue devaient être doubles. Il vivait à Memphis, dans une chapelle attenante au temple de Ptah. Pendant vingt-cinq ans, il recevait les honneurs divins ; ce laps de temps écoulé, les prêtres le noyaient dans une fontaine consacrée au soleil ; mais son cadavre était soigneusement embaumé, puis déposé dans une tombe sur laquelle les dévots venaient prier; même mort, Apis continuait à être dieu.

L'immortalité de l'âme. — Les Égyptiens ont cru à une autre vie. Pour eux, la mort n'était même qu'un changement de vie. Après avoir vécu dessus terre, on vivait dessous. Le corps était inerte; mais son *double*, c'est-à-dire un second exemplaire d'une ressemblance parfaite, lui survivait. La survivance du double dépendait de la conservation du corps. De là les grands soins apportés par les Égyptiens à la sépulture des morts. On embaumait les corps par des procédés perdus depuis longtemps, qui rendaient la momie comme indestructible; la momie embaumée était enfermée dans un caveau plus ou moins riche, suivant la qualité du défunt, puis, pour protéger le mort contre les profanations, on murait l'entrée, qu'on obstruait en y roulant des quartiers de roche.

Le double vivait dans le tombeau et ne le quittait jamais, sauf pour aller à la recherche de la nourriture, quand les parents négligeaient d'apporter les offrandes funéraires. Et cependant, par une contradiction que les Égyptiens n'eurent jamais la pensée d'expliquer, l'âme ne restait point avec ce double; elle comparaissait devant Osiris et les quarante-deux juges de l'enfer. Ses actions étaient pesées dans la balance infaillible de vérité et de justice. L'âme coupable tombait dans l'enfer, où des matières immondes étaient sa nourriture et sa boisson, où elle était poursuivie par des scorpions et des serpents, où enfin après mille tortures elle trouvait la mort et l'anéantissement final. L'âme juste, après avoir passé par une longue série d'épreuves, entrait dans la béatitude, et, devenue la compagne d'Osiris, l'être bon par excellence, elle était nourrie par lui de mets délicieux.

RÉSUMÉ

La religion compénétrait de toutes parts la vie égyptienne. Les prêtres connurent l'unité de Dieu et eurent sur la divinité des idées très élevées. Mais leur habitude de représenter la divinité non seulement sous la forme humaine, mais encore sous la forme animale, engendra pour le peuple le polythéisme le plus grossier. Les prêtres eux-mêmes délaissèrent la trinité égyptienne primitive pour des trinités locales. Thèbes adora Ammon, Mout, Kons; Memphis, Ptah, Sokt, Imouthès; Abydos, Osiris, Isis, Horus. Ammon, Ptah, Osiris furent ordinairement assimilés à Râ, le soleil. Le Nil persista toujours à être regardé comme la grande divinité nationale. Parmi les animaux adorés par la foule, figura au premier rang le bœuf Apis.

Les Égyptiens crurent à une autre vie. Le défunt se survivait à lui-même dans le tombeau par son *double*, et son âme, jugée par Osiris, allait dans la béatitude ou en enfer suivant ses œuvres.

CHAPITRE III

LA SOCIÉTÉ ÉGYPTIENNE

SOMMAIRE

I. LE ROI. — Caractère de la royauté. — La cour. — Les lois et les tribunaux.
II. LES CLASSES PRIVILÉGIÉES. — Nobles, prêtres, guerriers.
III. LE PEUPLE. — Artisans ou bourgeois. — Paysans ou fellahs.

I. — Le roi.

Caractère de la royauté. — A la tête de la société égyptienne apparaît le roi ou *Pharaon*.

Le Pharaon n'est pas seulement un roi, il est un dieu. Successeur et descendant des divinités qui avaient régné sur la vallée du Nil, il est la manifestation vivante et l'incarnation de Dieu. Aussi se proclame-t-il toujours *Se Ra*, le fils du dieu Soleil. Il porte dans ses mains les insignes des dieux suprêmes : la croix de vie, d'une ressemblance étonnante avec la croix chrétienne, le crochet, le fouet, le sceptre à tête de lévrier. Il ceint leur diadème, le *pschent*, sur lequel étincelle menaçante la figure dorée de l'urœus ou de la vipère. Ses sujets l'abordent les yeux bas, la tête et l'échine pliées; ils *flairent* le sol devant lui, se voilant la face des deux mains pour la protéger contre le feu de son regard, et murmurent, en lui présentant leur requête, une formule d'adoration.

Les rois étaient donc adorés de leur vivant. Comme tous les dieux, ils avaient leur collège de prêtres qui leur présentaient l'encens et les autres offrandes; souvent même ils offraient l'encens à leur propre image.

L'étiquette observée autour d'un dieu-roi ne pouvait manquer d'être rigoureuse. Tous les actes du Pharaon, non seulement de sa vie publique, mais encore de sa vie privée et familière, étaient réglés d'une façon invariable. Maîtres absolus de leurs sujets, les rois étaient eux-mêmes les serviteurs de la religion et de la coutume. Toujours dignes et majestueux en public, ils savaient cependant quelquefois, dans la vie intime, oublier leur grandeur. L'un d'eux est représenté poussant le pion sur le damier avec sa femme et ses enfants.

On a souvent répété, après les historiens grecs, que les rois étaient, une fois morts, solennellement jugés par l'assemblée du peuple, qui leur accordait ou leur refusait la sépulture. C'est là un pur roman. Le roi était un dieu aussi bien mort que vivant. Il entrait dans le Panthéon égyptien, et recevait de ses successeurs les honneurs divins, comme Osiris, Ptah ou Ammon.

La cour. — Autour du Pharaon se presse une cour nombreuse. Pour sa toilette, il a des barbiers qui lui rasent la tête et le menton, des coiffeurs qui fabriquent ses immenses perruques ou ses barbes postiches, des valets qui lui polissent les ongles, des parfumeurs qui lui oignent les membres d'huiles et de pâtes odorantes, ou lui teignent de fard le tour des paupières, les lèvres et les joues; pour les jours de maladie, des médecins qui ordonnent, confectionnent et appliquent les remèdes; pour le service de la garde-robe, des bijoux et des couronnes, tout un bataillon de serviteurs; pour le service des divertissements, des danseurs, des musiciens, des chanteurs, des bouffons et des nains; pour le service de la bouche, une foule de maîtres-queux, de sommeliers, de panetiers, de bouchers, de boulangers, de pâtissiers, de pourvoyeurs de poissons, de gibier ou de fruits; enfin pour l'exploitation du monde surnaturel, des magiciens qui interprétaient les songes, guérissaient les maladies mystérieuses, et égayaient le roi par les prodiges les plus merveilleux, comme de changer une baguette en serpent ou de recoller sur les animaux les têtes d'animaux coupées.

Pour loger cette cour, ses femmes, ses nombreux enfants, il fallait au Pharaon non un simple palais, mais

Ramsès I". (Champollion, *Monuments de l'Égypte et de la Nubie.*)

une véritable cité. Les constructions étaient d'ailleurs faites en bois, en briques, le tout assez mal établi, peu solide, bâti pour une vie seulement, chaque Pharaon voulant posséder un chez soi à sa guise, qui ne fût pas hanté par le souvenir importun d'un souverain défunt.

Tout autour de la cité du Pharaon étaient d'autres logements pour la multitude des fonctionnaires chargés de gérer sa fortune et les immenses magasins où étaient amoncelés les produits de ses terres ou de l'impôt. Les Pharaons, en effet, en principe étaient propriétaires de tout le sol égyptien, et bien qu'ils en eussent en fait aliéné une bonne partie au profit des temples, des favoris ou des seigneurs, ils possédaient encore la moitié des terres; et de plus, l'usage de la monnaie étant inconnu, c'était *en nature* qu'était perçu l'impôt.

La loi et les tribunaux. — La volonté seule du Pharaon faisait la loi. Bossuet a vanté les lois de l'Égypte, qui étaient, dit-il, simples et pleines d'équité. D'une juste sévérité, elles donnaient une protection efficace aux biens, à l'honneur, à la vie des citoyens. L'homicide était puni de mort, et le témoin d'un assassinat qui n'avait rien fait pour empêcher le crime subissait la même peine. Le parjure, les attentats aux mœurs étaient cruellement réprimés. Les lois civiles, fort sages, réglaient soigneusement les droits entre les particuliers. Les contrats, actes de vente, de louage, étaient garantis par des formalités protectrices.

Seul législateur, le Pharaon était aussi le seul juge. Mais d'ordinaire il ne se réservait que les causes les plus importantes et déléguait ses pouvoirs pour la plupart des autres. Les gouverneurs des provinces et des villes, souvent les prêtres, étaient chargés de rendre la justice. Il y avait dans les jugements comparution de témoins, exhibition et étude de pièces écrites; mais le serment y jouait aussi un grand rôle, et le bâton encore plus. Pour les fautes légères, la peine était la bastonnade, la prison, l'amende; pour les crimes graves, les travaux forcés, la perte du nez ou des oreilles, la mort par pendaison, décollation, pal ou bûcher.

II. — Les classes privilégiées.

Au-dessous du Pharaon, dans la société égyptienne, venaient trois classes privilégiées : les nobles, les prêtres et les guerriers.

Les nobles. — La noblesse comprenait la postérité des enfants des souverains, la descendance des vieilles maisons princières indépendantes avant la fondation de la royauté, et les familles des hauts dignitaires ou ministres du Pharaon. Elle fourmillait naturellement dans les charges importantes de la cour ou de l'administration. Le noble était exempt des impôts; son insigne était la canne en bois d'acacia.

Affaiblie et comme domestiquée dans le Delta, où le Pharaon possédait la plus grande partie des terres, la noblesse releva la tête dans la moyenne et haute Égypte, et réussit souvent à y maintenir son indépendance à peu près entière, ne reconnaissant au Pharaon que le droit de suzeraineté. L'Égypte aussi a eu sa féodalité.

Les prêtres. — La classe sacerdotale égalait, si elle ne la dépassait, la classe noble. Les prêtres étaient puissants par leur condition même, qui faisait d'eux les intermédiaires obligés entre le peuple et les dieux, puissants par les charges qu'ils unissaient à leurs fonctions essentielles : il n'était pas rare de voir des prêtres administrateurs, juges, et même commandants d'armée; — puissants par l'étendue de leur instruction, qui embrassait non seulement les sciences sacrées, mais encore toutes les connaissances profanes, géométrie, arithmétique, astronomie, littérature; — puissants enfin par l'usage constant où étaient les Pharaons, avant toute entreprise importante, de consulter les images des dieux, images dont les prêtres dictaient les gestes et les réponses par une supercherie assez grossière, qui n'ébranlait cependant la foi de personne.

Très considérés, les prêtres étaient aussi fort riches. La piété des Pharaons et des grands les portait à faire des donations en terres aux temples des dieux. Ces donations formèrent à la longue un domaine considérable, qui atteignit le tiers du territoire égyptien. Les revenus de ce domaine, les offrandes des dévots, les viandes des sacrifices, allaient aux prêtres, qui en outre étaient dispensés de tout impôt, de la corvée et du service militaire.

En retour, ils avaient à observer mille pratiques religieuses. Quant aux pratiques hygiéniques, elles étaient, dit Hérodote, innombrables. Ils étaient tenus en particulier à la plus grande propreté sur eux et dans leurs vêtements. Leur robe, toujours soigneusement blanchie, devait être de lin, et ils ne pouvaient porter que des chaussures légères en écorce de papyrus.

Les guerriers. — Les soldats étaient loin de posséder l'influence et la richesse de la caste sacerdotale : ils n'en formaient pas moins une classe privilégiée, jalouse de ses droits et faisant des envieux.

Cette classe, d'origine inconnue, n'était pas fermée; mais en pratique elle ne s'ouvrait guère que devant les Bédouins, les nègres, les Éthiopiens, les prisonniers de guerre et les aventuriers venus de Libye ou d'au delà des mers : l'Égyptien était peu belliqueux de sa nature et ne servait pas volontiers. Les soldats mercenaires composaient la garde du Pharaon ou des barons, et le noyau permanent autour duquel se ralliaient les troupes indigènes en temps de guerre. Ils recevaient un domaine modeste, mais suffisant pour les faire vivre, eux et leur famille. Ils étaient aussi dispensés de toute taxe et de toute corvée. A la longue les soldats formèrent une sorte d'aristocratie qui se fit redouter du Pharaon et des hauts barons égyptiens.

III. — Le peuple.

Les artisans et les cultivateurs formaient le peuple, tourbe misérable et dédaignée, qui ne jouissait d'aucun droit, et sur qui pesaient toutes les charges.

Les artisans. — Les artisans étaient des travailleurs qui habitaient les villes et les bourgs, maçons, tailleurs, cordonniers, forgerons et autres gens de métier. Outre l'impôt personnel, dit *capitation*, et l'impôt sur les maisons, ils avaient à payer un impôt qui leur était particulier, la *patente*, prélevée sur l'industrie. A ces taxes s'ajoutaient les *corvées*, journées de travail réclamées par le Pharaon, par les seigneurs, pour les besoins divers de leur cour ou pour leurs constructions.

Tout cela faisait aux artisans une vie assez dure. « Je

n'ai jamais vu, dit un papyrus, forgeron en ambassade,
ni fondeur en mission ; mais ce que j'ai vu, c'est l'ouvrier à la gueule du four de sa forge, les doigts rugueux
comme crocodiles et puant plus que poisson gâté. L'artisan qui manie le ciseau, la nuit il travaille encore chez
lui à la lampe. Le tailleur de pierre, quand ses bras
sont usés, il s'arrête. Le barbier qui rase jusqu'au soir,
quand il se met à manger, c'est sur le pouce. Te dirai-je
le maçon ? Ses deux bras s'usent au travail..., il se mange
lui-même, car il n'a de pain que ses doigts. »

Les paysans ou fellahs. — Plus dure encore était
la condition du campagnard. Très rarement propriétaire,
tout le sol appartenant au roi, aux grands, aux prêtres
et aux guerriers, il était réduit à se faire valet ou tout
au plus fermier. Il devait payer au maître du sol la dîme
de tous ses produits ; payer à l'État sa taxe personnelle.
Ces impôts étaient exigés avec la dernière brutalité :
d'ordinaire le fellah ne cédait son bien qu'après avoir été

La levée de l'impôt : la bastonnade. Tableau d'un tombeau à Béni-Hassan.
(Champollion, *Monuments de l'Égypte et de la Libye*, pl. CCCXC.)

roué de coups. Sa position aurait été cependant tolérable
sans les corvées qui lui prenaient le meilleur de son
temps : corvées pour la culture des terres royales ou
seigneuriales, corvées pour étayer, réparer les digues,
curer les étangs ; corvées pour les grands travaux publics,
pyramides, tombes royales, temples ; travail de chien,
commencé à l'aube pour finir à la nuit, avec une heure

de repos au milieu du jour, fait sous un soleil de feu et sous la menace perpétuelle de l'inévitable bâton du surveillant.

Le paysan des époques pharaoniques semble revivre tout entier dans le misérable fellah moderne qui, pour toute propriété, bien souvent n'a qu'une méchante cahute en boue du Nil construite par lui-même en une journée, haute de deux mètres, large d'une quinzaine de pieds carrés, et recouverte de branchages ou de paille ; qui, plus qu'à demi nu, est courbé du matin au soir sur la terre, sans jamais un seul jour de repos, mangeant à la hâte quelques fruits avec une mauvaise galette de dourah ou de maïs, cuite sous la cendre d'un feu de crottin desséché d'âne et de chameau, et vivant étranger à tout ce qui se passe dans le monde, même autour de lui, en Égypte. La terre d'Égypte est cependant grasse et féconde ; pour lui faire

Chef des corvées (Sheikh el Beled).
Statue du musée de Gizeh.

donner des fruits merveilleux, le paysan n'a qu'à la remuer avec des outils des plus primitifs, hoyau, charrue, trident en bois. Mais le fellah n'a jamais travaillé que pour ses maîtres : dans l'antiquité, pour le Pharaon et les classes privilégiées; dans les temps modernes, pour le khédive et les gros propriétaires musulmans.

RÉSUMÉ

A la tête de la société égyptienne est le roi ou Pharaon, qui n'est pas seulement un monarque absolu, mais encore dieu, de son vivant et après sa mort. Le Pharaon exploite directement ou indirectement la moitié du sol, a une cour nombreuse et brillante, une administration solidement organisée où domine le scribe. Sa volonté fait la loi, qui est appliquée par les gouverneurs des provinces, à la fois juges et administrateurs.

La société égyptienne comprend trois classes privilégiées : les nobles, qui ont réussi à sauvegarder leur indépendance dans la moyenne et haute Égypte, où ils forment une sorte de féodalité; les prêtres, qui possèdent un tiers du territoire et qui remplissent, outre les fonctions sacerdotales, une foule d'autres missions; les soldats, mercenaires étrangers, Libyens pour la plupart.

Au dernier échelon de la société et comme en dehors d'elle viennent les fellahs, artisans ou cultivateurs, sur qui pèsent dans leur plénitude les impôts et les corvées.

CHAPITRE IV

LA CIVILISATION ÉGYPTIENNE

SOMMAIRE

Habitations. — Mœurs. — Monuments.

Habitations. — Les villes construites par les Pharaons d'après un plan étaient assez régulières. Quant aux autres, et c'était le plus grand nombre, elles formaient un ensemble de ruelles et d'impasses étroites, sombres, humides, jetées comme à l'aventure. Çà et là apparaissait un bras de canal presque à sec, un étang bourbeux où les femmes venaient puiser l'eau du ménage et les bestiaux s'abreuver; puis une grande place, irrégulière, ombragée d'acacias et de sycomores, où deux ou trois fois par mois les paysans de la banlieue venaient tenir leurs marchés animés et bruyants. Le château du prince ou du gouverneur, les palais des riches particuliers ne présentaient sur la rue que de longs murs nus, aveugles et blancs, crénelés comme ceux d'une forteresse.

Les maisons bourgeoises étaient petites, construites en briques, tantôt cuites au feu, tantôt simplement séchées au soleil. Un petit nombre avaient deux ou trois étages; toutes avaient une terrasse, où les Égyptiennes vaquaient aux soins du ménage ou bavardaient avec les voisines. Point de cheminée : la fumée s'échappait par un trou fait à la voûte.

La décoration des chambres était plus que sommaire. D'ordinaire le crépi de boue en faisait tous les frais ; parfois on le blanchissait à la chaux, on le barbouillait de rouge ou de jaune et l'on y représentait des provisions, des jarres, des scènes d'intérieur. Les lits étaient remplacés par des nattes sur lesquelles on couchait tout habillé : l'été, ces nattes étaient montées à la terrasse et l'on dormait en plein air. Le mobilier, peu riche en général, était représenté par un ou deux sièges grossiers en pierre, quelques chaises ou tabourets, des coffres pour le linge, des pots à parfum en albâtre ou en pierre vernissée, quelque vaisselle en bronze ou en argile.

Les bourgs et les villages, où s'entassait la population rurale, avaient de loin bonne mine avec leurs palmiers, leurs sycomores, et les maisons blanchies au lait de chaux. Vus de près, ils étaient, comme ils le sont aujourd'hui, sales et misérables. A part une demi-douzaine de maisons assez bien construites pour les opulents de la localité, ce n'était qu'un hideux amas, ressemblant à des ruines, de chaumières en briques sèches ou en pisé, souvent en boue simplement, si basses, qu'un homme ne pouvait presque s'y tenir debout.

Les mœurs. — Les Égyptiens étaient sobres, laborieux, respectueux envers la vieillesse, doux envers les esclaves. Ils aimaient les plaisirs de la société, la conversation, la musique, les jeux, le chant surtout. Comme aujourd'hui encore, l'artisan et le campagnard aimaient à s'entraîner à leur rude labeur par une complainte, une chanson rustique, ou quelques courtes phrases cadencées, revenant toujours les mêmes. Le fond du caractère de l'homme du peuple était l'insouciance, une sorte de résignation stoïque : le malheureux, que l'agent du fisc venait d'assommer à moitié à coups de bâton, pour lui faire livrer son grain, reprenait, aussitôt son bourreau parti et sans lui garder rancune, son travail et sa chanson.

Les Égyptiens étaient fort superstitieux : pour se défendre contre le destin ou les mauvais génies, ils avaient recours à toutes sortes de pratiques de magie, de sorcellerie ou d'astrologie. Leur médecine se ressentait de ces superstitions; une bonne ordonnance de médecin avait toujours deux parties : une formule magique et une formule médicale.

Les funérailles, au moins pour les gens de qualité, avaient certaines particularités curieuses. Dès que le malade avait rendu le dernier soupir, les femmes de la famille, la tête et la figure souillées de fange, sortaient accompagnées de leurs connaissances et de leurs amies et parcouraient la ville dans une course désordonnée, jetant des cris de douleur, se frappant la poitrine; puis elles revenaient autour du cadavre entonnant des chants plaintifs, que coupaient des sanglots et des lamentations, ressemblant parfois à de véritables hurlements. Et cela sans interruption pendant plusieurs jours. Très souvent le concert funèbre était dirigé par des pleureuses à gages.

Monuments. — Les Égyptiens connurent, et très bien, les arts industriels. Leur industrie portait non seulement sur les articles communs nécessaires à la vie, mais encore sur les articles de luxe, articles d'ébénisterie, d'orfévrerie, de teinture riche, porcelaines, verres, émaux; elle a laissé des œuvres d'une perfection incroyable, comme on peut le voir au Musée de Gizeh, près du Caire, ou au Musée du Louvre; mais ce qui rendra à jamais célèbres les Égyptiens, ce sont les pro-

digieux chefs-d'œuvre de leur architecture, à savoir les
Pyramides, dans la basse Égypte; les *temples* ou *palais*
et les *tombeaux* des rois, dans la haute Égypte.

Les pyramides les plus connues sont les trois grandes
Pyramides construites à une faible distance de Memphis,
sur le plateau aride de Gizeh, par les rois Khéops, Khéphren et Mykérinus. De tout temps, leurs dimensions
colossales ont frappé d'étonnement l'étranger, les deux

Le Sphinx et les Pyramides de Gizeh.

premières du moins, celles de Khéops et de Khéphren,
s'élevant, l'une autrefois à cent quarante-cinq mètres,
maintenant à cent trente-trois; l'autre à cent trente-
trois mètres, maintenant à cent trente et un.

Les grandes Pyramides ne sont pas seulement des
constructions gigantesques : on doit encore voir en elles
de véritables œuvres d'art. L'effet est dans la grandeur
et la simplicité des formes, dans le contraste et la disproportion entre la stature de l'homme et l'immensité de
l'ouvrage qui est sorti de sa main : l'œil ne peut le saisir, la pensée même a de la peine à l'embrasser...

Les travaux de l'intérieur révèlent une perfection
déconcertante. Couloirs, galeries, chambres funéraires,
qui devaient à jamais rester ensevelis dans les ténèbres
après avoir reçu la momie du Pharaon, sont d'une

exquise exécution. Le mortier ne paraît nulle part ; les blocs sont si bien ajustés que la suture échappe à l'œil et qu'on ne pourrait, disent les indigènes, y loger un cheveu. Le tout a été équilibré avec une science si achevée que, malgré un tremblement de terre qui a secoué le plateau de Gizeh, aucune pierre ne s'est affaissée sous les millions de kilogrammes qu'elle supporte, aucune fissure ne s'est produite.

Les palais ou temples se trouvent sur l'emplacement de *Thèbes*, l'opulente ville aux cent portes, que remplacent aujourd'hui quatre localités misérables, Louxor et Karnak sur la rive droite du Nil, Gournah et Médinet-Habou sur la rive gauche. Ce sont les ruines les plus majestueuses, les plus éloquentes que possède l'univers. Jamais voyageur n'a rencontré sur son chemin des reliques du passé comparables aux restes des temples d'Ammon à Louxor et à Karnak.

Le temple de Louxor fut bâti sur les bords du Nil. Commencé plus de quinze cents ans avant Jésus-Christ, il dut ses parties les plus remarquables à Séti Ier et à son fils Ramsès II. A force d'ajouter aux travaux de leurs devanciers, ces deux Pharaons finirent par faire un temple long de deux cent cinquante-six mètres. Séti traça une avenue de colonnes géantes qui, vues du Nil, présentent la plus fière allure. A cette avenue, Ramsès II donna comme vestibule une vaste cour où s'étalent sur une double rangée soixante-quatorze colonnes. Devant cette cour, il mit un pylône ou porte colossale, aux murs cyclopéens, sur lesquels il grava ses victoires ; puis, devant cette porte, il dressa, outre six statues de lui-même hautes de quarante-cinq pieds, deux superbes obélisques, dont l'un, au grand désespoir des archéologues, est venu fournir une décoration hétéroclite à la place de la Concorde à Paris.

Quelque majestueux que fût le temple de Louxor, il pâlissait devant celui de Karnak. Les deux temples, distants d'environ une lieue, étaient reliés par une voie triomphale, le long de laquelle se tenaient accroupis d'énormes sphinx et béliers, dissimulés aujourd'hui sous

La grande cour du temple de Louxor inondée. (Photographie de M. Beato, à Louxor.)

les masures modernes ou sous les sables, plusieurs cependant visibles. Une multitude de Pharaons travaillèrent à sa construction. Tant de travaux aboutirent à un édifice qui atteignit mille quatre cents pieds : il faut dire que le temple était aussi un palais. Qu'on juge de ses dimensions par ce fait que la salle **hypostyle**, qui en est un cinquième, contiendrait à l'aise Notre-Dame de Paris.

Cette salle hypostyle, ou des colonnes, est une des œuvres les plus étonnantes qui soient sorties de la main de l'homme. Cent trente-quatre colonnes s'y pressent sur seize rangées. Douze ont avec leurs chapiteaux quatre-vingts pieds de haut. Leur circonférence est de trente-trois pieds, de sorte que cinq hommes auraient de la peine à les embrasser. Impossible, pour celui qui n'a vu cet amoncellement régularisé de géants, de s'en faire une idée; impossible, pour celui qui l'a vu, de rendre son émotion. « L'imagination, disait Champollion le jeune, s'arrête et tombe impuissante au pied des cent trente-quatre colonnes de la salle de Karnak. »

Au delà de la salle hypostyle, se dresse, à près de cent pieds de haut, l'obélisque de la reine Hatasou, le plus élevé de l'Égypte, le plus élevé du monde étant celui de la place Saint-Pierre, à Rome, qui a cent cinq pieds.

Moins imposants, les monuments élevés sur la rive gauche du Nil n'en étaient pas moins fort remarquables. A Gournah, se voyaient le splendide palais élevé par Séti Ier et dit palais de Gournah, le Ramesséum ou palais de Ramsès II, et un colosse, aujourd'hui en pièces, de dix-sept mètres de haut, représentant Ramsès II assis sur son trône; enfin deux colosses de vingt mètres de haut, dont l'un est devenu célèbre sous le nom de *colosse de Memnon*.

Mais la curiosité la plus considérable de la rive gauche est la célèbre *vallée des Rois*, nécropole des Pharaons de la 19e dynastie, située en pleine montagne. C'est une affreuse solitude, morne, desséchée, morte, peuplée uniquement de loups, d'aigles, de vautours et de chats-huants, sans autre communication avec la plaine que

d'étroits sentiers suspendus au-dessus des abîmes, avant
que les ingénieurs, il y a près de quatre mille ans,
eussent ouvert un passage dans la roche vive. Une foule
de tombes royales y furent creusées. Une dizaine offrent
le plus haut intérêt. Une des plus belles est celle de
Séti Ier, trouée immense qui s'enfonce à cent mètres
dans les flancs des rochers. Les parois, couvertes de
sculptures d'une grande finesse et de peintures d'une
étonnante fraîcheur, représentent les voyages de l'âme
après la mort, ses épreuves, son jugement, sa réception
parmi les mânes, enfin son apothéose.

RÉSUMÉ

Les *lettres* sont cultivées avec soin par les Égyptiens, les
sciences aussi, en particulier l'astronomie et la géométrie. Mais
ce furent surtout les *arts,* architecture et sculpture, qui produi-
sirent des œuvres immortelles, dont beaucoup subsistent encore
aujourd'hui, pyramides, temples de Louxor et de Karnak, etc...

CHAPITRE V

GÉOGRAPHIE DE LA CHALDÉE ET DE L'ASSYRIE

Le Tigre et l'Euphrate. — La région où s'élevèrent les puissants empires de Ninive, en Assyrie, et
de Babylone, en Chaldée, est une plaine immense aux
limites assez mal définies. Bornée au nord par le Taurus, à l'est par le plateau de l'Iran, au sud par le golfe
Persique, à l'ouest elle expire dans les sables du désert,
en face de la Syrie et de l'Arabie. Ce qui la caractérise et
lui donne toute son importance, ce sont les deux grands
fleuves qui la parcourent dans toute son étendue, l'**Euphrate** et le **Tigre.**

Nés tous deux dans les hautes cimes de l'Arménie, bien
qu'à des latitudes différentes, puisque l'Euphrate a

quelque six cents kilomètres de plus que son rival, les deux fleuves présentent cette particularité remarquable que, torrents impétueux dans la région des montagnes, ils deviennent subitement navigables dès qu'ils touchent la plaine : l'Euphrate à Suméisat, ancienne Samosate; le Tigre à Diarbékir, autrefois Amida.

Sorti maigre de la montagne, le Tigre est grossi rapidement par de riches affluents qui lui viennent de la Médie et de la Perse, et il va droit à la mer. L'Euphrate, au contraire, qui est déjà une forte rivière quand le Tigre n'est qu'un torrent, promène si paresseusement ses eaux dans les sables du désert en faisant un immense détour, il se laisse saigner par tant de canaux, qu'à sa jonction avec le Tigre il lui est, pour le débit, sensiblement inférieur.

Les deux fleuves s'unissent aujourd'hui pour former le Shat-el-Arab, qui se jette dans le golfe Persique. Dans l'antiquité leurs embouchures étaient distinctes, et ils se jetaient dans la mer à vingt lieues environ l'un de l'autre. Toute la partie inférieure de la vallée a été créée par les alluvions des fleuves.

Divisions de la région du Tigre et de l'Euphrate. — On distinguait dans le bassin du Tigre et de l'Euphrate la *Mésopotamie*, la *Babylonie* et l'*Assyrie*.

1º La **Mésopotamie** était la partie supérieure de la plaine qui s'étend entre les deux fleuves. Il pleut rarement dans ce pays, et les chaleurs y sont excessives en été; toutefois, grâce à de nombreux travaux d'irrigation, la fertilité y est extraordinaire.

2º La **Babylonie** ou **Chaldée** était la partie inférieure de cette même plaine. Sa fertilité était plus prodigieuse encore que celle de la Mésopotamie, malgré le soleil brûlant en été. Les arbres à fruit, figuier, pommier, palmier, amandier, noyer, abricotier, pistachier, vigne, partout mariés aux arbres d'ornement, platane, cyprès, tamarisque, acacia, formaient comme un immense verger allant, ininterrompu, du plateau de la Mésopotamie au littoral du golfe Persique.

Les céréales y rendaient habituellement deux cents, quelquefois trois cents pour un. Les feuilles du blé et de l'orge y étaient larges de quatre doigts. L'huile extraite du sésame remplaçait l'huile d'olive. Le palmier offrait des ressources infiniment précieuses; on en tirait du pain, du vin, du vinaigre, du miel, des gâteaux et toute espèce de tissus; les forgerons se servaient de ses noyaux en guise de charbon; ces mêmes noyaux, concassés et macérés, étaient employés à la nourriture des bœufs et des moutons qu'on engraissait. Le poisson abondait, surtout dans le bas Euphrate.

Une chose manquait, la pierre : on n'y trouve ni calcaire compact, ni marbre, ni basalte, ni granit. Les architectes chaldéens furent obligés de se contenter de la brique, nuisible à la solidité des œuvres.

3° **L'Assyrie** s'étendait sur les deux rives du haut Tigre jusque dans le voisinage des montagnes de l'Arménie et de la Médie. Plate et uniforme au sud et à l'ouest, montueuse et fort accidentée au nord et à l'est, elle n'avait ni la sérénité perpétuelle du ciel de Mésopotamie, ni ses chaleurs étouffantes, ni la richesse constante de son sol. En hiver, la pluie, la neige, étaient fréquentes; en été, elle était exposée à de violents orages, à la grêle, à des ondées impétueuses. Le terrain, ici très fertile, était ailleurs maigre, stérile, rocheux.

RÉSUMÉ

La région du Tigre et de l'Euphrate, arrosée par deux grands fleuves, sortant tous deux des montagnes de l'Arménie, et ayant dans l'antiquité des embouchures distinctes dans le golfe Persique, se divisait en trois contrées : *Mésopotamie, Babylonie, Assyrie.* Fort riche dans la Mésopotamie et la Babylonie, le sol était plus accidenté et moins fertile dans l'Assyrie, qu'habitèrent aussi des populations plus rudes et plus guerrières.

CHAPITRE VI

BABYLONE. — ORIGINE. — PROSPÉRITÉ. — CHUTE

Origine. — *Babylone* eut pour fondateur un petit-fils de Cham, *Nemrod*, puissant chasseur resté célèbre dans le souvenir des peuples. Ses maisons se groupèrent, sur les rives du bas Euphrate, autour de la fameuse tour de *Babel*, où s'opéra, quelque temps après le déluge, la confusion des langues qui amena la dispersion des hommes. Capitale de la *Babylonie*, appelée aussi *Chaldée*, Babylone, pendant plusieurs siècles, dut se reconnaître tributaire et vassale de l'orgueilleuse *Ninive,* capitale de l'empire *assyrien* établi sur le cours supérieur du Tigre. La chute de Ninive, en 625 avant Jésus-Christ, amena la ruine de l'empire assyrien. Babylone alors recouvra son indépendance et atteignit tout d'un coup un degré de prospérité inouïe.

Prospérité. — Cette prospérité fut l'œuvre surtout de *Nabuchodonosor,* dont le règne fut aussi long que glorieux (604-561). Nabuchodonosor embellit sa capitale de nombreux et splendides travaux.

L'espace occupé par Babylone était immense. Elle était enfermée dans un double mur, percé de cent portes fermées par des battants en bronze, et l'épaisseur du mur était telle, que deux chariots couraient de front sur la crête. Ce double mur fut l'œuvre de Nabuchodonosor.

La grande enceinte de Babylone renfermait un espace de cinq cent treize kilomètres carrés, c'est-à-dire un territoire grand comme le département de la Seine ; le second mur entourait une superficie de deux cent quatre-vingt-dix kilomètres carrés, beaucoup plus grande que la superficie de l'immense ville de Londres.

Babylone, contenue dans l'enceinte moyenne, s'étendait à son aise sur les deux rives de l'Euphrate, dont les eaux roulaient au milieu de quais superbes. La ville, sillonnée de rues parfaitement régulières qui se coupaient à angle droit, les unes transversales, les autres s'ouvrant sur le fleuve, resplendissait de tout le luxe, de toutes les richesses dont elle avait dépouillé les malheureuses nations vaincues. Les monuments les plus remarquables étaient :

1º Le *palais du roi*, véritable forteresse et en même temps demeure opulente. Le palais royal était célèbre par ses *jardins suspendus*, vastes terrasses plantées d'arbres qui s'élevaient les unes au-dessus des autres à l'aide de piliers et de voûtes, et présentaient l'aspect gracieux d'une colline de verdure.

2º Le *temple* du dieu *Bel*, fortifié, au centre duquel s'élevait une tour massive de sept étages couronnée par une chapelle spacieuse à laquelle menait une rampe extérieure. Cette chapelle contenait une grande statue de Bel assis, en or, haute de quarante pieds; une large table en or; le trône et les degrés étaient également en or. Cette tour serait la tour de Babel, depuis longtemps en ruines, mais restaurée par Nabuchodonosor.

Chute. — La prospérité de l'empire chaldéen fut une prospérité éphémère. Fondé en 625, il s'écroula dès l'année 536 avant Jésus-Christ. Le dernier de ses rois fut l'impie *Balthazar*, tué par Cyrus, roi des Perses et des Mèdes, la nuit même où il avait profané les vases précieux du Temple de Jérusalem.

De l'opulente Babylone, il reste aujourd'hui fort peu de chose. Ses ruines se bornent à d'énormes entassements de briques et de terre.

RÉSUMÉ

Fondée par *Nemrod*, longtemps soumise à l'empire assyrien, *Babylone* recouvre son indépendance en 625 av. J.-C., et arrive subitement à une très grande prospérité, surtout avec le fameux roi *Nabuchodonosor* (604-561). Mais sa décadence aussi est rapide. Elle est prise par le roi des Perses Cyrus en 536.

CHAPITRE VII

LA SOCIÉTÉ ASSYRIO - CHALDÉENNE

SOMMAIRE

Les rois; leurs palais. — Les prêtres. — L'armée. — Le peuple.
— Les villes et les habitations. — Les mœurs.

Les rois. — Le roi, soit en Assyrie, soit en Chaldée, était un vrai despote, comme l'ont toujours été et le sont encore les souverains d'Orient. Il ne passait cependant pas pour un dieu, comme en Égypte: il restait un homme; mais cet homme réunissait dans ses mains le double pouvoir spirituel et temporel : on l'appelait le *vicaire des dieux;* son autorité était, par suite, absolue et sur les âmes et sur les corps.

Ce qui frappe dans les inscriptions qui sont parvenues jusqu'à nous, c'est le caractère profondément religieux des rois. Ils se proclament les vicaires, les serviteurs des dieux. C'est en leur nom qu'ils font la guerre; c'est devant leurs images qu'ils forcent les vaincus à s'humilier; c'est à eux qu'ils rapportent leurs victoires, et ils sont toujours leurs humbles adorateurs.

Le roi, en costume de cérémonie, par-dessus une longue robe bordée de franges et richement brodée, mettait une sorte de dalmatique passée obliquement sur une seule épaule et splendidement ornementée. Sur ses cheveux longs et bouclés à l'extrémité se dressait une haute tiare de forme conique; sa main tenait un long sceptre, presque de hauteur d'homme. Comme pour les souverains asiatiques de nos jours, les insignes extérieurs de son pouvoir, quand il sortait en public, étaient le parasol et les grands chasse-mouches de plumes, portés derrière lui par des esclaves.

Palais des rois. — Les rois habitaient des palais dont l'aspect était celui de véritables forteresses. Ces

Une porte du palais de Khorsabad. D'après Victor Place, *Ninive*, t. II, pl. 20.

palais s'élevaient ordinairement sur de vastes plateformes artificielles, soutenues en Assyrie, où la pierre n'était pas rare, par des murs formés de véritables blocs de rocher. On peut se faire une idée de leur forme et de leur étendue d'après les ruines du palais bâti par Sargon, à *Dour-Sharoukin*, le Versailles assyrien, remplacé aujourd'hui par le village de *Khorsabad*, à quatorze kilomètres de Mossoul, autrefois Ninive.

Ce palais ne formait qu'un rez-de-chaussée, haut de dix-huit mètres, y compris les fondations et le parapet des murs; mais il avait l'immense superficie de dix hectares. Les appartements, voûtés, ne recevaient le jour que par la porte ou par de rares ouvertures percées très haut; cela pour ménager la fraîcheur. La toiture était remplacée par des coupoles ou des terrasses. Les murs, en briques reliées par de l'argile ou du bitume, atteignaient d'ordinaire quatre à cinq mètres, parfois huit mètres d'épaisseur. A l'intérieur, la brique disparaissait tantôt sous de minces plaques de pierre sculptées en bas-relief, tantôt sous des peintures, très souvent sous de magnifiques briques émaillées reproduisant les dessins les plus divers. Les portes, monumentales, étaient ornées de splendides monolithes taillés en taureaux à face humaine, la force qui pense.

Les prêtres. — Vicaire des dieux, pontife suprême, le roi avait dû forcément se décharger de la plus grande partie de ses fonctions sacerdotales sur un clergé régulier. Ministres et interprètes des dieux, les prêtres gagnèrent au service de la religion, si intimement liée à tous les actes de la vie humaine, un prestige et des richesses immenses. Ils entrèrent dans les conseils des rois, où leur voix fut prépondérante; ils commandèrent les armées, remplirent les plus hautes fonctions de l'État.

Les temples, riches en terres dont les limites s'élargissaient chaque jour, leur fournissaient un revenu fixe considérable. Les offrandes et les sacrifices, dont les dieux se contentaient de saisir à la hâte la fumée grasse ou les parfums fugitifs, ajoutèrent à ce revenu fixe un gain flottant qui n'était pas à dédaigner. De plus, se faisant comme *banquiers*, les prêtres avancèrent le blé, le métal, à gros intérêts. Enfin ils ouvrirent des manufactures, et une foule d'objets de luxe ou d'usage commun sortirent de leurs ateliers.

Les prêtres chaldéens durent encore une grande influence et de gros bénéfices à la *magie* et à l'*astrologie*. Astrologues, ils se vantaient de lire dans les astres la destinée des individus et des nations. Magiciens, ils se faisaient forts de combattre les mauvais génies, d'expulser les esprits vagabonds des morts, d'évoquer les âmes des défunts, d'interpréter les songes, de faire des prodiges, de guérir des maladies opiniâtres et inexpliquées.

L'armée. — Les soldats chaldéens, les soldats assyriens surtout, avaient fière mine et offraient beaucoup de solidité. Des exercices répétés les formaient au métier de la guerre. C'était un jeu pour eux

Prêtre chaldéen.
Statue du prophète Amon Aa-nen.
(Musée de Turin.)

de faire de longues courses dans les terrains les plus accidentés; d'escalader, leur roi en tête, les montagnes; de jeter des ponts volants sur les rivières ou de les traverser à la nage en s'aidant d'outres gonflées à force de poumons. Ils marchaient au combat tout

bardés de fer, comme nos chevaliers du moyen âge.
De curieux bas-reliefs assyriens reproduisent les cam-

Un piquier assyrien. D'après Rawlinson, *the Five great Monarchies*,
t. I, p. 438.

pements et la vie du soldat. Les tentes, fort simples,
s'appuient sur un pieu branchu. Une table à pieds de

gazelle, quelques tabourets et pliants composent le mobilier ; la vaisselle et les provisions sont accrochées aux branches du poteau. Des soldats broient le grain, nettoient la carcasse fraîche d'un mouton, tirent leur vin ; la marmite bout sous l'œil d'un camarade ou d'une femme. La tente royale est d'une grande magnificence. Tout près est le char sur lequel sont plantées les deux enseignes du roi, et devant le char est dressé un autel sur lequel fume l'encens. Les devins et les prêtres accompagnaient en effet partout les armées. Matin et soir, en présence du prince et des troupes, ils offraient des sacrifices, récitaient des prières, pour l'heureuse issue de la campagne.

Le peuple. — Les scènes militaires ne sont point rares sur les monuments assyriens ; les portraits des rois sont plus prodigués encore. Ces durs vainqueurs apparaissent armés, casqués et cuirassés, tels que les virent passer, tremblantes de peur, les nations de l'Asie. Petits de taille, mais trapus et vigoureux, les saillies de leurs muscles témoignent qu'ils avaient une force physique exceptionnelle. Leur nez fort et busqué, leurs yeux grands, tout leur visage, portent l'empreinte du type sémitique ou juif. Quant au peuple, comprenant les paysans, les gens de métier et les marchands, il ne paraît presque jamais dans les sculptures assyriennes.

Le peuple, en effet, ne comptait pas, ou que fort peu. Il n'avait aucune influence politique. Il n'avait pas non plus l'influence de la fortune. A peu près toutes les terres appartenant au roi, aux prêtres ou aux nobles, le paysan était réduit pour gagner sa vie à la condition de tenancier ou de valet de ferme. L'industrie étant de même accaparée par les grandes manufactures royales ou sacerdotales, l'artisan ne pouvait guère trouver que là du travail, et un travail assez mal rétribué. La condition du peuple était donc assez misérable et ne différait pas sensiblement de celle du fellah égyptien. Celle des esclaves, malheureux enlevés dans les razzias militaires, était déplorable.

Les villes et les habitations. — Toutes les villes

étaient fortifiées. Ces fortifications paraîtraient invrai-
semblables si les ruines n'étaient là pour confirmer le
récit des anciens. Les murs de Dour-Sharoukin, la ville
de Sargon, aujourd'hui Khorsabad, variaient pour l'épaisseur de quatorze à vingt-quatre mètres. Une des portes
avait des murs de vingt-quatre mètres d'épaisseur, et de
vingt-huit mètres avec les contreforts. Cette porte, ainsi
que les remparts, était garnie de tours rectangulaires,
creusées et percées de meurtrières, dépassant trente
mètres de hauteur.

Tout porte à croire que ces villes ressemblaient aux
villes d'aujourd'hui : rues sinueuses, étroites, fangeuses,
empestées d'ordures ; quartiers pauvres de cahutes en
argile, de maisons basses en briques crues ; bazars popu-
leux et bruyants ; quartiers riches, parsemés de jardins
et de palais mornes et silencieux ; puis, dominant le tout,
les palais et les temples, surmontés de chapelles dorées.

On a retrouvé quelques maisons de particuliers riches.
Elles sont construites en belles briques d'un pied carré.
De simples lucarnes, percées irrégulièrement vers le haut
des parois, les éclairent. La porte est basse, cintrée, massive, une vraie porte de forteresse. Les salles oblongues,
tantôt voûtées, tantôt plafonnées, sont petites, fort
sombres. On sait qu'on ne les habitait que pendant les
fortes chaleurs et pendant les nuits d'hiver ; dès que la
chaleur devenait supportable et pendant les nuits d'été,
on vivait de préférence sur les terrasses servant de toiture, on y dormait même.

Le mobilier, fort simple, même chez les riches, même
chez les grands et chez le roi, se composait de tables à
pieds de gazelle, de chaises, de tabourets et de pliants ;
de grands coffres pour le linge ; de lits avec de minces
matelas, ou simplement de nattes qu'on déroulait la nuit
pour dormir, de marmites en cuivre, de pots en terre,
de plats, de jarres pour l'eau et pour le vin, de bols,
d'assiettes ; enfin de haches, de marteaux, de couteaux,
tantôt en silex, tantôt en bronze.

Le costume pour les hommes était tantôt un simple
jupon court, tantôt une tunique sans manches descen-

dant un peu au-dessous du genou. Par-dessus on jetait un vaste châle frangé, drapé en travers de l'épaule gauche de manière à laisser nus le bras et le côté droits. Des sandales aux pieds, sur la tête une calotte collante ornée d'un simulacre de turban, complétaient le costume. Les riches se paraient les bras d'anneaux massifs, les doigts de bagues, portaient un collier, des pendants d'oreille. Le costume des femmes était le même, sauf que le châle s'ajustait en forme de manteau ; souvent il était remplacé par une robe, qu'une ceinture serrait à la taille.

Mœurs. — Les Assyriens étaient un peuple rude et belliqueux. La guerre fut leur vie. Ils avaient au plus haut point la force physique, l'intrépidité dans les combats, l'énergie et le courage dans les privations et les fatigues, l'instinct de la discipline, le dévouement irréfléchi et sans bornes à leurs chefs ; toutes les qualités, en un mot, qui font les vrais soldats. Ils savaient d'ailleurs se plier à toutes les manières de faire la guerre, qu'il s'agît de batailles rangées dans les plaines, d'escarmouches dans les montagnes, de sièges de villes, ou même de combats sur mer.

Mais s'ils firent la guerre avec passion et gloire, ils la firent trop souvent avec barbarie et férocité. Pour eux, batailler, c'était massacrer et se gorger de butin. Dans les récits de campagnes que nous ont laissés les inscriptions de leurs rois, il ne s'agit jamais que de villes détruites ou brûlées, de gens empalés, de prisonniers décapités ou horriblement mutilés. Aucun peuple ne fut jamais plus dur pour les vaincus.

L'inscription suivante du roi Assournarzipal fera mieux comprendre que toutes les paroles la barbarie des Assyriens. Il s'agit d'une ville révoltée, il est vrai ; mais le vainqueur qui se fait gloire de telles atrocités envers des rebelles ne devait pas être fort doux pour aucun ennemi. « J'ai fait un mur devant les grandes portes de la ville ; j'ai fait écorcher les chefs de la révolte, et j'ai couvert ce mur avec leur peau ; quelques-uns ont été enfermés dans la maçonnerie du mur ; d'autres ont été mis en croix sur le mur ou exposés sur des pals le long du mur. J'ai fait des couronnes de leurs têtes ; j'ai fait des guirlandes de leurs cadavres transpercés. »

Un bas-relief nous montre un autre roi, Assourbanipal, couché sur un lit de repos, savourant avec une de ses femmes, assise en face de lui, les voluptés d'un festin. Il le fait en plein air, dans un jardin frais et délicieusement ombragé, au milieu des pampres et des fleurs. Quelqu'un joue de la harpe ; les oiseaux chantent et gazouillent. Non loin du monarque est suspendue à un arbre la tête du roi des Élamites, battu et pris dans une récente campagne.

Dans cette scène et dans celles où les rois font ostentation de leur piété envers les dieux, on voit à nu l'âme assyrienne, à la fois voluptueuse et sanguinaire, raffinée et brutale, mystique et farouche.

Les Babyloniens ne paraissent guère l'avoir cédé en férocité aux Assyriens. Quoique bons soldats, il ne semble pas, cependant, qu'ils aient eu beaucoup d'aptitude à la guerre de conquêtes. Ils se firent un nom surtout par l'industrie et le commerce.

RÉSUMÉ

Le roi, *vicaire des dieux,* pontife suprême, est maître absolu pour le spirituel comme pour le temporel. Immédiatement audessous du roi viennent les prêtres, qui, outre leurs fonctions sacrées, occupent les plus hautes charges civiles et militaires, se font cultivateurs, banquiers, manufacturiers, magiciens et astrologues. Le peuple, c'est-à-dire les paysans, les artisans, les marchands, gagne d'ordinaire sa vie sur les terres ou dans les ateliers du roi, des prêtres et des nobles. Tous habitent des villes fortifiées où le roi et les grands ont des palais ressemblant à des forteresses ; les gens du peuple, de misérables chaumières. Les mœurs sont rudes, voluptueuses et sanguinaires.

CHAPITRE VIII

L'INDUSTRIE, LE COMMERCE ET LES ARTS

Industrie. — L'industrie fleurissait en Assyrie, plus encore à Babylone. Les riches étoffes d'Assyrie aux couleurs éclatantes, les magnifiques tissus de laine et de lin de Babylonie étaient célèbres dans le monde antique. Les objets de luxe, tels que armes ciselées, bijoux, colliers, vases d'or, d'argent, de bronze, meubles ornés de

Taureau ailé trouvé au palais de Khorsabad, actuellement au Louvre.

riches incrustations, briques émaillées, étaient également renommés.

Commerce. — Nulle ville dans les vieux âges, sauf Tyr peut-être, n'égala, pour le commerce, Babylone. Sa situation géographique exceptionnellement belle, sur les bords de deux grands fleuves, entre plusieurs grandes mers, en faisait le centre naturel du commerce de l'Orient avec l'Occident. Elle fut, en effet, pendant plusieurs siècles le grand marché de l'Asie, le rendez-vous des trafiquants du monde entier. Et quand, plus de deux cents ans après sa chute, Alexandre le Grand vint visiter ses ruines, il fut si frappé des avantages de sa situation, qu'il rêva de lui rendre son antique prospérité.

Arts. — On ne peut, pour les arts, comparer l'empire chaldéo-assyrien à l'Égypte. Soldats avant tout, ou commerçants, les peuples des rives du Tigre ou de l'Euphrate ne donnèrent aux arts qu'une attention secondaire. Eux aussi cependant eurent leurs architectes, leurs peintres et leurs sculpteurs.

L'architecture éleva ces magnifiques palais, d'un style à la fois simple et grandiose, que l'on vient de déblayer de nos jours seulement. La peinture joua un grand rôle dans la décoration de ces palais et des temples, sous forme de fresques ou de revêtements en briques émaillées, dont quelques fragments sont parvenus jusqu'à nous. Enfin la sculpture, tout en manquant d'idéal et de justesse dans les proportions, de souplesse et de variété, produisit des œuvres d'une remarquable vigueur. Tels sont ces magnifiques taureaux ailés à face humaine qui décoraient les grandes portes des palais, et dont on peut admirer quelques-uns au Louvre.

Découvertes modernes. — Deux sortes de constructions pouvaient surtout survivre de l'antiquité chaldéo-assyrienne : les temples et les palais. Les temples et les palais en Chaldée ont tous disparu, ou ne forment plus que des monceaux d'argile effondrée par la pluie. Sur l'emplacement même de l'opulente Babylone, un simple tertre rongé par les pluies marque l'endroit où se dressait orgueilleux le temple de Bel; un autre tertre remplace les fameux jardins suspendus, et des buttes informes d'argile courent là où se déployaient les larges remparts. Cette destruction quasi totale tient d'abord à la qualité fragile des matériaux, puis aux ravages faits par les âges suivants dans Babylone, dont les ruines servirent à édifier successivement trois nouvelles capitales: *Séleucie*, sous les héritiers partiels d'Alexandre; *Ctési-*

phon, sous les Parthes, et *Bagdad*, à l'époque de l'empire arabe.

En Assyrie, tous les temples ont également péri ; mais quelques palais ont en partie survécu. Sans doute, les toitures et les murs presque sur toute leur hauteur se sont écroulés, recouvrant les soubassements d'une masse d'argile qui les a dérobés pour des siècles à l'œil humain ; du moins ces soubassements et une faible hauteur de murs subsistent, et ont permis de se faire une idée assez exacte de ce que devaient être primitivement les palais assyriens.

Les palais en Assyrie étaient nombreux, chaque roi ayant l'habitude, comme les Pharaons, de déserter la demeure de ses pères pour se faire une nouvelle maison qui ne fût pas hantée par les souvenirs, et peut-être par l'esprit du défunt. Une dizaine ont été retrouvés par les explorateurs : un seul a été complètement déblayé, celui de Sargon à Khorsabad.

CHAPITRE IX

GÉOGRAPHIE DE LA PALESTINE OU JUDÉE

SOMMAIRE

Limites. — Le Jourdain. — Aspect général. — La mer Morte. — Fertilité de la Palestine.

Limites. — La *Palestine* proprement dite, successivement appelée *terre de Chanaan, terre des Hébreux, terre d'Israël, Judée, Terre sainte,* est située tout entière sur la rive droite du Jourdain. Elle va de l'Hermon, gros nœud méridional de l'Anti-Liban, à l'extrémité de la mer Morte, où commence le désert. Mais les Israélites occupèrent de plus la rive gauche du fleuve, qui n'a pour limites à l'est que les sables du désert.

Le Jourdain. — Le Jourdain, le *rapide* pour les Hébreux, l'*abreuvoir* pour les Arabes, formé par trois sources descendues de l'Hermon, alimente d'abord le lac Mérom ; puis, quatre lieues plus bas, le beau lac de Galilée, appelé aussi lac de Tibériade, de Génésareth, aux eaux bleues et toujours limpides comme le cristal, enfin il descend dans la mer Morte.

Son cours n'est que de deux cent vingt kilomètres en ligne droite, de quatre cent trente en suivant ses nombreux méandres, sa largeur de trente mètres en moyenne, et sa profondeur de trois à quatre mètres. Fleuve médiocre, on ne le distingue à distance que par les roseaux, les saules, les tamarisques qui bordent son cours. Il deviendrait bien vite un simple torrent, tant l'évaporation est considérable dans la vallée torride où il se déroule, si chaque année il n'était alimenté par la fonte des neiges de l'Hermon.

Le Jourdain est profondément encaissé entre deux chaînes de montagnes, prolongement, à l'ouest, du Liban, et à l'est, de l'Anti-Liban. La chaîne de l'ouest court sous les noms de monts de Galilée, d'Éphraïm et de Judée, et projette vers la mer la branche du Carmel. Elle renferme des cimes célèbres : le Thabor, le Gelboé, le Moriah. La chaîne de l'est, qui porte les noms de monts de Giléad, de Moab, et renferme la cime du Nébo, va finir au mont Séir, dans l'Idumée.

Aspect de la Palestine. — Les deux régions séparées par le Jourdain, offrent un caractère bien différent. Dans les régions de l'ouest, un sol tourmenté indique l'action des tremblements de terre ; il forme un entassement de collines arrondies, d'un terrain généralement pierreux et maigre, coupé de ravins et percé de grottes et de cavernes. On y voit : au nord, le gracieux pays de Galilée, dominé par les monts célèbres du Thabor, de Gelboé et du Carmel ; au centre, la région montagneuse de la Samarie et de la Judée, dont les nombreuses petites vallées, inclinées vers la Méditerranée, aboutissent à la riche et fraîche plaine de Saron ; au sud, l'aride Idumée, qui touche au désert.

Les régions de l'est, connues d'abord sous le nom de pays de Giléad, puis de Pérée, présentent à huit cents mètres environ plus haut que le Jourdain un plateau largement ondulé en vastes pâturages. Vers le sud, les arbres y sont rares et clairsemés; mais à mesure que l'on monte vers le nord, ils forment de véritables bois où le hêtre, le pin, le chêne-liège, le sycomore, se mêlent aux térébinthes et à d'énormes figuiers.

Mer Morte. — La mer Morte, située à quatre cents mètres au-dessous du niveau de la Méditerranée, au milieu de montagnes abruptes et dénudées, a seize lieues de long sur quatre environ de large. Elle n'existe dans ses dimensions actuelles que depuis la destruction de Sodome et de Gomorrhe.

La partie méridionale de cette mer formait autrefois une riche vallée que la Bible appelle tantôt la *vallée Silvestre* ou *Sauvage*, tantôt le *Paradis du Seigneur*. Cinq villes y florissaient, qui furent consumées par le feu du ciel pour leurs crimes. En même temps que tombait la pluie de feu et de soufre, un affaissement du sol se produisit, et, sous l'action d'un tremblement de terre, il s'y forma une dépression peu profonde, sur laquelle se précipitèrent les eaux de la mer Morte.

Tout autour de la mer Morte, le sol n'est qu'une mine de sel gemme et d'asphalte. Les eaux du lac sont cinq ou six fois plus salées et plus lourdes que celles de l'Océan, si bien que le corps humain n'y peut enfoncer. Elles ne nourrissent aucun poisson, sur leurs bords on ne voit aucune plante. Les rivages sont arides et désolés; la chaleur, en tout temps, intolérable. Cependant on trouve de fraîches oasis aux abords des torrents qui se jettent dans la mer.

Beauté et fertilité de la Palestine. — La Palestine n'avait point alors l'aspect morne et désolé qui frappe aujourd'hui l'étranger, grâce à l'incurie des musulmans et à leur brutal déboisement des montagnes, qui a tari les sources et fait crouler les terres fertiles. « L'Éternel ton Dieu, avait dit Moïse à son peuple, te conduit dans un bon pays, pays à torrents d'eau, à sources souterraines, jaillissant dans la vallée et sur la montagne; pays de froment, d'orge, de vignes, de figuiers, de grenadiers, d'olivier, d'huile et de miel. »

Le terrain de la Palestine était moins fertile que celui de l'Égypte et de la Babylonie; mais il valait mieux pour la grande variété de ses produits : il renfermait de magnifiques forêts de cèdres, de gras pâturages et de belles cultures. L'orge, le blé, le lin, y venaient bien. Les produits des vignes et des oliviers étaient une source de gros revenus et faisaient l'objet d'un commerce considérable avec les Phéniciens. Les palmiers, les figuiers, les noyers, les amandiers, les pistachiers, les grenadiers, les orangers, les citronniers, les lauriers-roses s'y trouvaient mêlés à de nombreuses plantes aromatiques, dont la plus célèbre était le baumier.

RÉSUMÉ

La *Palestine,* tout petit pays, est tout entière sur les rives du Jourdain, fleuve qui prend sa source au mont Hermon, alimente le lac Mérom, le lac de Tibériade, et va se jeter dans la mer Morte, profonde dépression à quatre cents mètres au-dessous de la Méditerranée. A part les deux plaines de Jezréel et de Saron, la Palestine, dans son ensemble, est un sol montagneux, où l'on remarque les cimes célèbres du Thabor, de Gelboé, du Carmel, du Moriah. Elle n'en était pas moins très fertile dans l'antiquité, beaucoup plus fertile que de nos jours, depuis qu'elle a été défigurée par les musulmans. Elle ne nourrissait pas moins de cinq à six millions d'habitants.

CHAPITRE X

LES PATRIARCHES

SOMMAIRE

Abraham. — Isaac. — Jacob. — Joseph. — Les Juifs en Égypte. — Moïse ou l'exode. — Josué ou la conquête de la Judée.

On appelle **patriarches** les ancêtres des Juifs avant leur séjour en Égypte et leur arrivée en Palestine. Les patriarches apparaissent après la catastrophe du déluge, à une époque où le groupement des individus en grandes nations est encore un fait très rare. Simples chefs de famille, ils jouissent d'une indépendance absolue et réunissent dans leur personne tous les pouvoirs qui constituent la souveraineté dans l'ordre social antique : ils sont *prêtres,* et ce sont eux qui dans les sacrifices immolent de leurs mains, sur l'autel de gazon, les brebis et les génisses; ils sont *juges,* et ne suivent dans leurs sentences d'autre règle que l'équité naturelle; ils sont *rois,* et font à leur gré la paix ou la guerre. Leur richesse consiste dans d'immenses troupeaux, que gardent des légions de serviteurs et de servantes. Ces troupeaux, ils les promènent de pays en pays, campant dans les régions riches en herbages, dressant leur tente auprès des sources jaillissantes. La religion est mêlée à tous les actes de leur vie : leur premier soin, quand ils campent quelque part, est d'élever un autel et d'invoquer le nom du Seigneur.

Les principaux patriarches furent *Abraham, Isaac, Jacob* et *Joseph.*

Abraham. — Né vers l'an 2000 avant Jésus-Christ, dans la florissante ville d'Our, en Chaldée, sur les bords de l'Euphrate, Abraham quitta sur l'ordre de Dieu sa patrie pour venir s'établir dans la terre de Chanaan, aujourd'hui Palestine. Après de nombreuses pérégrinations, Abraham se fixa pour quelque temps dans le pays de Gérar, non loin de la frontière d'Égypte. Il était alors âgé de plus de cent ans, et sa femme, *Sara,* de plus de quatre-vingt-dix. Malgré cette grande vieillesse, Sara, suivant la promesse faite par Dieu au patriarche, lui donna un fils, *Isaac (on rit) :* « Tout le monde rira en apprenant cette nouvelle », avait dit Sara. Quelque trente ans après, Sara mourut, et Abraham l'ensevelit dans une grotte sépulcrale au pays d'Hébron.

Se voyant très vieux, il désira marier Isaac. Mais, ne voulant point pour son fils d'une Chananéenne, le patriarche envoya son serviteur Éliézer sur les rives de l'Euphrate pour choisir à Isaac une épouse de sa race. Éliézer aperçut près d'un puits une jeune fille d'une grande beauté. Il reconnut en elle la femme que Dieu destinait à son jeune maître. Elle s'appelait *Rebecca*, était petite-nièce d'Abraham, et ainsi cousine d'Isaac. Elle dit adieu à sa famille et suivit Éliézer dans la terre de Chanaan. Après vingt ans d'union, elle donna à Isaac deux jumeaux, Ésaü et Jacob. Bientôt Abraham mourut plein de jours, à l'âge de cent soixante-quinze ans, et fut déposé dans le tombeau où déjà reposait Sara.

Jacob. — La vie d'Isaac n'offre rien de saillant. Elle s'écoula tranquille dans les pâturages soit d'Hébron, soit de Gérar. Jacob devait, au contraire, avoir la vie agitée de son aïeul Abraham. Poursuivi par son frère Ésaü, à qui il avait dérobé la bénédiction d'Isaac, il s'enfuit en Mésopotamie. Il y servit quatorze ans son oncle Laban, pour obtenir la main de sa fille *Rachel*, et encore dut-il épouser d'abord sa fille aînée, *Lia*. Jacob eut douze fils : *Ruben, Siméon, Lévi, Juda, Dan, Nephtali, Gad, Aser, Issachar, Zabulon, Joseph* et *Benjamin*. Ces douze fils furent les ancêtres des douze tribus d'Israël.

Les deux plus jeunes, Joseph et Benjamin, naquirent seuls de Rachel. Ils vinrent au monde après le retour de Jacob, réconcilié avec Ésaü, dans la terre de Chanaan. Le dernier coûta la vie à sa mère. Comme l'âme de Rachel, cédant à la douleur, s'échappait de ses lèvres déjà glacées, elle appela le nouveau-né *Benoni*, l'enfant de ma douleur; le père l'appela *Benjamin*, l'enfant de ma vieillesse. Et ce nom prévalut sur le nom consacré par le sang de la pauvre mère.

Joseph. — Joseph était le fils de prédilection de Jacob, qui le fit trop voir peut-être. Cette préférence aigrit contre lui ses frères. Un jour qu'ils gardaient leurs troupeaux au pays de Dothaïn, ils saisirent Joseph et le jetèrent d'abord dans une citerne desséchée, où il devait périr de faim; puis ils le vendirent à des Ismaélites qui allaient en Égypte. Sa robe, plongée dans le sang d'un chevreau, fut portée à Jacob, qui, persuadé que Joseph avait été dévoré par une bête féroce, s'abandonna au plus douloureux désespoir.

Pendant que Jacob pleurait son fils bien-aimé, ce fils, par son habileté à interpréter les songes, par ses vertus et sa sagesse, devenait le premier ministre du Pharaon d'Égypte. Une épouvantable famine, qu'il avait prévue, le fit regarder comme le génie tutélaire et la providence de sa nouvelle patrie. Tous les affamés, et ceux d'Égypte, et ceux du dehors, accouraient à Joseph ; et, comme ses greniers étaient pleins, il pouvait les satisfaire tous. La famine sévissait aussi dans la terre de Chanaan, et deux fois Jacob dut envoyer ses fils chercher du blé en Égypte. Au second voyage, Joseph, dans une émouvante entrevue, après s'être fait reconnaître de ses frères, leur ordonna d'amener Jacob.

Le patriarche, à son entrée en Égypte, rencontra son fils, accouru au-devant de lui jusqu'à la terre de Gessen. « Je mourrai joyeux maintenant, s'écria l'heureux père, puisque j'ai vu ton visage. » Présenté avec toute sa famille au Pharaon, Jacob en reçut l'accueil le plus bienveillant, et Joseph obtint l'autorisation de l'établir dans la riche terre de *Gessen*, au nord de la mer Rouge. Jacob mourut dix-sept ans après, à l'âge de cent quarante-sept ans. Quant à Joseph, il vécut cent dix ans. Sa mémoire resta bénie et vénérée de tous.

Les Israélites en Égypte. — Les descendants de Jacob, appelés tantôt *Israélites*, tantôt *Hébreux*, plus tard *Juifs*, venus au nombre de soixante-dix seulement dans le riche pays de Gessen, formèrent bientôt un petit peuple au milieu des Égyptiens. Tout en demeurant sous la dépendance des Pharaons, ils avaient leurs chefs particuliers et jouissaient d'une assez grande liberté.

Mais ensuite cette prospérité s'altéra. « Il s'éleva, dit l'Écriture, un roi nouveau qui ne connaissait pas Joseph. » Ce roi était *Ramsès II*. Il persécuta les Hébreux, et, pour les empêcher de se multiplier, il ordonna de jeter au Nil tous les enfants mâles.

Cependant une femme de la tribu de Lévi, nommée Jochabed, mit au monde un fils. Elle le cacha pendant trois mois ; puis, ne pouvant plus le dissimuler, elle l'exposa en pleurant dans une corbeille sur le fleuve.

Dieu voulut que la fille du Pharaon, nommée Tirmouthis, vînt sur les rives pour se baigner. Apercevant cet enfant, émue de compassion, elle le fit retirer, lui donna le nom de *Moïse* (*sauvé des eaux*), l'éleva dans son propre palais, où l'enfant fut instruit par les prêtres dans toutes les sciences des Égyptiens.

Devenu grand, Moïse quitta la demeure de sa bienfaitrice, et alla retrouver ses frères les Hébreux. Il fut vivement touché de leur sort. Voyant un jour un Égyptien qui maltraitait un Israélite, il le tua puis se sauva dans l'Arabie Pétrée, chez les Madianites, où le prêtre Jéthro, touché de sa vertu, lui donna la main de sa fille Séphora.

Moïse ou l'Exode (1500). — Comme Moïse gardait les troupeaux de son beau-père, il aperçut un buisson qui brûlait sans se consumer. Étonné de ce prodige, il s'approchait, lorsqu'une voix sortant du buisson ardent lui cria : « N'approche point, ôte la chaussure de tes pieds, car ce lieu est une terre sainte... J'ai vu l'affliction de mon peuple et entendu son cri contre la dureté de ceux qui président à ses travaux. Viens donc, c'est toi que j'enverrai à Pharaon pour tirer d'Égypte mon peuple, les fils d'Israël. »

Moïse porta les ordres de Dieu au Pharaon; mais le Pharaon, orgueilleux et entêté, ne se décida à laisser partir les Hébreux qu'après avoir attiré sur son royaume dix horribles plaies, dont la dernière enleva tous les premiers-nés des Égyptiens et le propre fils du roi. Moïse dirigea les Israélites vers le pays de Chanaan, à travers le désert. Mille prodiges favorisèrent la route du peuple privilégié de Dieu.

Cependant les souffrances aigrirent les cœurs des Hébreux; ils osèrent murmurer contre le Seigneur, et le Seigneur, pour les punir, les obligea de séjourner pendant près de quarante ans dans les affreuses solitudes qui sont au nord du mont Sinaï. Moïse lui-même, pour avoir hésité un instant devant l'ordre que lui donnait Dieu de frapper de sa verge un rocher afin d'en faire jaillir de l'eau, dut mourir avant d'entrer dans la *Terre promise.* Le grand serviteur de Dieu expira sur les hauteurs du Nébo, le visage tourné vers la terre de Chanaan, à l'âge de cent vingt ans. Il fut enseveli sur la même montagne, et « nul n'a jamais connu son tombeau ».

Le *Moïse* de Michel-Ange.

Josué et la conquête de la Judée. — Après avoir pleuré Moïse pendant trente jours, *Josué*, son successeur, leva le camp et vint sur les bords du Jourdain. De l'autre côté était la *Terre promise*, le pays de Chanaan, appelée plus tard *Judée*. Sur l'ordre de Dieu, le peuple, précédé des prêtres, s'engagea dans les eaux du fleuve; et les eaux, suspendant leur cours, le passage se fit à pied sec. A la nouvelle de ce prodige, les princes chananéens furent frappés d'épouvante. Ils voulurent combattre cependant, mais ils furent partout battus, et Josué distribua la terre conquise entre les douze tribus d'Israël.

RÉSUMÉ

Les *patriarches*, chefs de famille, bergers et nomades, revêtus de tous les pouvoirs des souverains, apparaissent aux époques primitives avant le groupement des familles en nations. Les principaux patriarches considérés comme ancêtres des Juifs furent *Abraham, Isaac, Jacob* et *Joseph*. Abraham vint s'établir des rives de l'Euphrate dans la terre de Chanaan; Jacob quitta cette terre pour venir en Égypte, où son fils Joseph était premier ministre du Pharaon. — Maltraités, les descendants de Jacob appelés *Israélites, Hébreux, Juifs*, furent délivrés par *Moïse* et ramenés par *Josué* dans la terre de Chanaan, désormais appelée *Judée* ou *Palestine*.

CHAPITRE XI

LES JUGES
DÉBORA — GÉDÉON — JEPHTÉ — SAMSON — SAMUEL

Josué, en mourant, ne se désigna point de successeur. Avec lui disparut l'unité de commandement. Les tribus, laissées à elles-mêmes, furent administrées par leurs propres chefs. Ces chefs, peu unis entre eux, étaient souvent incapables de tenir tête aux invasions des tribus chananéennes, demeurées insoumises, ou des peuplades voisines. Dieu envoyait alors à son peuple des libérateurs, qu'on a assez improprement appelés *juges*.

Les juges les plus célèbres furent *Débora, Gédéon, Jephté, Samson* et *Samuel*.

Débora. — La prophétesse Débora, par les armes de Barac, vainquit Sisara, général de Jabin, qui régnait sur les Chananéens du nord, redevenus puissants après la mort de Josué. Dans sa fuite, Sisara se réfugia sous la tente de l'Hébreu Haber, son ami. Mais pendant son sommeil Jahel, femme de Haber, prenant un des clous qui fixaient la tente au sol, l'appliqua sur ses tempes, et d'un coup de marteau l'enfonça à travers son crâne jusque dans la terre. Débora fit alors entendre un chant d'action de grâces :

« Écoutez, rois et satrapes, écoutez le cantique du Dieu d'Israël...

« Bénie soit entre les femmes Jahel, femme de Haber...

« Il lui demanda de l'eau, elle lui donna du lait.

« Mais de sa main gauche elle prit un clou, et de sa droite un marteau; elle a choisi la place pour frapper, et Sisara est tombé.

« Il est tombé, et il a dormi; mais il ne s'est plus relevé. Cependant sa mère regarde par la fenêtre, et s'écrie : Pourquoi son char s'est-il rougi de sang? Pourquoi ses chevaux tardent-ils ? »

Gédéon. — Les Madianites faisaient des incursions continuelles en Palestine. Gédéon fit appel aux hommes de quatre tribus. Plus de vingt mille prirent les armes. Pour montrer que la victoire était due à lui seul, Dieu commanda de ne garder que trois cents braves. Gédéon surprit de nuit le camp des ennemis. Les Israélites s'étaient armés de trompettes et de torches renfermées dans des vases qu'ils brisèrent en criant : « Le glaive du Seigneur et de Gédéon! » Troublés, les ennemis tournèrent leurs armes contre eux-mêmes. Une mêlée épouvantable s'ensuivit : les Madianites furent exterminés, et depuis ce jour on ne parla plus d'eux.

Jephté. — Jephté, ancien chef de brigands, battit les Ammonites. Avant la victoire, il avait imprudemment fait le vœu d'immoler la première personne qui s'offrirait à ses regards s'il était vainqueur. Grande fut sa douleur quand, à son retour, la première personne qu'il aperçut fut sa fille, qui accourait vers lui avec des instruments de musique et des chants de triomphe. La jeune fille accepta avec courage son triste sort, et, après avoir pleuré deux mois sa virginité dans les montagnes avec ses compagnes, elle revint s'offrir à son père, qui exécuta son vœu imprudent.

Samson. — Pendant que Jephté luttait avec gloire

contre les Ammonites, Samson, un géant, doué d'une force prodigieuse, faisait un mal infini aux Philistins, qui avaient envahi le sud de la Palestine. Cependant les fameux coups de main du héros hébreu ne parvinrent point à délivrer complètement son pays. La ruine des principaux Philistins n'amena pour les tribus israélites qu'un repos momentané.

Désastre sous Héli. — Un moment étonnés, les Philistins reprirent l'offensive. Les Hébreux, pour se donner du courage et de la confiance, firent venir l'Arche du Seigneur, où étaient renfermées les tables de la loi données par Dieu à Moïse sur le mont Sinaï. Mais le Seigneur était irrité de la faiblesse du grand-prêtre Héli, qui n'avait que mollement réprimé les honteux scandales de ses deux fils, Ophni et Phinées. Trente mille hommes restèrent sur le champ de bataille d'*Aphec*; les deux fils d'Héli furent tués, et l'Arche tomba aux mains des ennemis. A cette dernière nouvelle, le vieux grand-prêtre (il était âgé de quatre-vingt-dix-huit ans), saisi de stupeur, tomba à la renverse et se brisa la tête.

Le triomphe des Philistins était complet. Ils emmenèrent l'Arche et la déposèrent comme un trophée à Azoth, dans le temple de leur dieu Dagon. Une terrible épidémie les força de la renvoyer. Mais Israël tout entier demeura vingt ans soumis à ses ennemis.

Samuel. — Dieu lui envoya enfin un vrai libérateur. Ce libérateur fut Samuel. Encore tout jeune enfant, Samuel avait été offert au Seigneur par sa mère; il grandit à l'ombre du sanctuaire, et le Seigneur déjà lui révélait ses oracles. Ce fut lui que Dieu chargea d'annoncer au grand-prêtre Héli les malheurs qui seraient le châtiment de sa négligence à corriger les défauts de ses deux fils.

Vingt ans après la funeste bataille d'Aphec, Samuel sortit de sa retraite et convoqua le peuple à *Masphath*. Au premier bruit de l'insurrection, les Philistins accoururent. La rencontre eut lieu à Masphath même; pendant le combat, Samuel offrait un sacrifice. Dieu,

venant au secours de son peuple, fit crever sur les ennemis une horrible tempête qui les frappa d'épouvante;
ils furent culbutés et mis en pleine déroute : la Palestine
était et resta délivrée.

La royauté. — Samuel jugea Israël jusqu'à sa vieillesse, honoré de tous; mais ses deux fils, Jaël et Abias,
qu'il dut mettre ensuite à sa place, ne lui ressemblaient
point. Fatigués de leur corruption et de leur injustice,
les anciens vinrent trouver Samuel à Rama, et le prièrent
de leur donner un roi. Dieu, consulté, lui ordonna de
se rendre à leurs désirs.

La période des Juges avait duré un peu plus de trois
cents ans.

RÉSUMÉ

Israël, demeuré après Josué sans chef général, se voit souvent
dominé par ses ennemis. Dieu lui envoie des libérateurs, nommés
improprement *Juges*. Les principaux sont la prophétesse *Débora*,
qui, par la main de Barac, bat Sisara, général des Chananéens du
nord; *Gédéon*, qui délivre Israël des Madianites; *Jephté*, qui bat
les Ammonites; *Samson*, qui s'illustre contre les Philistins; enfin
le prophète *Samuel*, qui répare la sanglante défaite subie par
les Hébreux sous le grand prêtre Héli à *Aphec*, et obtient pour
eux sur les Philistins la brillante victoire de *Masphath*. Samuel
reste juge d'Israël jusqu'à sa vieillesse, puis, sur l'ordre de Dieu,
lui donne un roi.

CHAPITRE XII

LES ROIS

SOMMAIRE

SAÜL. — DAVID. — SALOMON. — LE TEMPLE. — LES PROPHÈTES.
— LA RELIGION MOSAÏQUE.

Saül (1094-1055). — Le premier roi d'Israël fut
Saül, fils de Cis, d'une des plus humbles familles de
la tribu de Benjamin. L'élu du Seigneur était jeune,
beau et brave, et il surpassait de la tête tous les enfants
d'Israël. Mais après deux ans de règne, son infidélité au

Seigneur fut cause qu'il fut maudit par Samuel et rejeté comme indigne.

Le Seigneur commanda à Samuel de sacrer roi *David,* fils d'Isaïe, de la petite ville de Bethléhem. C'était un tout jeune homme, aux cheveux blonds, à l'air gracieux, aux traits pleins de charme. Il gardait les troupeaux de son père quand le prophète se présenta dans sa maison ; il reçut l'onction royale en secret, par crainte de Saül.

Or, depuis la malédiction de Samuel, l'Esprit de Dieu avait quitté Saül pour se reporter sur David, et le roi avait des accès de mélancolie qui devenaient de la fureur. Pour le calmer, on fit venir le petit berger de Bethléhem, et David, par l'harmonie qu'il tirait de sa harpe, soulageait le roi. Saül, le prenant en affection, fit de lui son écuyer. Une amitié plus tendre, plus sérieuse et plus célèbre, fut celle de Jonathas pour David : *l'âme de Jonathas,* dit la Bible, *s'était collée à l'âme de David.*

Les hostilités avec les Philistins avaient recommencé. Armé seulement d'un bâton et d'une fronde, David osa lutter contre le géant *Goliath* et le terrassa. Saisis d'épouvante, les Philistins prirent la fuite. Saül combla d'honneurs son jeune écuyer, et voulut qu'il restât à la cour.

Les femmes accueillirent le vainqueur de Goliath par ces cris : « Saül en a tué mille, et David dix mille ! » C'en fut assez pour exciter la jalousie du roi, qui, à plusieurs reprises, essaya de tuer David. Sauvé une première fois par une ruse de sa femme Michol, fille de Saül, une seconde fois par le tendre dévouement de son ami Jonathas, David dut à la fin demander un asile aux Philistins eux-mêmes.

Les Philistins, voulant venger leurs défaites, vinrent nombreux à Sunam, dans la vallée de Jezréel, non loin des Israélites campés sur le mont *Gelboé.* Saül, autrefois si courageux, eut peur cette fois : il se sentait abandonné de Dieu. Il fit évoquer par la pythonisse d'Endor l'ombre de Samuel. L'ombre apparut sombre et menaçante : « Pourquoi as-tu troublé mon repos? Demain, toi et ton fils vous serez avec moi, et le Seigneur livrera aux Philistins Israël. »

La parole du prophète s'accomplit. Les Israélites ne purent soutenir le choc des Philistins, et périrent en foule sur le mont Gelboé. Saül se trouva au plus fort de la mêlée; accablé de blessures, il dit à son écuyer : « Tire ton glaive et tue-moi, de peur que ces incirconcis ne me tuent en joignant l'insulte à la mort. » L'écuyer n'osait obéir; alors Saül se jeta sur son épée, et il tomba sans vie. Avec lui avaient péri trois de ses fils.

David (1055-1016). — A la nouvelle de ce désastre, David quitta le pays des Philistins et reparut en Palestine. La tribu de Juda, qui était la sienne, le proclama roi à Hébron. Sept ans après, la mort d'Isboseth, fils de Saül, le laissa sans rival.

L'unité nationale fut complétée par la prise de Jébus sur la plus redoutable des tribus chananéennes qui demeuraient encore isolées au milieu d'Israël. Jébus, citadelle très forte, située au centre de la Palestine, sur un plateau de près de huit cents mètres d'altitude, fut emportée après un vigoureux assaut conduit par Joab. David changea son nom en celui de Jérusalem (*Jébus, Salem, ville de la paix*), et en fit sa capitale, à la place d'Hébron. Le choix était des plus heureux. David établit sa résidence sur la colline de Sion, appelée depuis cité de David.

Le règne de David fut avant tout guerrier. David fit la guerre pour se défendre, puis pour agrandir ses États. Ses conquêtes lui donnèrent un royaume qui au nord allait jusqu'à l'Euphrate, et au sud atteignait la mer Rouge, le mettant par cette voie en communication avec les contrées les plus reculées de l'Asie et de l'Afrique.

La prospérité altéra le cœur de David, et, quoique au fond très pieux, il osa commettre un honteux attentat. Pour épouser *Bethsabée*, femme d'Urie, l'un de ses plus vaillants officiers, il fit périr le mari sous les traits des ennemis. Le prophète Nathan vint de la part de Dieu reprocher au roi, en termes sévères, son crime.

David reconnut sa faute, se couvrit de cendres, pleura et gémit devant le Seigneur. Mais son repentir, si profond, si sincère, ne pouvait effacer le mal causé par le scandale; il fallait à la justice de Dieu une expiation publique, et toute la vie du roi ne fut désormais qu'une suite d'épreuves.

Une des plus cruelles fut la révolte d'*Absalon*, fils du roi, puis la mort de ce même fils, tendrement aimé malgré tout, qui fut tué par Joab après sa défaite.

David mourut à l'âge de soixante et onze ans, dans la quarante et unième année de son règne, laissant de sages instructions à son successeur, Salomon, le fils de Bethsabée.

Salomon (1016-975). — Salomon n'était point un prince guerrier. Affermi à l'intérieur, il releva son règne à l'extérieur par d'illustres alliances avec Hiram, roi de Tyr, déjà ami de David, et avec le Pharaon d'Égypte, dont il épousa la fille. L'éclat de son nom suffit pour achever la soumission de ce qui restait encore à l'état indépendant au milieu d'Israël des anciennes peuplades chananéennes. Il régna en maître incontesté du gué fameux de Thapsaque, sur l'Euphrate, au ruisseau d'Égypte et à la mer Rouge.

Il eut la sagesse de se contenter de cet empire, relativement modeste, et ne songea qu'à faire jouir son peuple d'une heureuse paix. « Juda et Israël, dit l'Écriture, habitaient sans nulle crainte; chacun vivait dans l'abondance et la joie, à l'ombre de sa vigne et de son figuier, durant tous les jours de Salomon. »

Le Temple. — Salomon employa les loisirs de son long règne de quarante ans à accomplir une foule de travaux dont l'importance n'a pas moins fait pour la gloire de son nom que sa sagesse et sa magnificence. Le plus remarquable de ces travaux fut la construction du Temple.

Les fondements du Temple furent jetés la onzième année du règne de Salomon, sur le mont *Moriah*, emplacement révélé par Dieu à David, qui avait amassé l'argent nécessaire à sa construction. D'in-

nombrables ouvriers y travaillèrent pendant sept ans.
Le roi fit venir, pour aider ou diriger les Israélites, des
ouvriers de Tyr, habiles dans l'art de tailler la pierre,
de travailler le bois, le fer, l'or, l'argent, le bronze, de
teindre les étoffes précieuses en pourpre, en hyacinthe
ou en écarlate.

Le Temple comprenait une vaste cour, nommée *parvis d'Israël*, où se réunissait le peuple; une cour intérieure, appelée *parvis intérieur*, réservée aux prêtres
et aux lévites; enfin le *Saint* et le *Saint des saints*.

Le Saint renfermait le chandelier à sept branches,
l'autel d'or pour les parfums, la table d'or pour les pains
de proposition, plus une foule de tables, de candélabres,
de lampes, de vases, de l'or le plus pur.

Le Saint des saints renfermait deux chérubins en bois
d'olivier recouvert d'or, inclinés vers l'*Arche*, qu'ils
dérobaient à la vue par leurs ailes étendues. Dans l'Arche
étaient les deux Tables de la loi et un vase contenant de
la manne, pain mystérieux envoyé par Dieu aux Israélites pendant leur séjour dans le désert. Le Saint des
saints n'était ouvert qu'au grand prêtre, et encore pouvait-il y pénétrer une seule fois dans l'année.

L'or et les bois précieux, tels que le cyprès, le cèdre,
étaient prodigués dans le Temple, de sorte que si pour
les dimensions il restait bien en arrière des fameux
temples d'Assyrie ou d'Égypte, il les effaçait tous par sa
richesse. Il formait d'ailleurs une véritable petite cité,
avec les constructions élevées autour du parvis d'Israël
pour les logements des prêtres et de leurs familles.

La dédicace en fut faite au milieu d'un concours immense. On y transporta en grande pompe l'Arche, qui
était sur le mont Sion. Pendant quatorze jours le sang
des victimes ne cessa de fumer sur les autels.

Chute de Salomon. — La gloire, la sagesse de
Salomon n'empêchèrent point une chute déplorable.
Malgré la défense formelle de la loi mosaïque, Salomon remplit son palais de femmes étrangères, qui corrompirent son cœur et l'entraînèrent à l'idolâtrie. Non
content d'élever des temples aux divinités païennes,

il leur offrit lui-même l'encens d'une main que l'âge rendait déjà tremblante. Dieu, irrité, lui annonça la division de son empire. Cette division eut lieu sous le règne de son fils *Roboam*. Deux tribus seulement, Benjamin et Juda, restèrent fidèles à Roboam, et composèrent le royaume de *Juda*. Les dix autres fondèrent le royaume d'*Israël*. Le royaume d'Israël fut détruit par les Assyriens en 720 ; celui de Juda, par Nabuchodonosor, roi de Babylone, en 588.

Les prophètes. — Dieu daignait se mettre en relations presque constantes avec les rois de Jérusalem. Nous le voyons dans la Bible parler tantôt à David, tantôt à Salomon, tantôt à leurs successeurs. Il ne parlait pas lui-même directement, mais par l'intermédiaire de personnages sacrés, appelés *prophètes*. Les prophètes n'étaient pas seulement les messagers des ordres célestes. Très souvent, Dieu leur révélait l'avenir et les chargeait de l'annoncer en son nom. Moïse, Josué, Samuel, peuvent être considérés comme des prophètes. Après eux vinrent *Nathan*, contemporain de David, et David lui-même, *Élie, Isaïe, Jérémie, Ézéchiel* et *Daniel*, qui prédirent les faits de l'histoire de Jérusalem, surtout la venue et les différentes circonstances de la vie de *Jésus*, le Sauveur du monde.

Les prophètes vivaient ordinairement séparés du monde, quelquefois en communauté ; ils travaillaient de leurs mains, portaient le cilice, habit de pénitence, priaient plusieurs fois le jour et la nuit, s'exerçaient à la pratique de toutes les vertus, et ne cessaient de faire des remontrances pieuses tant aux rois qu'aux simples particuliers.

Religion. — Le peuple hébreu eut la gloire de recevoir et de conserver, malgré bien des infidélités, le dépôt de la croyance à un seul Dieu. C'est sa foi en *Jéhovah* (nom de Dieu en hébreu), qui lui donne son importance historique, et qui le distingue des autres peuples de l'antiquité. Tandis qu'autour de lui toutes les nations courbent le front devant de grossières idoles et se souillent par un culte honteux, lui seul reconnaît un

Dieu unique, immatériel, créateur, souverainement juste et souverainement bon.

Le culte de ce Dieu, bien que chargé d'observances extérieures, repose essentiellement sur des actes intérieurs, sur l'obéissance et l'amour. « Tous les sacrifices, disait Samuel à Saül, ne valent pas un acte d'obéissance. » — « Tu aimeras Jéhovah ton Dieu, disait la Loi, de tout ton cœur, de toute ton âme, de toutes tes forces. » Cet amour de Dieu renferme nécessairement l'amour du prochain. « Tu aimeras ton prochain comme toi-même. » De ce double principe : amour de Dieu, amour du prochain, découle une morale si pure, si sublime, qu'elle efface toutes les leçons des philosophes et n'a pu être surpassée que par la morale de l'Évangile.

RÉSUMÉ

Le premier roi des Juifs fut *Saül* (1094-1055). Rejeté par Dieu après deux ans de règne pour sa désobéissance, il gouverna cependant encore trente-huit ans, cherchant à tuer le jeune David, rival que lui avait suscité le prophète Samuel. — Prince guerrier, *David* (1055-1016) fonda réellement l'empire juif. — Prince pacifique, *Salomon* (1016-975), son fils, fut célèbre surtout pour sa sagesse, son opulence et la construction du Temple. — Mais, sur la fin de sa vie, il fut infidèle au Seigneur, qui l'en punit en morcelant son royaume sous son fils *Roboam*.

CHAPITRE XIII

GÉOGRAPHIE DE LA PHÉNICIE. — LES CITÉS PHÉNICIENNES. — GÉNIE DES PHÉNICIENS

La **Phénicie** est un étroit littoral qui s'étend au nord-est de la Judée. Simple ruban de terrain, large de dix lieues environ et long de cinquante, ce pays, si l'on excepte les deux petites plaines qui le terminent à chaque extrémité, présente partout l'aspect d'une côte abrupte, creusée de havres nombreux, hérissée de pointes rocheuses qui s'avancent au loin dans la mer et abritent tant bien que mal des mouillages médiocres.

Sur les premières pentes des collines et dans les ravins, l'olivier, la vigne, le blé, croissent à merveille. Les croupes du Liban, aujourd'hui tristes et dénudées, étaient couvertes jadis d'immenses forêts de chênes, de pins, de mélèzes, de cyprès, de sapins et de cèdres. Quant aux palmiers, ils s'avançaient jusqu'à la mer, et c'est d'eux que la Phénicie tirerait son nom (*Phœnicia*, pays des *palmes*). On n'y voit point de rivières, mais des torrents impétueux, le Léontès, le Lycus, l'Adonis, qui semblent s'élancer d'un seul bond du Liban à la mer.

Les cités phéniciennes. — En commençant par le nord on trouvait : 1º *Aradus,* située dans un îlot du même nom. Son enceinte, fort exiguë, était limitée par un mur qui servait à la fois de fortification et de digue. L'eau potable qui alimentait la ville venait d'une source sous-marine.

2º *Tripoli,* fondée à une époque assez récente par les gens d'Aradus, de Sidon et de Tyr.

3º *Gebel,* appelée *Byblos* par les Grecs, située au pied d'un promontoire, dans la position la plus heureuse. Son nom signifiait *le tombeau du dieu,* parce qu'on y montrait la sépulture d'Adonis. Les pèlerins y affluaient de la Syrie entière.

4º *Béryte,* le *Beyrouth* actuel, qui a toujours eu une grande importance maritime. Son nom signifie *les puits, les citernes.* Elle est restée prospère jusqu'à nos jours comme tête de la route conduisant à Damas en Syrie. Béryte fut fondée par Gebel.

5º *Sidon,* aujourd'hui *Saïda,* la plus vieille ville de Phénicie : elle s'intitulait la mère de toutes les autres. On la surnomma *la fleurie,* si riante est la plaine qui l'entoure, si beaux sont ses frais jardins, où jaillissent des sources magnifiques.

6º *Tyr,* l'égale de Sidon. Elle portait en réalité dans la langue chananéenne le nom de *Sour* (rocher), et c'est le nom qu'elle a aujourd'hui. Tyr était dans un tout petit îlot, où la population s'entassait dans des maisons de six, sept, huit étages. En face de Tyr s'élevait sur le continent *Palétyr* (vieille Tyr), qui en était le faubourg.

7° Enfin *Aco*, nommée *Ptolémaïs* par les Grecs, et que l'on appelle maintenant *Saint-Jean-d'Acre*.

De toutes ces cités, il n'y a plus que Beyrouth, l'antique Béryte, qui soit florissante. Les autres ne sont que de misérables bourgs. On reconnaîtrait à peine la place où fut Tyr, sans les fûts de colonnes antiques qui gisent çà et là, effleurés par la vague. Les ports se sont ensablés, et l'eau peut à peine y porter des barques. Les ruines elles-mêmes sont insignifiantes : digue et citernes d'Aradus, restes d'un temple de la grande déesse de Gebel (Beltis), nécropole de Sidon, voilà tous les débris de l'architecture phénicienne.

L'industrie a laissé des restes plus importants, tels que des pressoirs, des piscines, des citernes, taillés, ainsi que des tombeaux, en plein roc, comme pour durer toujours.

Génie des Phéniciens. — L'habitude, et aussi la nécessité, fit des Phéniciens des marins. Ils avaient été marins sans doute sur le golfe Persique dont ils avaient d'abord habité les rives; ils le furent sur les bords de la Méditerranée, et ils demandèrent à la mer la subsistance que n'aurait pu leur donner un territoire resserré et peu fertile. Ils commencèrent par s'occuper de pêche; puis, une fois accoutumés à la mer, ils se lancèrent au loin dans le commerce et la piraterie. Les voyages au long cours, sur de frêles vaisseaux, ne les effrayèrent point, et aucun peuple de l'antiquité ne les égala pour la hardiesse des expéditions maritimes. N'ayant d'autres guides que les astres, ils plongeaient dans les mers inconnues; il a fallu, pour les dépasser, l'invention de la boussole.

RÉSUMÉ

La *Phénicie*, étroit littoral à l'ouest du Liban, large de dix lieues, long de cinquante, eut pour premières populations connues des tribus chananéennes venues, vers le XXV⁰ siècle avant Jésus-Christ, des rives du golfe Persique. Ses principales cités furent *Aradus, Tripoli, Gebel* ou *Byblos, Béryte, Sidon, Tyr* et *Aco*, toutes aujourd'hui bien déchues, sauf Béryte (Beyrouth). Les Phéniciens devinrent par nécessité marins et marchands, et furent par instinct pirates.

CHAPITRE XIV

COMMERCE ET COLONIES DES PHÉNICIENS

SOMMAIRE

I. PUISSANCE DE SIDON (1700-1209). — Commerce et colonies dans la Méditerranée orientale, l'Archipel et la mer Noire; en Afrique; sur la mer Rouge et sur terre.

II. PUISSANCE DE TYR (1209-332). — Commerce et colonies dans la Méditerranée occidentale et dans l'Atlantique. — La ville de Tyr.

I. — Puissance de Sidon.

Commerce et colonies dans la Méditerranée, l'Archipel et la mer Noire. — Sidon fut péndant plusieurs siècles (1700-1209) la plus importante des cités phéniciennes. Aucune marine ne lui faisait alors concurrence dans la Méditerranée ; aussi toute la partie orientale de cette mer fut-elle librement explorée par ses marins. Sur les côtes de la Grèce et de l'Asie Mineure, pour éviter de froisser les indigènes, ils se bornèrent à commercer. Mais

Monnaie de Sidon.

en revanche, dans les îles, ils fondèrent de vraies colonies appuyées sur une vraie possession. Les deux grandes îles de Chypre et de Crète, si riches, l'une en cuivre, l'autre en pourpre ; Rhodes, Paros, et bien d'autres de l'Archipel furent solidement occupées. Ils poussèrent jusqu'en face de la Thrace, à Thasos, où ils commencèrent l'exploitation de riches mines d'or.

Les Sidoniens étaient arrivés aux portes de l'Hellespont. Franchissant ce détroit, puis le pas redouté du Bosphore, où l'imagination des peuples se représentait les roches Symplégades, prêtes à écraser quiconque s'aventurerait sur ces eaux inhospitalières, ils affrontèrent, avec leurs galères encore bien imparfaites, les orages du Pont-Euxin (mer Noire). Ils filèrent le long de la côte de l'Asie Mineure et vinrent enfin aborder en Colchide, au pied du Caucase, où ils trouvèrent ces trésors que la légende a symbolisés dans la *Toison d'or* : la pourpre, l'ambre, l'étain nécessaire à la fabrication du bronze, le plomb, l'or et l'argent.

Pendant qu'une partie des flottes phéniciennes courait à la découverte du Pont-Euxin, une autre, après avoir exploré la Crète, où s'établirent des colons, occupait Cythère, où les colons trouvèrent en merveilleuse abondance le murex ou coquillage à pourpre. Les Phéniciens se répandirent de là sur les îles Ioniennes, puis en Illyrie, en Italie ; enfin ils pénétrèrent dans la Grèce elle-même, où la légende veut que le Phénicien Cadmus ait fondé la Cadmée, forteresse de Thèbes, au cœur de la Béotie.

Commerce et colonies en Afrique. — Non contents d'exercer une sorte de monopole en Égypte, où ils couvrirent le Delta de leurs comptoirs, et où ils occupèrent tout un grand quartier dans Memphis, les Sidoniens, longeant le littoral africain, s'avancèrent jusqu'à la Tunisie actuelle, fondant *Leptis* sur le rivage de la Grande-Syrte (Tripolitaine), et *Cambé* à l'endroit où devait s'élever plus tard Carthage. Les colons de ces villes exploitèrent, pour l'intérêt de la mère-patrie, les richesses de l'Afrique occidentale : le blé, la laine, les plumes d'autruche, les dents d'éléphant, la poudre d'or, affluèrent dans les bazars de Sidon.

Commerce par la mer Rouge. — Tombés vers 1600 sous le sceptre des Pharaons, les Sidoniens, loin d'y perdre, y trouvèrent l'occasion de développer encore leur commerce. Ils virent s'ouvrir devant eux la mer Rouge, et par cette voie ils allèrent dans les ports de l'Arabie méridionale chercher les produits de ce pays fortuné, l'encens et la myrrhe ; ils trouvaient de plus les richesses de l'Inde, débarquées dans les ports d'Aden, de Cana et d'Harran : les pierreries, les métaux, les épices, l'ivoire et les bois de prix.

Commerce sur terre. — Sur terre les relations de Sidon s'étendaient à travers la Syrie jusqu'aux fertiles plaines arrosées par le Tigre et l'Euphrate, et à travers la Palestine jusqu'à l'Arabie. Ainsi, un tout petit pays devenait le centre d'un commerce immense.

II. — Puissance de Tyr.

Commerce et colonies dans le bassin occidental de la Méditerranée et dans l'Atlantique. — Sidon fut ruinée vers 1209 par les Philistins. Tyr hérita de son domaine colonial. Se trouvant gênée dans le bassin oriental de la Méditerranée par la concurrence des populations grecques, Tyr chercha des compensations à l'ouest. La Sicile, Malte, la Sardaigne, la Corse, et peut-être les côtes de la Gaule, les îles Baléares, la pointe septentrionale de l'Afrique qui regarde la Sicile, et où s'élevèrent *Carthage,* Utique, Hippone ; en un mot, tout le bassin occidental de la Méditerranée, furent occupés et garnis de colons tyriens.

Les vaisseaux de Tyr étaient arrivés aux *Colonnes d'Hercule.* Au delà des colonnes commençait le pays de *Tharsis* (Espagne occidentale), une des régions les plus fécondes de l'ancien monde. Les plaines du Guadalquivir (autrefois Bétis) et de la Guadiana produisaient l'huile, le vin, le froment au centuple. Les fleuves y roulaient des paillettes d'or ; les montagnes, alors couvertes de forêts, offraient les métaux les plus variés : or, argent, étain, cuivre, fer. Les mers étaient poissonneuses, et le thon s'y trouvait en abondance. Les colonnes d'Hercule furent dépassées, et le pays de Tharsis conquis. *Gadès,* aujourd'hui Cadix, fondée sur une petite île longue, étroite, devint, grâce à son admirable situation, le centre des colonies phéniciennes en Espagne, *Cartéja. Malaca, Abdera.*

Les Tyriens se trouvaient en face d'un nouvel océan plus vaste que la Méditerranée; ils l'exploitèrent au nord et au midi. Au nord, ils remontèrent le long de l'Espagne, traversèrent la mer des Gaules, et pénétrèrent jusqu'aux fameuses îles de l'*étain* ou *Cassitérides* (aujourd'hui Scilly, sur la côte de Cornouailles, en Angleterre). Au midi, ils dépassèrent la côte du Sénégal, et osèrent s'avancer jusqu'au cap Vert. On peut dire que Tyr était la métropole commerciale du monde entier.

La ville de Tyr. — La ville devint trop petite pour la population qui affluait dans son sein. L'agrandissement de Tyr fut l'œuvre d'Hiram, l'allié de David et de Salomon. Tyr couvrait alors plusieurs îles, séparées l'une de l'autre par des bras de mer peu profonds et semés de ces rochers coupés à fleur d'eau, qui hérissent par endroits les abords de la côte syrienne. Hiram s'ingénia à doubler l'étendue du sol sur lequel reposait sa capitale. Il combla les détroits qui couraient entre les divers quartiers et gagna sur la mer, vers le sud, un terrain consi-dérable au moyen de remblais et de quais fortifiés.

Monnaie de Tyr.

Même en cet état, l'aire occupée par les habitations n'était pas large et ne devait guère loger plus de trente à trente-cinq mille âmes; Tyr déborda sur le continent, et ses marchands étagèrent leurs villas sur les dernières pentes du Liban; mais la partie insulaire demeura le siège du gouvernement, grâce à sa position admirable, et au fossé qui l'isolait du monde.

La prospérité coloniale de Tyr fut, au bout de six cents ans, ébranlée par la concurrence des populations grecques, des Étrusques d'Italie et de sa propre colonie,

Carthage. Tyr elle-même, après un siège mémorable, tomba sous les coups d'Alexandre le Grand, roi de Macédoine, et devint un monceau de ruines (332 av. J.-C.).

RÉSUMÉ

Deux cités phéniciennes surtout se firent remarquer par l'activité de leur commerce et le grand nombre de leurs colonies : d'abord *Sidon* (1700-1209), puis *Tyr* (1209-332); la première dans le bassin oriental de la Méditerranée, la seconde dans le bassin occidental de la même mer. Les principales colonies de Sidon furent les îles de Chypre, de Crète, de Rhodes et de Cythère; les principales de Tyr, l'île de Malte, la Sicile, la Sardaigne, la Corse; les villes de *Carthage,* d'Utique, d'Hippone en Afrique; enfin en Espagne les villes de Gadès, de Carteja, d'Abdéra et de Malaca.

CHAPITRE XV

GÉOGRAPHIE DE L'IRAN

SOMMAIRE

Plateau de l'Iran. — Médie et Perse ancienne. — Populations. — Asie Mineure.

Plateau de l'Iran. — De la Caspienne à la mer des Indes, de la crête des monts qui s'abaissent vers le Tigre à la tranche de ceux qui dominent la vallée de l'Indus, s'étend un immense plateau, grand comme cinq fois au moins la France, appelé plateau de l'*Iran*. Cerné de montagnes qui arrêtent les vents de la mer et les pluies, l'Iran, dans l'ensemble, est un plateau sec. Le climat y est rude et capricieux. L'altitude de ses plaines, dont la moyenne est de douze cents mètres, fait que l'hiver y est aussi rigoureux que dans les départements les plus froids de la France, sous une latitude égale à celle de l'Algérie. Les étés y suffoquent par la chaleur du ciel, le calme de l'air et la réverbération des rayons sur les dunes, les collines de pierre et les terres salées, sans ombre et sans ruisseaux.

La Médie et la Perse occupaient une faible partie de ce plateau à l'ouest. Elles comprenaient la région montagneuse qui forme comme un isthme entre la Caspienne et le golfe Persique. La Médie était au nord de l'isthme, vers *Ecbatane*, aujourd'hui *Hamadan*; la Perse, au sud-est, vers *Persépolis*, dont les ruines s'élèvent à douze lieues environ de la délicieuse *Chiraz*.

Médie. — La partie nord de la Médie, séparée de la Caspienne par une chaîne aussi élevée que les Alpes, la chaîne de l'Elbourz, dont la cime principale, le *Démavent*, atteint cinq mille six cent vingt-huit mètres, offre partout le contraste brusque de vallées profondes, riantes, fertiles, et de montagnes abruptes et d'aspect sauvage. Les froids y sont rigoureux, les chaleurs accablantes en été dans les vallées. Des vents terribles y soufflent, qui « coupent comme une épée ».

La Médie du Sud, ou Médie proprement dite, commençait le haut plateau qui se continue à l'est par le grand désert Salé. L'hiver y est moins rigoureux que dans la Médie septentrionale ; mais l'été est si terrible, que les populations des vallées doivent chercher un abri dans les montagnes. D'ailleurs, les terres sont fertiles partout où l'eau circule, surtout au pied des hautes montagnes de la Caspienne.

Perse. — La Perse ne comprenait qu'une faible partie de la Perse actuelle, c'est-à-dire le *Parsistan*. Les anciens distinguaient la *Perse maritime*, mince littoral grillé par des soleils excessifs, des sables volants, des vents torrides ; la *Perse intérieure*, plaine arrosée par divers cours d'eau, fertile en fruits, riche en pâturages et en bestiaux ; et la *Perse montagneuse*, pays froid, mais égayé par de riches et charmantes vallées.

La région la plus habitable est la Perse intérieure, bien que le climat y soit fort variable. À des froids aigus succèdent des chaleurs accablantes. Les pluies, les tourbillons, les bourrasques y sont souvent très incommodes. Mais il y a des jours admirables par la beauté du ciel, la transparence de l'air, la douceur de la température.

Populations de la Médie et de la Perse. —

Voisins, et habitant les uns et les autres une partie du plateau de l'Iran, les *Mèdes* et les *Perses* étaient de même race, avaient même langue et même religion. Mais ils n'eurent point les mêmes mœurs, qui furent, à l'origine du moins, rudes et belliqueuses chez les Perses, voluptueuses et molles chez les Mèdes, de sorte que les Perses, d'abord vassaux des Mèdes, devinrent ensuite et assez promptement leurs suzerains.

L'Asie Mineure. — Au plateau de l'Iran, sur sa frontière occidentale, est adossée l'*Arménie*, vaste assemblage de monts pour la plupart nus, monotones, laids et même lugubres, mais pleins de belles sources, de torrents aux eaux limpides, au-dessus desquels le merveilleux *Ararat* élance sa cime étincelante de neige à une hauteur de plus de cinq mille mètres. — A l'Arménie fait suite l'*Asie Mineure*, elle-même vaste et confus entrecroisement de montagnes, que les anciens appelaient du nom général de *Taurus*. L'Asie Mineure, grande presqu'île baignée sur trois de ses côtés par la Méditerranée et par la mer Noire, devait sentir de bonne heure le poids des armes perses.

RÉSUMÉ

Le plateau de l'*Iran*, vaste contrée peu fertile, cachée et comme isolée du reste de l'Asie par une couronne de montagnes courant sur ses bords, se terminait sur sa frontière occidentale par deux pays montagneux: la *Médie* au nord, la *Perse* au sud, où les cimes arides alternent avec les vallées riantes, les froids aigus avec les chaleurs accablantes. La Médie et la Perse étaient occupées par des populations qui avaient même race, même langue et même religion, mais non les mêmes mœurs. A la Médie faisait suite du côté de l'ouest la montagneuse *Arménie*, et à l'Arménie, la guère non moins montagneuse *Asie Mineure*.

CHAPITRE XVI

L'EMPIRE DES PERSES — CYRUS (560-529)

SOMMAIRE

Guerre contre les Lydiens (554). — Conquête de l'Iran (554-539). — Conquête de la Chaldée (539-536). — Mort de Cyrus (529).

Soumis à l'origine aux Mèdes, les Perses devinrent leurs maîtres, lorsque *Cyrus* eut vaincu et détrôné son suzerain *Astyage*.

Le règne de Cyrus ne fut qu'une suite de guerres; il y gagna un immense empire et l'honneur de figurer parmi les plus grands conquérants de l'antiquité.

Guerre contre les Lydiens. — *Crésus*, roi de Lydie, par plusieurs expéditions heureuses, avait soumis toute l'Asie Mineure située en deçà de l'Halys, y compris les riches colonies grecques de la côte. L'acquisition de tant de provinces fertiles et industrieuses fit de lui un des souverains les plus opulents de l'époque. C'était d'ailleurs un prince libéral et magnifique, et la générosité avec laquelle il prodigua ses trésors lui valut l'admiration de la Grèce. La cour somptueuse qu'il tenait à Sardes reçut tour à tour comme hôtes les Grecs les plus sages et, les plus vertueux : *Solon*, *Bias* de Priène, *Pittacus* de Mitylène et *Thalès* de Milet.

En apprenant la chute de son beau-frère Astyage, Crésus se sentit menacé et envoya consulter en Grèce l'oracle de Delphes. L'oracle répondit que, s'il faisait la guerre aux Perses, il détruirait un grand empire. Il détruisit, en effet, un grand empire; mais ce fut le sien.

Crésus fut vaincu dans une bataille livrée en vue de *Sardes*, sa capitale. Il courut, après une héroïque résistance, s'enfermer dans Sardes. Cyrus vint l'y assiéger. La place fut prise après quatorze jours de siège (554). Dans le désordre qui suivit l'entrée des ennemis, Crésus faillit être tué par un soldat perse qui ne le connaissait pas. Un de ses fils, sourd et muet de naissance, vit le danger et en fut si effrayé, que la parole lui vint tout à coup : « Soldat, cria-t-il, ne tue pas Crésus ! » Cyrus non seulement épargna le malheureux roi, mais de plus fit de lui son ami et son conseiller.

Conquête de l'Iran (554-539). — Cyrus se tourna ensuite vers les régions de l'extrême Orient. Il parcourut et soumit tout le plateau de l'Iran jusqu'à l'Iaxarte, sur les bords duquel il bâtit une place forte, appelée de son nom *Cyropolis* (554-539).

Conquête de la Chaldée (539-536). — Sa dernière conquête fut celle de la Chaldée. Il vint mettre le siège devant Babylone. La ville, trop vaste pour être investie, trop forte pour être emportée d'assaut, trop bien approvisionnée pour être réduite par la famine, semblait devoir défier tous les efforts des Perses. Cyrus resta longtemps sous ses murs sans faire le moindre progrès. Il réussit enfin à s'en emparer par surprise. Il détourna les eaux de l'Euphrate et pénétra dans la ville par le lit même du fleuve, un jour de fête, pendant que les Babyloniens étaient tout entiers aux divertissements. Ceci arriva l'an 536 avant Jésus-Christ.

Maître de Babylone, Cyrus permit aux familles juives qu'avait amenées de Jérusalem le fameux roi Nabuchodonosor, de retourner dans leur pays.

Mort de Cyrus (529). — Cyrus vécut encore sept ans, puis disparut d'une manière mystérieuse : il est probable qu'il mourut de mort violente.

Selon l'historien Hérodote, il demanda en mariage *Tomyris*, reine des Massagètes, qui vivaient à l'est de la Caspienne, et fut repoussé. Irrité, Cyrus lui déclara la guerre, et fit prisonnier son fils, qui se tua de désespoir. Tomyris, pour le venger, hasarda une grande bataille. Cyrus y périt. La reine lui fit couper la tête et la plongea dans une outre de sang humain, disant : « Tu m'as perdue en prenant mon fils par ruse ; aussi,

moi, je te rassasierai de sang. » Les Perses parvinrent
à recouvrer le corps de leur roi et le transportèrent à
Pasagardes, où ils l'ensevelirent somptueusement dans
les jardins du palais. On montre encore aujourd'hui un
monument en marbre blanc que l'on dit être le tombeau
de Cyrus.

RÉSUMÉ

Cyrus, le fondateur de l'empire perse, passe sa vie à faire la
guerre. Il bat près de Sardes et détrône le roi des Lydiens,
(554). Il fait la conquête de l'Iran (554-539), puis celle de la
Chaldée (536). Maître de Babylone, il rend la liberté aux Juifs.
Sept ans après (529), il meurt, très probablement tué dans
une bataille contre Tomyris, reine des Massagètes. On montre
son tombeau à Pasagardes, une des capitales de la Perse.

CHAPITRE XVII

L'EMPIRE DES PERSES. — DARIUS Ier (521-185)

SOMMAIRE

Avènement de Darius Ier, fils d'Hystaspe. — Révoltes sous
Darius Ier. — Organisation de l'empire. — Campagnes de
Darius Ier dans les Indes et en Scythie (512 et 506). — Révolte
des cités ioniennes (500). — L'empire perse à la mort de
Darius (485).

Avènement de Darius. — Le fils de Cyrus,
Cambyse, mourut prématurément au retour d'une
expédition malheureuse contre l'Éthiopie et contre Carthage, qu'avait précédée la conquête de l'Égypte (521).
Son héritier fut Darius Ier, parent éloigné de Cyrus.

Révoltes. — A l'avènement de Darius la révolte
éclata partout, en Babylonie, en Perse, en Médie, en
Arménie. Il fallut cinq ans à Darius pour rétablir l'ordre
(521-516). « J'ai, dit-il lui-même, livré dix-neuf batailles
et vaincu neuf rois. »

La plus célèbre de ces révoltes est celle de Babylone. La ville soutint un siège de plus de vingt mois, et, d'après Hérodote, le roi n'aurait pu la réduire sans le dévoûment d'un de ses généraux, *Zopire*. Zopire se coupa le nez et les oreilles, se tailla irrégulièrement la chevelure, se sillonna le corps de coups de fouet, puis passa chez les Babyloniens, se disant ainsi maltraité par Darius et paraissant ne respirer que la vengeance. Il gagna la confiance des Babyloniens, qui lui donnèrent un haut commandement et la garde des remparts. Il livra alors la ville aux Perses.

Organisation de l'empire. — Après avoir rétabli la paix dans l'empire, Darius l'organisa. Il laissa aux peuples soumis leurs chefs indigènes, leur langue, leurs mœurs, leur religion, leurs lois, leurs constitutions. Mais il rattacha fortement les pouvoirs locaux à l'autorité royale. Le territoire fut divisé en grands gouvernements, et dans chaque gouvernement ou *satrapie* trois officiers représentèrent le roi : un *satrape*, un *secrétaire royal* et un *général*.

Ces trois officiers se surveillaient et se tenaient mutuellement en échec, de manière à rendre une révolte très difficile. Ils étaient en rapport perpétuel avec la cour, par des services réguliers de courriers à cheval, établis entre Suse, alors capitale de l'empire des Perses, et les provinces les plus éloignées. Chaque année des inspecteurs royaux, appelés *yeux et oreilles du roi*, parcouraient les provinces avec pouvoir de tout contrôler, de tout réformer.

Campagnes de Darius. — Pour plaire à l'humeur belliqueuse des Perses, Darius fut obligé de faire la guerre. Il se tourna d'abord vers l'Inde, puis vers l'Europe.

Inde. — L'amiral grec *Scylax* explora, pour le compte de Darius, le bassin de l'Indus jusqu'à la mer. Ce hardi navigateur descendit le fleuve; puis, arrivé à son embouchure, le premier des Grecs, il osa se lancer sur la *mer Érythrée*, aujourd'hui mer des Indes. Après trente mois de navigation, il arriva, par le détroit de

Bab-el-Mandeb, dans la mer Rouge. A la suite de
l'expédition de Scylax, Darius soumit les Indiens, et ses

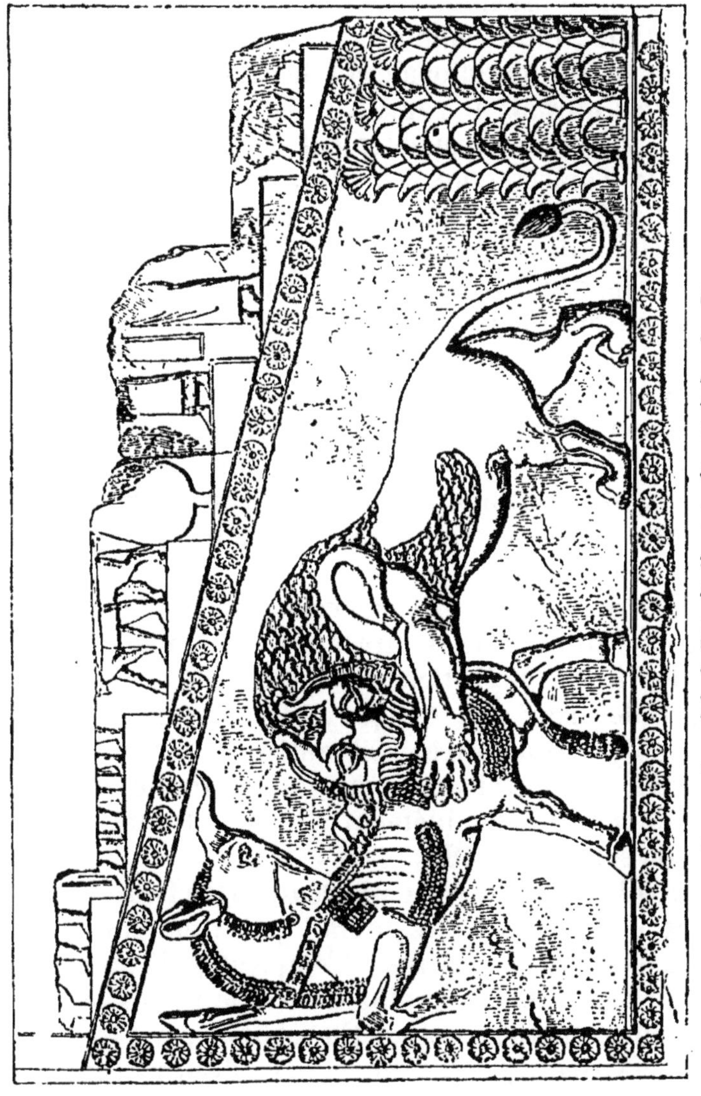

Rampe du palais de Persépolis, une des capitales des Perses.

flottes fréquentèrent la mer de l'Inde. Il en tira d'énormes
revenus (512).

Europe et Scythie. — Au lieu de pousser plus loin
vers le Gange, où s'ouvrait pour les Perses une carrière
brillante et lucrative, Darius alla guerroyer contre les

Scythes, sans doute pour venger l'Asie des incursions de ces Barbares.

Darius franchit le Bosphore sur un pont de bateaux, soumit la côte orientale de la Thrace, passa l'*Ister* ou Danube (508), puis s'enfonça dans l'immense steppe qui forme la partie méridionale du territoire russe actuel. Deux mois durant, il parcourut les steppes du *Don* ou Tanaïs, puis rentra paisiblement en Asie, après avoir soumis la Thrace et forcé la Macédoine à payer tribut (506). Les Scythes n'osèrent plus rien entreprendre sur les frontières des Perses.

Révolte des cités ioniennes. — La fortune de Darius se trouva tout à coup troublée par le soulèvement des cités grecques de l'Asie Mineure (500). Avec le concours des Athéniens, les Grecs incendièrent la ville de Sardes en Lydie. Ils en furent cruellement punis. *Milet*, qui avait donné le signal de la révolte, fut emportée d'assaut, et ses habitants vendus ou transportés à l'embouchure du Tigre. Les autres villes furent pillées ou réduites en cendres.

Darius voulut aussi se venger des Athéniens. Une première expédition échoua, grâce à une tempête, sur les côtes de Thrace (492). Deux ans plus tard, Datis et Artapherne, débarqués en Attique, furent battus à *Marathon* (490). Ces désastres n'ébranlèrent point le courage de Darius. Il disposait tout pour une éclatante revanche, quand il mourut inopinément, dans la trente-sixième année de son règne (485).

L'empire perse à la mort de Darius (485). — L'échec contre les Grecs n'avait point entamé sérieusement l'œuvre de Darius. L'empire qu'il laissait en mourant était à la fois le plus vaste et le mieux organisé que le monde eût encore vu. En relation par l'Inde avec l'extrême Orient, par la Thrace avec l'Europe, il voyait les richesses affluer dans son sein. La civilisation des Perses était brillante, et ils ne méritaient point le nom de *barbares* que leur donnait l'orgueil des Grecs.

RÉSUMÉ

Darius, prince de la famille royale, monte sur le trône après la mort prématurée de *Cambyse* (521). Il passe cinq ans (521-516) à comprimer des révoltes en Babylonie, en Perse, en Médie. La révolte et la répression de Babylone sont célèbres par le dévouement de Zopire. Le roi organise ensuite ses vastes États. Chaque province ou *satrapie* est gouvernée par un satrape, un secrétaire royal et un général. Les provinces conservent d'ailleurs leurs lois, coutumes et autorités locales.

Darius fait la guerre d'abord dans l'Inde, puis en Europe contre les Scythes, à qui il impose la terreur de son nom; au retour il soumet la Thrace (512-506). Il comprime une révolte des cités grecques d'Asie (500). Il cherche à se venger de leurs alliés les Athéniens; mais une tempête fait échouer une première expédition (492), et une deuxième est marquée par la défaite de ses généraux Datis et Artapherne à *Marathon* (185). Cet échec n'empêche point qu'il laisse en mourant (490) le royaume le plus vaste et le mieux organisé qu'on eût encore vu.

APPENDICE

I. — Écritures des Égyptiens.

Les monuments égyptiens sont couverts d'inscriptions gravées en caractères appelés *hiéroglyphes*. Ces inscriptions, avec les anciens papyrus, forment la source la plus précieuse de l'histoire de l'Égypte; si on n'était point parvenu à les déchiffrer, l'histoire de ce pays n'aurait jamais été que fort incomplètement connue.

Le point de départ de l'étude du déchiffrement fut la découverte, en 1798, de *l'inscription de Rosette*. L'inscription comprend trois textes : le premier en caractères *hiéroglyphiques*, tels qu'ils sont écrits sur les monuments; le deuxième en caractères *démotiques*, tels qu'on les voit dans les papyrus égyptiens; et le troisième en *grec*. Cette précieuse inscription fournissait un moyen de comparaison entre le texte égyptien et le texte grec; car on présuma tout d'abord que les deux textes égyptiens ne faisaient que répéter le texte grec, dont la lecture n'offrait aucune difficulté.

Les savants se mirent aussitôt à l'œuvre, mais sans grand succès. Ce ne fut que vingt-trois ans après la découverte de l'inscription que le Français *Champollion le jeune* parvint à trouver la méthode à suivre pour la lecture des textes égyptiens. Il prouva que les trois écritures connues : *hiéroglyphique*, *hiératique* et *démotique*, ne sont au fond que la même écriture.

L'écriture hiéroglyphique était surtout consacrée aux inscriptions que l'on gravait sur les monuments. L'écriture hiératique était employée quand on écrivait sur le papyrus à l'aide d'un *calamos* de roseau, de bois ou de métal : les plus anciens papyrus hiératiques conservés remontent peut-être à 3000 ans avant Jésus-Christ. Enfin l'écriture démotique fut employée à partir du VIIe siècle pour la rédaction des contrats et dans le commerce.

Comme on peut s'en convaincre, ces trois écritures ne diffèrent que par leurs tracés de plus en plus cursifs; l'*hiératique* est déjà moins solennelle, mais beaucoup plus rapide que l'*hiéroglyphique;* et la *démotique* est la plus expédiée, la plus commode des trois pour l'usage journalier; aussi fut-elle promptement *populaire*, d'où son nom de *démotique.*

Champollion, en outre, démontra que dans l'écriture égyptienne il faut distinguer quatre sortes de signes : 1° des signes *alphabétiques*, exprimant chacun un son, comme les lettres de notre alphabet; 2° des signes *syllabiques*, représentant chacun une syllabe; 3° des signes *figuratifs*, représentant par leur propre image les objets du monde physique; exemples ☺ soleil. ☽ lune; 4° des signes *symboliques*, exprimant une idée, soit abstraite, soit concrète, par l'image d'un objet physique. Ainsi le *lion* représente la *vaillance;* le *soleil* représente le *jour;* l'*abeille* représente le *roi.*

Ainsi s'écroulait le système qui avait tendu d'abord à prévaloir, et qui voulait voir partout des signes *figuratifs* et *symboliques.*

Il a été démontré par M. de Rougé que l'*alphabet* phénicien, qui a rendu un si grand service à la civilisation, et sur lequel repose notre alphabet, dérivait des hiéroglyphes égyptiens. Le mérite des Phéniciens n'a pas été d'inventer les *lettres*, mais de s'en servir à l'exclusion des signes *figuratifs* et *symboliques.*

II. — Écritures cunéiformes.

Divers peuples parlant des idiomes différents, tels que les Chaldéens, les Assyriens, les Susiens, les Arméniens, les Mèdes et les Perses, employèrent une même écriture appelée *cunéiforme.*

On est convenu d'appeler *cunéiforme*, un système d'écriture dont le signe le plus ordinaire a la forme d'un coin (*cuneus*). Ce signe est tantôt horizontal —, tantôt vertical |. tantôt tordu en forme de crochet <.

Le cartouche suivant, qui est celui de Nabuchodonosor, don-

nera une idée d'une inscription cunéiforme. Bien que la chose puisse paraître étrange, cette écriture au fond est l'écriture égyptienne. Les paquets de clous qui forment aujourd'hui les caractères cunéiformes dérivent de signes hiéroglyphiques défigurés au cours des âges.

La découverte des palais d'Assyrie, l'exploration de la Babylonie, de la Susiane, de l'Arménie, ont révélé une foule d'inscriptions cunéiformes d'une importance capitale pour l'histoire de ces contrées.

LA GRÈCE

CHAPITRE PREMIER

GÉOGRAPHIE PHYSIQUE

I. — Considérations générales.

La Grèce, appelée Hellade jusqu'au jour de ses relations avec Rome, est l'extrémité méridionale de la grande péninsule des Balkans. Adossée aux puissantes montagnes qui limitent au sud le sol tourmenté de l'Albanie, elle regarde vers l'Orient, d'où lui vinrent et ses premiers habitants et son antique civilisation. Tout petit pays, la Grèce antique était cependant plus étendue que la Grèce moderne. Elle comprenait en entier deux contrées que la Grèce moderne ne possède qu'en partie, l'*Épire* et la *Thessalie*.

Chef-d'œuvre de la nature, la Grèce ne ressemble à aucun autre pays. On dirait que la mer recule à regret devant ses terres : elle se hâte d'y rentrer profondément, et y découpe une foule d'îles, de presqu'îles, d'isthmes et de promontoires. Il en résulte la disposition la plus heureuse. De la Grèce comme de la Gaule, on peut dire : « Sa configuration semble à celui qui l'étudie non l'œuvre du hasard, mais bien celle d'une Providence tutélaire qui y a tout disposé à souhait. »

II. — Divisions de la Grèce.

La Grèce comprend un tronçon continental, l'**Hellade** proprement dite; une presqu'île, le **Péloponèse**; enfin des **îles**.

1° **Hellade**. — D'abord assez large et compacte, la Grèce continentale ou *Hellade* s'amincit ensuite brusquement à partir du mont Œta, devient un simple ruban de terre étroitement resserré entre le golfe de Corinthe et le détroit de l'Euripe et va finir en pointe effilée au cap Sunium. Pays hérissé de monts, sans plaines importantes, sans larges vallées, elle forme un dédale confus où l'on a d'abord quelque peine à se reconnaître. · Malgré leur désordre apparent, toutes les montagnes de la Grèce peuvent être rattachées au *Pinde*, qui se relie lui-même aux *Alpes helléniques* et rentre ainsi dans le grand système orographique de l'Europe.

Chaîne granitique de 2 à 3000 mètres d'altitude, le *Pinde* descend quasi en ligne droite des frontiérs de l'Albanie au mont Œta. Il envoie à l'ouest de nombreux rameaux dont l'ensemble n'est qu'un chaos. A l'est, sous des noms divers il pousse jusqu'au golfe *Thermaïque*, en passant devant le majestueux massif de l'*Olympe*, qui se dresse, isolé, à une hauteur de 3 000 mètres. L'Olympe est fameux dans la mythologie grecque, qui plaçait sur sa cime couverte de neiges presque éternelles le séjour des dieux. En face de l'Olympe, au sud, s'élève l'*Ossa*, magnifique avec ses murailles de roches rouges, presque à pic, et, un peu plus loin, le *Pélion*. Les géants, dit la légende, voulurent jeter Pélion sur Ossa pour escalader le ciel.

Les contrées qu'enserrent ces montagnes sont, à l'ouest du Pinde, l'*Épire*, l'*Étolie* et l'*Acarnanie*; à l'est, la *Thessalie*. Dans les trois premières court l'*Achéloüs*, fleuve abondant en toute saison, et qui cependant ne réussit pas toujours à faire naître la fécondité sur ses rives. Dans la Thessalie coule le *Pénée*, dont les eaux ont creusé la délicieuse vallée de *Tempé*, où se trouvent

réunis les tableaux les plus variés, les plus extraordinaires et les plus pittoresques de la nature.

La chaîne du Pinde, avons-nous dit, se termine au
mont *Œta*. Avec ce mont, nous arrivons au cœur même
de l'Hellade. C'est près de l'Œta que se trouve le fameux
défilé des *Thermopyles*. Ce défilé ne présente plus qu'un
intérêt historique : car les alluvions charriées par le
Sperchius ont forcé la mer à reculer, et ont fait des
Thermopyles un passage praticable même à une grande
armée. Les dernières ramifications de l'Œta couvraient
la montagneuse *Doride*.

En continuant notre marche vers le sud, nous rencon-
trons, dans la *Phocide*, le *Parnasse*, séjour des Muses
et centre du culte d'Apollon ; dans la *Béotie*, l'*Hélicon*,
où sous le pied de Pégase jaillit une source aimée des
poètes, *Hippocrène*, et le *Cithéron*, consacré à Bacchus ;
enfin, dans la sèche *Attique*, le *Pentélique*, renommé
pour ses marbres ; l'*Hymette*, célèbre pour son miel, et
le *Laurium*, aux mines d'argent.

De ces montagnes descendent quelques cours d'eau qui
ne méritent pas le nom de fleuves, simples et humbles
ruisseaux que tous cependant connaissent. Les plus
célèbres sont les deux *Céphyse;* l'un, en Béotie, alimente le lac *Copaïs;* l'autre, en Attique, se jette à la
mer tout près d'Athènes.

2º **Péloponèse.** — Le Péloponèse, *île de Pélops*,
est de fait une île maintenant qu'on a rompu le pont
naturel qui le relie au continent. Cette péninsule est
une vraie petite merveille. Elle est construite sur un plan
qui offre presque la régularité d'une figure géométrique.
Au centre s'élève un plateau d'une hauteur moyenne de
600 mètres, le plateau d'*Arcadie*. De ce plateau descendent en tous sens des régions parfaitement délimi-
tées, avec des terrasses superbes, des vallées fertiles, et
partout la vue sur une mer magnifique.

3º **Les îles.** — La Grèce a une magnifique ceinture
d'îles. Cette myriade d'îles présente l'avantage d'établir
des relations faciles entre la Grèce et l'Asie, comme par
un pont. Le vaisseau qui partait d'un port hellénique

par un temps clair touchait l'Asie sans avoir perdu la terre de vue.

Une disposition remarquable des îles de la Grèce, c'est leur forme allongée : on dirait des chaînes de montagnes qui émergent au-dessus d'une vaste plaine inondée. Et en effet, il fut une époque, bien reculée, il est vrai, où la mer Égée n'existait point, où la Grèce ne faisait qu'un continent avec l'Asie.

Les îles grecques composent comme une triple chaîne tendue entre l'Europe et l'Asie.

La **première chaîne** commence au cap Malée et va se terminer en face de la Lycie. Elle comprend l'île de *Cythère*, célèbre pour son culte de Vénus ; la *Crète*, la plus grande des îles grecques ; et *Rhodes*, grande, belle, riche et jouissant d'un climat délicieux.

La **deuxième chaîne** part de la côte de l'Argolide, passe au sud des Cyclades et finit avec l'île de *Cos*, près d'Halicarnasse. Les îles les plus célèbres de cette chaîne sont *Mélos*, aujourd'hui *Milo*, et le groupe de *Théra*, connu aujourd'hui sous le nom de *Santorin.* Ce qui distingue ces îles, c'est leur caractère volcanique. Depuis l'ère chrétienne, le groupe de Santorin s'est enrichi de plusieurs îlots qui ont surgi tout à coup sous la pression de feux sous-marins. Le dernier de ces îlots date de 1866.

La **troisième chaîne** comprend la grande île d'*Eubée*, autrefois le *grenier* de l'Attique ; les *Cyclades*, dont les plus célèbres sont *Scyros*, aujourd'hui très florissante sous le nom de *Syra* ; *Paros*, connu pour ses marbres ; *Délos*, îlot minuscule, mais patrie d'Apollon. Elle finit avec l'île de *Samos*.

Bien à l'écart du centre de la vie grecque, au moins après la période héroïque, se trouvaient les **îles ioniennes**. Les plus importantes étaient *Corcyre* (Corfou), l'île des *Phéaciens*, chantée par Homère ; *Leucade* (Sainte-Maure), qu'un simple canal sépare de la terre ferme ; *Céphallénie*, moins célèbre que son satellite, la stérile *Ithaque* ; enfin *Zacynthe* (Zante), la *fleur du Levant*, disaient les Vénitiens.

III. — Richesses naturelles.

Ce qui frappe dans la Grèce, c'est la beauté de la nature plus que la richesse du sol. Les montagnes y prennent presque tout pour elles et ne laissent que peu d'espace aux terrains de culture. Et encore ces terrains, sauf dans les vallées de la Thessalie, de la Béotie, de la Messénie, de l'Eubée, et quelques autres, voulaient-ils être fécondés par un travail incessant. De ce sol ingrat, à peine arrosé par de faibles cours d'eau qui tarissent pour la plupart en été, l'Hellène, grâce à sa persévérance et à l'heureuse diversité du climat, faisait surgir les fruits les plus beaux et les plus variés. Aux produits des régions tempérées, tels que le blé, la pomme, la poire, la vigne, se mêlaient ceux des pays méridionaux, le pâle olivier, le palmier, l'oranger et le citronnier. Ce que le sol ne pouvait fournir, on le demandait à la mer, soit par la pêche, soit par le commerce.

L'industrie trouvait aussi à s'exercer sur les bois charriés des montagnes, autrefois couronnées de magnifiques forêts; sur le cuivre de l'Eubée; sur le fer de la Béotie; sur les mines d'argent du Laurium, où Athènes occupa un moment 20000 ouvriers; enfin, sur les beaux marbres de l'Attique et de Paros.

Si donc le Grec ne trouvait pas la richesse toute prête sous sa main, il pouvait l'attirer facilement à lui. Il avait de plus un beau ciel, une belle lumière, une belle langue, un beau corps. Ce corps était au service d'une âme qui s'ouvrait sans efforts à toutes les choses de l'esprit. Tant d'avantages réunis n'expliquent-ils point suffisamment la large place que s'est conquise dans l'histoire ce petit peuple ?

CHAPITRE II

TEMPS PRIMITIFS

SOMMAIRE

Dieux et déesses. — Héros. — Troie et Mycènes.

Dieux et déesses. — Les premiers habitants de la Grèce, appelés *Pélasges*, n'adoraient qu'*un seul dieu, Zeus* ou *Jupiter*. Ils ne lui donnaient ni temple ni image. Son autel, c'était la cime neigeuse des monts ou les rameaux sacrés du chêne de *Dodone*, en Épire. Ce culte, d'une majestueuse simplicité, fut modifié profondément par l'arrivée de colons orientaux, qui importèrent en Grèce les dieux de l'Égypte, de la Phénicie et de l'Asie Mineure. L'imagination du peuple grec ou hellénique avait travaillé de son côté, et *divinisé* soit les *puissances* de la nature, soit les *passions* de l'homme, de sorte que la Grèce posséda toute une légion de dieux.

Au premier rang vinrent les *douze grands dieux* ou *déesses*, qui composaient la famille de Jupiter et son conseil, et qui résidaient avec lui sur le sommet de l'Olympe. Ce groupe comprenait : *Jupiter*, le maître des dieux et des hommes ; *Junon*, son imposante épouse ; *Neptune*, le dieu de la mer ; *Apollon*, le soleil qui éclaire et la terre et l'intelligence humaine ; *Minerve*, la déesse guerrière, qui donne la sagesse et la science ; *Vénus*, la déesse de la beauté ; *Mars*, le dieu de la guerre ; *Vulcain*, le dieu du feu et des arts utiles ; la chaste *Vesta*, qui présidait à la pureté du foyer domestique ; *Cérès*, qui faisait mûrir les moissons ; *Diane*, la lune, sœur d'Apollon ; enfin *Mercure*, dieu du commerce et de l'éloquence.

Il y avait encore *Pluton*, le souverain des enfers, et *Proserpine*, son épouse ; *Bacchus*, dieu du vin ; *Esculape*, dieu de la médecine ; et tous les dieux secondaires qui peuplaient les campagnes, les forêts et les eaux : *Pan*, les *Faunes*, les *Satyres*, les *Dryades*, les *Naïades*, les *Océanides*, les *Néréides*, les *Tritons*, qui suivaient en jouant sur l'onde azurée le char de *Nérée* et d'*Amphitrite*; *Éole* et les *Vents*; les *Muses*, les *Parques*.

Jupiter seul et Apollon furent les *dieux nationaux* de la Grèce. Les autres ne furent jamais que des divinités *locales*. Ainsi *Minerve* régnait à *Athènes*, *Cérès* à *Éleusis*, *Junon* à *Argos*, *Bacchus* à *Thèbes*, *Vénus* en *Cypre*. Quoique dieu national, Apollon était spécialement honoré dans la vallée de *Tempé*, dans l'île de *Délos*, et surtout à *Delphes*, au pied du Parnasse.

Héros. — Au-dessous des dieux, venaient les *héros*, fils de dieux ou de déesses, qui avaient une noblesse, une force, une puissance, dignes de leur origine. Chaque cité avait son *héros*, son *demi-dieu*, dont elle faisait son protecteur, et auquel elle avait recours dans les moments de péril. Ainsi l'Attique avait *Thésée*; Thèbes, *Œdipe*; Argos, *Persée*; Corinthe, *Bellérophon*. *Hercule*, spécialement honoré dans le Péloponèse, était le *héros national*, le héros de la Grèce entière.

Thésée délivra Athènes du tribut annuel de sept jeunes garçons et de sept jeunes filles qu'elle payait au *Minotaure* de Crète, monstre à tête de taureau et à corps d'homme. Guidé par le fil d'*Ariadne*, fille du roi Minos, Thésée pénétra dans le labyrinthe de *Dédale*, où était enfermé le Minotaure, et le tua.

Œdipe délivra Thèbes du *Sphinx*, monstre au visage de

Tête de Méduse, conservée à Munich.

femme, aux ailes d'oiseau, au corps et à la queue de lion, qui proposait des énigmes aux passants et dévorait ceux qui ne pouvaient les déchiffrer.

Persée débuta dans la vie par l'infortune; peu après sa naissance, il fut enfermé avec sa mère *Danaé* dans un coffre que l'on abandonna aux hasards des flots de la mer. Sauvé et devenu grand, il trancha la tête de la *Méduse*, une des trois *Gorgones*, monstres à figure de femme, dont la chevelure était entrelacée de serpents, et dont le regard changeait en pierre ceux qu'il fixait. Persée régna ensuite sur Tirynthe et Mycènes.

Bellérophon dompta *Pégase*, cheval ailé qui s'était élancé de la tête de la Méduse, tranchée par Persée. Monté sur ce coursier invincible, ce héros va combattre et exterminer la *Chimère*, monstre de race divine, à la tête de lion, au corps de chèvre, à la queue de serpent, et dont la gueule vomit des flammes terribles et étincelantes.

Aucun de ces héros n'égale *Hercule* pour la valeur et la gloire. Hercule est l'*idéal de la force physique mise au service de la justice et de la vertu*. Jeune encore, il avait rencontré deux femmes, d'aspect et de costume bien différents : l'une, la *Volupté*, lui promettait une vie de délices; l'autre, la *Vertu*, ne lui faisait entrevoir le bonheur qu'au terme d'une vie de luttes et de labeurs. Hercule, dédaignant l'enchanteresse, avait suivi l'austère vertu. Il parcourt le monde, se montrant partout un *redresseur des torts*, un *bienfaiteur de l'humanité*. Il tue le *lion de Némée*, l'*hydre de Lerne*, le *sanglier de l'Érymanthe*, redoutés pour leurs ravages; il châtie le tyran *Géryon*; il extermine les sauvages *Centaures*; il tue le brigand *Cacus*; il retire des enfers la noble et touchante *Alceste*, qui s'était dévouée à la mort pour son époux; puis, après une foule d'autres travaux utiles et glorieux, il subit une mort douloureuse : du bûcher qu'il s'est dressé lui-même sur l'Œta, il monte à l'Olympe, où sa vertu lui mérite de siéger parmi les dieux.

Troie et Mycènes. — Dans la pensée des Grecs, les dieux n'étaient point les *créateurs*, mais seulement les *administrateurs* du monde. En cette qualité ils intervenaient sans cesse dans les affaires humaines. Cette intervention est frappante dans la célèbre *guerre de Troie*, qui se fit environ 1200 ans avant J.-C., et dont l'historien fut le grand poëte *Homère*.

En face de la Grèce, sur les côtes opposées de la mer Égée, presque à l'entrée de l'Hellespont, s'élevait un royaume puissant. Ce royaume était celui de *Troie*. Supérieurs aux Grecs pour les richesses, le luxe et la civilisation, les Troyens s'en rapprochaient pour l'origine, la religion, la langue et les mœurs. C'étaient donc des frères, mais des *frères ennemis*. Une haine nationale, profonde, invétérée, avivée par de mutuels outrages, séparait les deux peuples et finit par les armer l'un contre l'autre.

Pâris, fils de *Priam*, roi de Troie, passant à Sparte au retour d'un sacrifice offert à Apollon, vit *Hélène*, femme du roi *Ménélas*, et l'enleva. Indigné de ce rapt insolent, Ménélas et son frère, le puissant *Agamemnon*, roi de *Mycènes*, où l'on vient de retrouver des restes grandioses d'architecture et de magnifiques objets d'art, soulevèrent la Grèce entière. Cent mille hommes répondirent à leur appel et se réunirent sur les rivages de l'*Euripe*. Les autres chefs les plus remarquables étaient le rusé *Ulysse*, et surtout le jeune et noble *Achille*, accompagné de son fidèle ami *Patrocle*. A cette foule, Priam pouvait opposer cinquante mille hommes à peine, commandés par le vaillant *Hector*.

Le siège de Troie dura dix ans. Cette longue durée tint aux *rivalités et aux querelles des chefs*. La querelle la plus célèbre est celle d'Achille et d'Agamemnon. Odieusement traité par le chef de l'armée, Achille se venge par l'inaction. Privé de son appui, les Grecs, pressés par l'ennemi, reculent jusque dans leurs retranchements. En présence de ces revers, Achille demeure implacable : il ne sort de son repos que pour venger Patrocle, qu'a tué Hector. Il tue Hector lui-même, le dépouille de ses armes, attache son cadavre à son char, et le traîne trois fois autour du tombeau de son ami. Il consent pourtant à le rendre à son vieux père, qui est venu jusque dans son camp embrasser ses genoux. La guerre

continue. Achille tombe à son tour, frappé par la flèche
de Pâris, qu'a dirigée Apollon. Le siège menace de
s'éterniser; on n'a raison de la ville, au bout de dix ans,
que par la ruse. Troie est détruite, Priam est égorgé, sa
femme *Hécube* et ses filles sont emmenées en captivité.

RÉSUMÉ

Les premiers habitants de la Grèce, les *Pélasges*, peuple de
géants qui ont laissé des témoins de leur civilisation rude et
grandiose dans les forteresses cyclopéennes de Mycènes, n'ont
qu'un dieu, Jupiter, qu'ils adorent et consultent sous le chêne
de Dodone en Épire. — Viennent ensuite, vers 1600, des étrangers, Égyptiens, Phéniciens, etc., qui introduisent les divinités
multiples qu'adorera la Grèce. Le cortège des dieux et des
déesses se complète de celui des héros ou demi-dieux. Ces temps
primitifs de la Grèce sont célèbres par la lutte que se livrent les
puissants rois de Troie et de Mycènes, Priam et Agamemnon.

CHAPITRE III

SPARTE

SOMMAIRE

La Laconie. — Discipline et éducation spartiate.

La Laconie. — On appelle **Laconie**, dans le Péloponèse, l'étroite et profonde vallée, large de dix lieues
environ et longue de quinze, qui s'étend du plateau
d'Arcadie à la mer, entre les pentes douces du *Parnon*,
qui s'élèvent à 2000 mètres, et la chaîne presque per-
pendiculaire du *Taygète*, dont les sommets couverts de
neige atteignent 2400 mètres. C'est un tout petit pays,
*d'une superficie très légèrement supérieure à celle du
département de la Seine.*

L'*Eurotas* a fait la partie fertile de la Laconie. La

petite plaine délicieuse sur les ondulations de laquelle était bâtie la capitale du pays, *Sparte*, est le fond d'un ancien lac formé par les eaux du torrent, alors que les rochers lui barraient le passage vers la mer. En dehors de la vallée, le pays mérite bien la description qu'en a faite Euripide : « Pays riche en productions, mais *difficile à labourer*; enfermé de tous côtés par une barrière *d'âpres montagnes*, presque inaccessibles à l'ennemi. » Ce terrain était admirablement propre à fournir les hommes énergiques et durs qu'il a portés.

La Laconie, entourée de hautes montagnes, présentait comme une forteresse où l'on ne pouvait arriver que par des passages presque impraticables ou très faciles à défendre. La côte elle-même, tantôt rocheuse, tantôt marécageuse, était d'un abord difficile. Pour ce peuple guerrier, le Taygète offrait une précieuse ressource dans ses mines abondantes de fer, plus recherchées que celles de marbre et de porphyre qu'il renfermait aussi.

La nature du pays explique la disposition de *Sparte*. Au lieu d'être groupée sur une hauteur et entourée de murailles, comme les autres villes grecques, elle était disséminée sur plusieurs petites collines et n'avait point de remparts : ses défenses naturelles lui suffisaient.

La Laconie, peuplée à l'origine d'Achéens, les mêmes que le roi Agamemnon mena à la guerre contre Troie, fut, au XIIe siècle avant J.-C., envahie et soumise par un peuple venu des pieds de l'Olympe, appelé *Spartiates*, qui devait jouer avec les Athéniens un grand rôle dans l'histoire de la Grèce.

Discipline spartiate. — Les Spartiates n'étaient qu'une poignée d'hommes au milieu des anciens habitants : trente mille environ contre deux cent cinquante mille. Des vaincus, ils s'étaient fait autant d'ennemis, car ils les avaient pour la plupart brutalement dépouillés de leur patrimoine et réduits à vivre, sous le nom d'*ilotes*, en qualité d'esclaves à leur propre service. Les rares propriétaires, à qui avec le nom de *Laconiens* ils avaient laissé une petite partie, et la plus maigre, de leurs terres, étaient dédaigneusement repoussés de l'assemblée du peuple, ne comptaient pas parmi les citoyens et vivaient en étrangers (*périèques*) dans leur propre patrie. Contre ces ilotes, contre ces Laconiens, toujours prêts à une révolte, les Spartiates, sous peine de périr, devaient être aussi constamment sous les armes. La nécessité elle-même contraignit donc *Lycurgue*, le législateur de Sparte, à faire de cette ville *un camp*, avec les *mœurs* et les *occupations* d'un camp.

Le Spartiate était *citoyen* et *soldat* plus que *père* ou *époux*. Enrôlé dans les armées à l'âge de dix-sept ans, il servait jusqu'à soixante. Pendant cette longue période, en temps de paix comme en temps de guerre, la discipline la plus sévère l'enserrait de toutes parts. Les règlements fixaient tout : les heures du lever et du coucher, les exercices et le repas, le costume, qui était le même et pour les pauvres et pour les riches. Sparte présentait toujours l'aspect d'un camp : les repas eux-mêmes, qui étaient publics, et auxquels personne, y compris les rois, ne pouvait se soustraire, rappelaient les habitudes militaires : *manger en commun* s'appelait *camper ensemble*.

Le temps que le Spartiate ne passait pas aux exercices ou à la chasse, il l'employait à la conversation, occupé à deviser sur les devoirs du citoyen et son métier de soldat. Cette oisiveté imposée par les lois, il la regardait comme un de ses plus précieux avantages et le privilège des hommes libres. Se reposant sur les ilotes du soin de pourvoir à sa subsistance, il dédaignait les travaux manuels, le commerce, l'industrie, sources de richesses qu'il abandonnait volontiers aux classes soumises. Il avait le même mépris pour la philosophie, les beaux-arts, la littérature. Il n'était point étranger à la poésie et à la musique; mais il y cherchait un aiguillon qui stimulât le courage, qui excitât à l'enthousiasme et à l'action. Fier et raide dans sa démarche, il usait d'un langage bref et concis qui a conservé le nom de *laconisme*.

Lycurgue combattit le luxe et la mollesse par des

mesures énergiques. En interdisant aux Spartiates l'agriculture, les métiers, le commerce, il leur ferma les sources de la richesse. Le citoyen de Sparte ne pouvait s'enrichir que par la guerre. Le luxe dans les habits ou les maisons était sévèrement prohibé ; les métaux précieux, défendus sous peine de mort : Lycurgue ne toléra qu'une monnaie vile et encombrante, qui de plus n'avait point cours hors du pays. La table était plus que frugale ; le principal ornement en était le fameux *brouet noir*, dont les vieillards spartiates mangeaient, dit Plutarque, à cœur joie, et que les étrangers trouvaient détestable. Il l'était en effet ; mais ce qui le faisait paraître savoureux aux Spartiates, c'étaient les bains dans l'Eurotas ou les exercices sur la place publique.

Éducation des enfants. — Pour l'éducation des enfants, comme pour la discipline des hommes faits, Lycurgue s'inspira du principe qui subordonnait tout à l'État. Dans l'enfant qui venait de naître il voyait surtout un futur soldat, et rien ne devait être négligé pour donner à la patrie un soldat robuste et dévoué.

A peine né, l'enfant était porté par son père à la réunion des vieillards. S'il était trouvé faible ou contrefait, on le condamnait à mourir, et on le précipitait sans pitié dans les gouffres du Taygète. S'il était jugé digne de vivre, on le rendait à son père, qui le faisait nourrir et le gardait jusqu'à l'âge de sept ans. Alors l'enfant retombait sous la main de l'État, qui cette fois ne le lâchait plus. Il était incorporé dans les *bandes* que dirigeaient des jeunes gens choisis parmi les plus braves. On l'exerçait à tout ce qui pouvait donner à son âme l'amour de la patrie, le courage, la patience, et à son corps la force, l'agilité : la palestre, les courses, le maniement des armes, tels étaient ses jeux. Sans chaussures, presque nu, portant le même costume hiver et été, couchant sur des roseaux qu'il avait cueillis lui-même dans l'Eurotas, il menait déjà la dure vie des camps.

Sa nourriture était peu abondante ; on voulait ainsi le forcer à se procurer le nécessaire par la ruse et l'adresse.

S'il était pris, il était battu, non pour avoir volé, mais pour s'être laissé prendre. Plutarque raconte l'histoire d'un enfant qui, ayant volé un renard et l'ayant caché sous sa robe, se laissa déchirer le ventre par les ongles et les dents de l'animal, et mourut sur place sans pousser un cri.

La culture intellectuelle était fort restreinte. Elle se bornait à des leçons de lyre et de flûte, à quelques hymnes sacrés ou à des chants guerriers. Après le patriotisme, la vertu que l'on enseignait avec le plus de soin à l'enfance était le respect des vieillards. Nulle part les cheveux blancs ne furent aussi honorés qu'à Sparte.

Les jeunes filles étaient soumises presque à la même éducation. On leur fortifiait le corps par des exercices, des courses, des luttes; on leur élevait l'âme par des leçons de courage et de patriotisme. A cette école elles puisaient une énergie virile et un héroïsme parfois un peu farouche : « *Reviens dessus ou dessous* », c'est-à-dire *mort ou vainqueur*, disait une mère à son fils en lui remettant le bouclier pour le combat.

RÉSUMÉ

La Laconie, occupée d'abord par les *Achéens*, l'est ensuite, au xiie siècle, par les *Spartiates*. Voyant Sparte entourée d'ennemis, le législateur *Lycurgue* fait de tous les Spartiates des soldats; les jeunes gens, les jeunes filles elles-mêmes, reçoivent une éducation toute virile. Toutes les affections, toutes les vertus domestiques sont sacrifiées à l'État.

CHAPITRE IV

ATHÈNES

SOMMAIRE

L'Attique. — Les premiers temps d'Athènes. — Solon.

L'Attique est la péninsule triangulaire qui, s'appuyant au nord sur le nœud du *Cithéron,* va se terminer au sud par la pointe de *Sunium*. Ce morceau de rocher sans terre et sans eau, d'une superficie à peine égale à la moitié d'un de nos plus petits départements, présente des aspérités assez saillantes, qui forment les massifs du *Parnès*, du *Pentélique*, de l'*Hymette* et du *Laurium*. Les plaines y sont rares : à peine peut-on en citer trois, d'une fort médiocre étendue : la plaine d'*Éleusis*, la plaine d'*Athènes* et la plaine de *Marathon*.

L'Acropole d'Athènes, état actuel.

La plus belle comme la plus riche est celle d'Athènes, où courent deux ruisseaux, à sec l'été, le *Céphise* et l'*Ilissus*.

Quoique stérile, le sol de l'Attique n'était point improductif. L'olivier, le figuier, la vigne, l'orge, le blé, avec du travail, y venaient bien. Les fruits des arbres et les produits des jardins étaient délicats et savoureux; les plantes des montagnes n'avaient nulle part plus de parfum que sur l'Hymette. Dans les entrailles des montagnes on trouvait d'excellente pierre de taille, du minerai d'argent et de plomb; à leur base, de l'argile de première qualité. Aussi les arts et les industries y devinrent-ils fort prospères. Ajoutez à ces avantages une atmosphère sèche et limpide, qui faisait circuler la santé dans les corps, éveillait dans les âmes les idées riantes, et stimulait toutes les forces de l'intelligence.

Malgré ces ressources, le sol de l'Attique ne pouvait nourrir la population nombreuse qui vint s'entasser dans ce coin de terre. On dut tirer des approvisionnements de la Béotie et de l'Eubée, se livrer de bonne heure à la marine, et recourir à la pêche, très fructueuse sur les côtes de la péninsule.

Les premiers temps d'Athènes. — Les Athéniens vécurent longtemps disséminés à la campagne. D'après la tradition, l'Égyptien *Cécrops* réunit le premier les familles éparses en douze bourgades. Thésée, parmi ces bourgades, donna le rang de capitale à *Athènes*, heureusement assise dans la fertile plaine du Céphise, sur un bloc de calcaire énorme, isolé et presque inaccessible. Alors le pays se trouva tout entier réuni dans une seule *cité*, sous le patronage de la même divinité, *Athéné* ou *Minerve*, la déesse guerrière, qui était aussi la protectrice de l'agriculture et des arts de la paix. Son arbre favori, l'*olivier*, devint l'arbre nourricier du pays. Chaque année son culte réunit tous les Athéniens dans la grande solennité dite des *Panathénées*. Alors naquit un peuple attique, alors commença une histoire attique.

A l'époque de l'invasion des Spartiates, le roi *Codrus* périt en essayant de barrer l'entrée de l'Attique à l'étranger. Les nobles profitèrent de cette mort tragique pour abolir la royauté (1045 ?). Mais ce fut pour accaparer eux-mêmes le pouvoir, la richesse, et faire peser un joug de fer sur le peuple. Le peuple n'avait même pas la ressource d'invoquer les lois, car il n'y en avait pas d'écrites. Un magistrat d'une austère probité, *Dracon*, lui en donna. Ses lois, d'une sévérité devenue proverbiale (*lois draconiennes*), ne purent être appliquées, et le désordre ne fit que croître.

Solon (594). — L'œuvre de *Solon*, qui parut ensuite, était autrement bien comprise et devait avoir de plus heureux effets. Archonte, c'est-à-dire premier magistrat de la ville, descendant du roi Codrus, philosophe et un des sept sages de la Grèce, poète même aimable et spirituel, Solon, par ses fonctions, par son origine, par ses lumières, par son humeur sympathique, réunissait tout ce qu'il fallait pour réussir.

Tous les citoyens furent divisés en deux grandes catégories : ceux qui possédaient en capital au moins dix-huit cents drachmes ou francs, et ceux qui ne les possédaient pas. Les premiers eurent seuls accès aux fonctions publiques ; mais en revanche seuls ils payèrent l'impôt, furent soldats et firent la guerre à leurs frais. Les autres, les pauvres, les mercenaires, ne purent briguer les charges ; en retour, ils furent exempts de l'impôt et du service militaire. Bien qu'inéligibles, ils pouvaient voter et faisaient partie de l'*Assemblée du peuple*, qui votait les lois.

La sollicitude de Solon ne se borna point aux affaires politiques ; elle régla tout ce qui intéressait de loin ou de près la famille et la société. Le père fut obligé de faire élever convenablement son fils et de lui apprendre un métier ; l'éducation et l'instruction furent contrôlées par l'État, mais non point soumises à une surveillance inquiète et oppressive. Solon ne voulait pas des serviteurs dressés à la mode spartiate, mais des hommes librement et pleinement développés. L'agriculture, l'industrie, le commerce furent encouragés, et l'oisiveté, qui était une obligation à Sparte, fut sévèrement punie à Athènes. Toutefois les citoyens ne purent s'occuper de métiers indignes d'hommes libres, tels que ceux de fabricants ou de vendeurs de parfums.

Solon, son œuvre terminée, fit installer ses lois sur l'Acropole, à la portée de tous les regards, et les mit sous la protection de Minerve, la déesse tutélaire de la cité.

RÉSUMÉ

Après l'abolition de la royauté à la mort de *Codrus* (1045), l'aristocratie athénienne s'empare du pouvoir et pressure le peuple. Le peuple trouve un défenseur dans *Solon*, qui en 594 donne de justes lois. Les citoyens pauvres, ne possédant pas au moins mille huit cents drachmes, ne peuvent que faire partie de l'Assemblée du peuple, sans être admis aux charges; mais ils sont exempts des impôts et du service militaire, et font partie de l'*Assemblée du peuple,* chargée de voter les lois. L'éducation des enfants est bien mieux comprise par Solon que par Lycurgue.

CHAPITRE V

LES FONDATIONS DES COLONIES GRECQUES

SOMMAIRE

I. COLONIES DE LA CÔTE ASIATIQUE (XIIe siècle). — Colonies éoliennes. — Colonies ioniennes. — Colonies doriennes. — Prospérité commerciale, industrielle, littéraire et artistique des colonies d'Asie Mineure.
II. COLONIES DE LA GRANDE-GRÈCE ET DE LA SICILE (VIIIe et VIIe siècles).
III. ESSAIMS FORMÉS PAR LES COLONIES D'ASIE MINEURE : sur le Pont-Euxin; en Gaule. — Grandeur et décadence des colonies.

De bonne heure, les Grecs suivirent le mouvement d'expansion qui devait les porter sur tous les points de la Méditerranée. Au début, c'est-à-dire au XIIe siècle, l'émigration se dirigea, comme c'était naturel, vers la côte de l'Asie Mineure, où les colons trouvaient des peuples de même sang. Plus tard, au VIIIe siècle, elle prit la route de l'Italie méridionale et de la Sicile.

I. — Colonies d'Asie Mineure (XIIe siècle).

C'est sur les côtes de l'Asie Mineure que les colonies ont été le plus nombreuses et ont trouvé le développement le plus riche. Elles formaient une mince lisière de dix à vingt lieues, allant de l'Hellespont à Rhodes, regardant ainsi la Grèce sur tous les points. On y distinguait trois groupes : le groupe *éolien*, le groupe *ionien* et le groupe *dorien*.

1° Colonies éoliennes. — Elles allaient de l'Hellespont à l'Hermus. Partis de la Béotie ou de la Thessalie, les Éoliens, naviguant droit à l'est, se heurtèrent à la splendide *Lesbos*, qui faisait face aux rivages les plus riants. De cette île, ils s'élancèrent sur les côtes de la Troade et de la Mysie, dont ils refoulèrent les habitants dans les montagnes. Leurs villes principales furent, dans l'île de Lesbos, *Mitylène* et *Méthymne*, et *Kyme* sur le continent.

2° Colonies ioniennes. — Elles se développaient le long de la Lydie méridionale et de la Carie septentrionale, de l'Hermus au Méandre ; elles étaient les plus nombreuses, les plus riches et les plus lettrées. Partis soit de l'Eubée, soit de l'Attique, les Ioniens trouvèrent leur route toute tracée par la double rangée des *Cyclades*. Ils colonisèrent ces innombrables îlots, ainsi que les îles plus considérables de *Chios* et de *Samos;* puis ils s'établirent de vive force sur la terre ferme, massacrant les habitants et forçant leurs veuves à les épouser. Les principales villes des Ioniens étaient : *Phocée, Smyrne, Clazomènes, Téos, Chios, Éphèse, Samos, Milet*.

3° Colonies doriennes. — Elles allaient du Méandre à Rhodes. Pour se rendre en Asie, les Doriens, venus du Péloponèse, passèrent par *Cythère*, la *Crète* et *Rhodes*, qu'ils couvrirent de colons. Il en fut de même des îles volcaniques de *Mélos* et de *Théra*, et de toute la traînée qui se continue dans la mer Égée. Les villes doriennes les plus connues étaient *Cos, Cnide* et *Halicarnasse*.

Sur toute cette côte, il y eut un magnifique essor *commercial, industriel, littéraire, artistique,* surtout à *Phocée,* à *Milet,* à *Smyrne.* C'est dans ces colonies que naquirent et se développèrent tous les genres de littérature, représentés par *Homère, Alcée, Sapho, Hérodote,* etc. Là aussi s'éveilla le génie de l'*architecture.* Le vaste temple de Junon à Samos, le merveilleux temple de Diane à Éphèse, faisaient l'orgueil de l'Ionie, alors que la Grèce continentale n'avait encore aucun monument à citer.

II. — Colonies de la Grande-Grèce et de la Sicile
(VIIIe et VIIe siècles).

Les Grecs hésitaient à se hasarder hors de la mer Égée, dans les plaines sans îles de la mer d'Occident. « Une fois que tu as contourné le cap Malée, oublie ce que tu as laissé à la maison, » disait un vieux proverbe de matelots. Cependant leur génie entreprenant les poussa à s'aventurer dans la grande mer. Déjà, dans une antiquité reculée, des colons ioniens de *Chalcis* avaient fondé sur la côte d'Italie *Cumes,* qui devint la métropole de *Néapolis* (Naples) et de *Zancle* (Messine). Le mouvement d'émigration, interrompu de longues années, reprit au VIIIe siècle. Alors furent fondées :

1º Sur les côtes de l'Italie méridionale : *Tarente,* par les Doriens de Sparte ; *Sybaris* et *Crotone,* par les Éoliens. Ces villes devinrent si puissantes, que le pays prit le nom de *Grande-Grèce.*

2º Sur les côtes de la Sicile : *Syracuse, Géla, Agrigente,* fondées par les Doriens ; *Catane, Léontium,* fondées par les Ioniens.

Là, comme sur les côtes de l'Asie Mineure, fleurirent la poésie, l'industrie, les sciences et les arts. Le grand géomètre *Archimède,* l'illustre poète *Théocrite,* étaient de Syracuse.

III. — Essaims formés par les colonies d'Asie Mineure.

Ces diverses colonies essaimèrent au loin, tant sur le *Pont-Euxin* que sur les côtes des *Gaules*. Ce fut l'œuvre surtout de deux villes de la confédération ionienne : *Milet* et *Phocée*. Milet eut l'Orient, Phocée l'Occident.

1° **Milet.** — Les Milésiens commencèrent par s'assurer des ports que les Phéniciens avaient occupés sur l'Helles-pont, en particulier d'*Abydos;* puis, pénétrant dans la Propontide, ils y fondèrent *Cyzique;* enfin ils s'enga-gèrent dans le *Pont-Euxin*, l'effroi du marin grec. Ils y allaient pour la pêche du thon, pour les esclaves, les bois, les blés, les cuirs, la poix, la cire, le miel, le chanvre et l'or qu'on trouvait sur les rivages des Scythes.

Les Milésiens installèrent un vaste cercle de places maritimes tout autour de la mer Noire. Au sud étaient *Sinope* et *Trapézonte* (Trébizonde), sa fille. A l'ouest et au nord, une foule de villes *situées aux embouchures des grands fleuves,* qui servaient de routes pour aller trafiquer dans l'intérieur. C'étaient *Istros,* sur le Da-nube; *Tyras,* sur le Dniester; *Olbia,* sur le Dniéper; *Panticapée,* sur le détroit *Cimmérien* (Iénikalé). Enfin, au fond de la mer d'Azoff, sur le Don, *Tanaïs,* qui devint un marché florissant de fourrures et d'esclaves. A l'est on voyait *Phasis,* à l'embouchure du *Phase,* centre du commerce avec l'Asie.

2° **Phocée.** — Ce que Milet faisait dans le Pont-Euxin, Phocée le fit dans le bassin occidental de la Méditerranée. La première fondation phocéenne fut *Massilia* (Marseille). Sur ses rivages on installa de grandes pêcheries. Le sol pierreux des alentours se transforma en vignobles et en plantations d'oliviers. Massilia reçut à travers les Gaules les chargements d'étain de la Bretagne, et fournit en échange du vin, de l'huile, des ustensiles de bronze, etc.

Les Massaliotes fondèrent à leur tour *Antipolis* (Antibes), *Nicœa* (Nice), *Monœcos* (Monaco) ; puis de l'autre côté du Rhône *Agatha* (Agde), peut-être aussi

Nîmes. La côte d'Espagne fut entamée à son tour, et les Phocéens, franchissant les colonnes d'Hercule, s'établirent à l'embouchure du *Bætis* (Guadalquivir), à *Tharsis*, où se faisait un important commerce de cuivre.

Nous n'avons pas tout dit sur les colonies grecques. Il faudrait nommer encore les colonies doriennes de *Leucade*, de *Corcyre*, parmi les îles Ioniennes; les colonies ioniennes de la *Chalcidique*, sur les côtes de la Macédoine; les colonies doriennes de *Chalcédoine* et de *Byzance*, à l'entrée du Bosphore; en Égypte, la florissante *Naucratis*, fondée par neuf cités de l'Éolide, de l'Ionie et de la Doride. Enfin, sur les côtes de la *Libye*, la forte colonie de *Cyrène*, fondée par des colons de *Théra* ou *Santorin*, dans une oasis où l'on avait tout à souhait.

Grandeur et décadence des colonies. — Ainsi, autour de l'Hellade s'épanouissait une vaste ceinture de colonies qui s'étendait du Pont-Euxin aux colonnes d'Hercule. Partout où ces colonies se fondèrent, elles firent pénétrer la civilisation grecque. Elles traversaient une période inouïe de grandeur et de prospérité au moment où Athènes et Sparte n'étaient encore que d'obscures cités. Mais cette période fut courte, et au Vᵉ siècle, lorsque la métropole grandissait, toutes les colonies, sauf *Marseille* et *Syracuse*, étaient en décadence.

RÉSUMÉ

Après avoir colonisé les innombrables îles ou îlots de l'Archipel, les Grecs, dès le XIIᵉ siècle, bordent d'une *frange hellénique* les côtes de l'Asie Mineure : *Phocée, Smyrne, Éphèse, Milet, Halicarnasse*, etc., puis les rives de l'Hellespont, et l'immense littoral du Pont-Euxin ou mer Noire. Ils se hasardent aussi dans la Méditerranée occidentale, fondent de nombreuses villes dans l'Italie méridionale, *Naples, Tarente, Sybaris*, etc.; de même en Sicile : *Syracuse, Messine, Agrigente*. Des navigateurs phocéens atteignent même les côtes de la Gaule, où ils fondent *Marseille*, qui à son tour essaime sur la côte jusqu'aux Pyrénées.

Très florissantes au moment où Athènes et Sparte ne comptaient pas encore, les colonies grecques tombent ensuite en décadence à partir du VIᵉ siècle avant Jésus-Christ.

CHAPITRE VI

GUERRES MÉDIQUES

SOMMAIRE

Marathon. — Les Thermopyles. — Salamine.

On appelle *guerres médiques*, il serait plus juste de dire *persiques*, une lutte gigantesque soutenue par les Spartiates et les Athéniens contre les puissants rois de Perse Darius et son fils Xercès. La cause en fut l'insurrection des colonies grecques des côtes de l'Asie Mineure contre le roi de Perse, et l'incendie, avec l'aide des Athéniens, de la ville de Sardes (500). Darius, roi de Perse, pour se venger, détruisit Milet, ruina toutes les villes ioniennes d'Asie, puis envoya son gendre Mardonius châtier les Athéniens. Sa flotte se brisa dans une tempête contre le mont Athos. Mais le roi, loin de se décourager, organisa une seconde expédition qu'il confia aux généraux Datis et Artapherne.

Bataille de Marathon (490). — Partie de Samos, la flotte, au lieu de longer le continent comme la première fois, cingla droit vers l'Eubée. De cette île, les Perses firent voile vers l'Attique. Guidés par un traître, ils débarquèrent dans la plaine de *Marathon*, où leur cavalerie pouvait manœuvrer avec aisance. Athènes n'est qu'à sept heures de Marathon. Dès qu'on apprit l'arrivée de l'ennemi, on dépêcha en toute hâte un courrier à Sparte, et en attendant on décréta la levée en masse des citoyens. Il s'en trouva dix mille de disponibles. Dix généraux furent élus; parmi eux on remarquait *Miltiade*. Cette petite troupe d'élite se dirigea vers le point du territoire menacé, où elle fut rejointe par mille Platéens venus de plein gré combattre l'ennemi commun.

Les Athéniens étaient partis sans plan arrêté, et, quand on se trouva en face des Perses, l'agitation fut grande. Miltiade voulait qu'on livrât immédiatement bataille pour profiter des excellentes dispositions de l'armée. Après quelques hésitations, malgré l'énorme inégalité du nombre, on se rangea à son avis. Bien plus, les généraux, sur la proposition d'Aristide, dérogeant à l'usage qui voulait qu'ils exerçassent à tour de rôle chacun un jour le commandement, cédèrent leur droit à Miltiade, qui put ainsi prendre à son aise toutes ses mesures. Il rangea ses troupes sur les hauteurs du Pentélique, qui bornent à l'ouest la plaine de Marathon, de manière à couvrir le chemin d'Athènes.

Les deux armées restèrent plusieurs jours en présence. Le 12 septembre au matin, elles s'ébranlèrent. Les Athéniens descendirent lentement, en silence, des hauteurs qu'ils occupaient ; puis tout à coup, quand ils furent à quinze cents pas de l'ennemi, poussant le cri de guerre, ils s'élancèrent à toute vitesse. Avant que les Perses eussent eu le temps de se reconnaître, les Grecs engageaient une lutte corps à corps où tous les avantages étaient pour eux. Après un combat acharné, les Perses, enfoncés, regagnèrent précipitamment leurs vaisseaux et se rembarquèrent. Ils laissaient dans la plaine un riche butin et six mille quatre cents morts. Les Athéniens avaient perdu deux cents hommes.

Les Thermopyles (480). — Darius ne pouvait se résoudre à s'avouer vaincu ; il résolut de mettre sur pied une armée telle que toute résistance devînt impossible. Les préparatifs étaient terminés et il se disposait à franchir l'Hellespont, quand il mourut tout à coup.

Le successeur de Darius était *Xercès*, prince d'un extérieur imposant, d'une grande beauté, mais vain et inconstant. Une expédition ordinaire ne suffisait plus : le roi voulait une marche triomphale, qui éblouît les peuples vaincus. Une armée innombrable fut réunie, où se confondaient toutes les nations les plus diverses d'armes, de langage et de costumes. En vain les sages faisaient-ils observer que ces armements excessifs, loin d'assurer le succès, ne faisaient que de le compromettre. Ils ne furent pas écoutés, et l'on se dirigea vers l'Hellespont.

Un pont de bateaux fut jeté sur le détroit ; la tempête l'ayant rompu, le Grand Roi ordonna de fouetter la mer, commanda de décapiter les ingénieurs, et fit rétablir le passage. Enfin, pour n'avoir point à doubler le mont Athos, qui n'a pas cessé d'être redouté, on creusa dans l'isthme un canal dont les restes se voient encore de nos jours.

L'armée mit sept jours pour défiler sur l'Hellespont. Longeant la côte de la Thrace, l'armée et la flotte s'avancèrent jusqu'au golfe Thermaïque (aujourd'hui de Salonique) sans incident. La Thessalie était ouverte : l'armée de terre, poussant devant elle, parut à l'entrée des *Thermopyles*. Les Barbares étaient aux portes de la Grèce, et la lutte allait recommencer.

On appelle *Thermopyles* la route unique conduisant de Thessalie dans la Grèce centrale. Ce passage, aujourd'hui fort élargi par les alluvions que charrie le Sperchius, était alors étroitement resserré entre les contreforts de l'Œta et les eaux du golfe Maliaque : c'est à peine si un char pouvait y circuler. Son nom, qui signifie *Portes chaudes*, lui vient des sources thermales qui jaillissent en abondance au pied de la montagne. Xercès s'attendait à trouver massées aux Thermopyles toutes les forces de la Grèce; il n'en était rien. Les Hellènes n'avaient pas eu la sagesse d'étouffer les haines ou les jalousies qui divisaient les cités et de s'unir tous pour la défense de la patrie commune.

Le Grand Roi ne trouva aux Thermopyles que trois cents Spartiates commandés par leur roi *Léonidas*, et sept cents Thespiens : Athènes se réservait pour la mer. Il crut que les Grecs n'oseraient pas se mesurer avec lui, et quatre jours il resta inactif, attendant leur retraite. Le cinquième jour enfin, il fit avancer ses troupes. L'avantage du nombre ici était nul, et celui des armes était du côté des Grecs. Deux jours durant, du matin au soir, les Perses, marchant à une mort certaine, vinrent se briser avec un sang-froid admirable contre le bataillon ennemi. Xercès, qui d'une hauteur assistait au combat, voyant le sang de ses meilleurs soldats couler à flots, jugea inutile de lancer de nouvelles masses, et songea à tourner le passage.

Un homme du pays, le traître *Éphialte*, s'offrit à lui servir de guide. A la première nuit, un détachement de Perses, montant à travers les forêts de chênes, gravit en silence les hauteurs qui dominent le défilé. Comme le jour parut, les Barbares atteignaient le sommet ; ils se hâtèrent de redescendre pour tomber sur les derrières des Spartiates.

Léonidas comprit qu'il était perdu. Il se prépara à vendre au moins chèrement sa vie. Rangeant sa troupe en groupe compact, il attendit de pied ferme les ennemis, qui tombèrent en foule. Quand leurs armes furent brisées, ces héros combattirent avec les mains et les dents. Ils succombèrent enfin tous jusqu'au dernier sous le nombre ; les Thespiens périrent héroïquement avec eux. A la place où tomba Léonidas, on érigea un lion et un tombeau avec cette inscription : « Étranger, va dire à Sparte que nous sommes morts ici pour obéir à ses lois. »

Salamine (480). — Les Thermopyles une fois forcées, Xercès marcha sur Athènes, dont les habitants furent en proie à une inexprimable anxiété. La résistance apparaissait clairement impossible. Dans cette extrémité, un citoyen éminent, *Thémistocle*, ouvrit un avis de salut. L'oracle de Delphes, consulté, avait répondu : « Fuyez ! tournez le dos aux cavaliers et aux fantassins innombrables. Jupiter consent qu'un mur de bois vous soit un inexpugnable rempart. O divine Salamine ! que tu seras funeste aux enfants de la femme ! » Thémistocle persuada à ses compatriotes que le mur inexpugnable dont parlait l'oracle était leurs vaisseaux, et les détermina, non sans peine, à quitter leurs foyers. Chargés de tout ce qu'ils pouvaient emporter de leurs biens, les Athéniens sortirent en pleurant de la ville qu'ils n'espéraient plus revoir.

Après avoir dévasté Athènes, Xercès ordonna à sa flotte d'attaquer la flotte grecque, qui mouillait dans les eaux de *Salamine*. Cette flotte, où figuraient les Spartiates, les Corinthiens, mais surtout les Athéniens, comprenait quatre cents vaisseaux. Les vaisseaux perses, appuyés sur le rivage de l'Attique, où se trouvait l'armée de terre, étaient au nombre de mille : mais l'étroit espace dans lequel ils avaient à se mouvoir ne leur permit pas de se déployer et de combattre tous. Derrière la flotte, sur une colline, s'élevait le trône aux pieds d'argent du Grand Roi, qui pouvait embrasser du regard tout le théâtre où allait se dérouler ce grand drame.

La bataille se livra le 20 septembre 480. Les vaisseaux grecs reculèrent presque tous au premier choc. Toutefois ils gardèrent la proue tournée vers l'ennemi. Ils se lancèrent bientôt en avant, et la mêlée devint générale. Les Barbares combattirent avec vaillance. Mais ils étaient gênés par leur nombre même; leurs lourds vaisseaux manœuvraient avec peine, de plus ils combattaient sans intelligence, sans ordre, sans plan. Au bout de quelques heures la bataille était perdue pour les Perses, et leurs vaisseaux qui n'avaient point péri reculèrent vers Phalères, où ils trouvèrent un abri.

La victoire des Grecs était brillante, mais il s'en fallait qu'elle fût complète. Les Perses n'avaient perdu que deux cents vaisseaux sur mille, et les pertes des vainqueurs étaient, en proportion, aussi sérieuses que celles des vaincus; aussi les Grecs s'attendaient-ils à un second combat. Le combat n'eut pas lieu, et la victoire des alliés se trouva complète par la lâcheté personnelle du Grand Roi. Xercès eut peur que les vaisseaux victorieux ne courussent à l'Hellespont pour lui fermer le retour. Laissant donc à son beau-frère Mardonius trois cent mille hommes, il reprit le chemin de l'Asie avec le reste de ses forces et sa flotte. La guerre traîna en longueur et dura trente ans encore. Elle finit en 449, sans traité, mais par l'échec des Perses, et les cités grecques de l'Asie Mineure demeurèrent indépendantes.

RÉSUMÉ

Les *guerres médiques,* commencées en 500 par l'insurrection des cités grecques de l'Asie Mineure, se terminent en 449 par l'échec des Perses. Trois célèbres batailles les signalent : *Marathon* (490), les *Thermopyles* et *Salamine* (480).

CHAPITRE VII

LA CIVILISATION ATHÉNIENNE

SOMMAIRE

Prépondérance d'Athènes. — Périclès. — La cité athénienne. — Métèques et esclaves. — Monuments d'Athènes. — Le siècle de Périclès. — Fêtes d'Athènes.

Prépondérance d'Athènes en Grèce. — Quand s'ouvrirent les guerres médiques, le premier rang dans la Grèce appartenait incontestablement à Sparte. Athènes ne venait qu'au second rang. La guerre contre l'étranger modifia profondément la situation des deux États.

Mise à la tête de la défense nationale par la confiance des Grecs, Sparte n'avait montré ni résolution, ni grandeur, ni patriotisme. Pour la bataille de Marathon, ses soldats étaient arrivés le lendemain de la victoire. Pour les Thermopyles, au lieu de se porter en avant avec des masses imposantes qui auraient pu écraser d'un seul coup l'invasion, elle s'était contentée d'envoyer Léonidas et quelques braves. Les Thermopyles forcées, les Spartiates s'étaient hâtés de rentrer chez eux, abandonnant aux ravages de l'ennemi l'Attique et tout le reste de la Grèce. Des grandes victoires qui avaient sauvé la Grèce, Sparte ne pouvait revendiquer que la moindre part : rien de Marathon, peu de chose de Salamine. Le peuple qui avait vraiment sauvé la Grèce, c'était donc, non les Spartiates, mais les Athéniens. C'étaient eux qui avaient fait le plus d'efforts et qui avaient le plus souffert de la guerre. Ce furent eux aussi qui en sortirent avec le plus de gloire et le plus de prestige.

Les quinze années qui suivirent la fin des guerres médiques sont les plus brillantes de l'histoire d'Athènes. Cette période concorde avec le gouvernement de *Périclès*, qui, sans aucun titre officiel, par la seule puissance de son génie, domina complètement ses concitoyens.

Périclès était digne de la confiance que lui témoignait Athènes. D'un extérieur imposant, d'une éloquence irrésistible que ses ennemis eux-mêmes comparaient à la foudre, initié aux secrets de la philosophie, habile

Périclès. — Buste au musée Britannique.

général, probe, désintéressé au point de ne pas augmenter d'une drachme la fortune que lui avait laissée son père, d'une puissance de travail prodigieuse, il avait toutes les qualités de l'homme public qui subjugue par l'ascendant de ses vertus autant que par la force de ses talents. Nul plus que lui n'excellait à conduire le peuple, à l'amener à ses fins par la seule voie de la persuasion. Nul n'avait fait davantage pour le peuple, mais en restant dans les limites sinon toujours de la prudence, du moins de la justice et de la légalité. Ses services et sa vertu lui permettaient de braver avec autorité les passions populaires, et de leur imposer silence quand la force de la raison ne suffisait pas à les faire taire.

La cité athénienne. — Diverses lois, en modifiant les lois de Solon, avaient détruit toute inégalité entre les citoyens d'Athènes, et remis tout le pouvoir, comme la justice, entre les mains du peuple.

Tout Athénien était donc mêlé à la vie publique, où il avait à la fois des droits à exercer et des devoirs à remplir. *Soldat*, il était astreint au service militaire de dix-huit ans à soixante. *Citoyen*, il devait le service civil, qui comprenait l'assistance à l'assemblée trois fois par mois, puis, suivant les chances du sort ou de l'élection, l'exercice des fonctions de sénateur, d'archonte, de stratège, surtout de *juge*. Sur quinze mille citoyens, cinq mille étaient désignés au commencement de l'année pour siéger dans les tribunaux. Chaque matin, à part les jours de fête et d'assemblée publique, mille cinq cents juges se rendaient à leurs locaux respectifs. C'était une véritable armée, et toute la ville ressemblait alors à un vaste camp de justice.

Éducation. — L'éducation était une préparation à cette vie publique dont chaque citoyen devait avoir sa part. Élevé par ses parents, à dix-huit ans le jeune Athénien cessait d'appartenir à sa famille. L'État le prenait pour l'introduire dans ses écoles, dans le *collège des éphèbes*. Là il subissait une espèce de noviciat préparatoire à la vie publique qu'il allait bientôt aborder. Ce noviciat durait deux ans, et l'instruction qu'on y donnait était aussi variée que les nombreuses charges auxquelles le jeune homme pouvait être appelé plus tard. Le programme comprenait des exercices littéraires et scientifiques, tels que la grammaire, l'étude des poètes, la philosophie, la géométrie, l'étude du culte, l'étude des arts, surtout de la musique; enfin des exercices corporels.

L'entrée dans les écoles était une date mémorable pour le jeune Athénien; il recevait une cuirasse avec des armes et devenait à la fois *majeur, soldat* et *citoyen.* En temps de paix, les jeunes gens faisaient la police dans l'Attique; en temps de guerre, ils formaient la réserve de l'armée active.

Métèques et esclaves. — Les *métèques* et les *esclaves* vivaient dans la ville, mais n'étaient point citoyens et ne jouissaient d'aucun droit ni civil, ni politique. Les métèques étaient des étrangers venus à Athènes pour y faire le commerce ou y exercer différents métiers : ils payaient un impôt spécial. — Les esclaves, d'origines diverses, étaient fort nombreux à Athènes; mais leur condition passait pour y être plus douce que dans n'importe quel autre État de la Grèce.

Monuments d'Athènes. — Athènes, avant Périclès, n'était point une belle ville. Pendant l'invasion de Xercès, tout avait été brûlé et saccagé. Quand les Athéniens rentrèrent dans leur ville dévastée, leur premier soin fut d'en reconstruire les remparts. Quant aux maisons, elles furent relevées à la hâte, avec la précipitation que mettent à bâtir des gens sans abri. Athènes fut jetée sans ordre et sans plan, avec des rues étroites et tortueuses, des maisons en bois ou en briques crues, presque sans ouvertures au dehors. Reconstruire Athènes à nouveau était impossible. On corrigea l'irrégularité de ses rues et la pauvreté relative de ses maisons par la magnificence de ses monuments publics.

Un grand général, qui termina les guerres médiques, *Cimon,* avait déjà fait beaucoup pour elle. Ses nombreuses expéditions, toujours heureuses, avaient mis entre ses mains d'immenses trésors; il les fit servir non à sa fortune privée, mais au bien public. Non seulement il planta de beaux arbres l'*Agora,* qui servait à la fois de place de marché et de lieu de réunion pour les assemblées politiques, ainsi que la rue du Céramique, la grande voie commerçante où se pressait chaque jour la foule des promeneurs; mais de plus il décora l'Agora de colonnades ou *portiques,* galeries à la fois gracieuses et commodes, où les citoyens pouvaient se promener au frais à toute heure du jour. En outre, en souvenir d'une expédition contre les pirates de l'île de Scyros, d'où il prétendait avoir rapporté les ossements de Thésée, il fit construire le *temple de Thésée*, le mieux conservé jusqu'à nos jours de tous les temples grecs. Enfin, c'est sous lui que Phidias dressa sur l'Acropole une statue colossale de Minerve, en bronze, où la déesse était représentée la lance en main et le bouclier en avant.

Périclès fit plus encore et mieux. Ce fut surtout l'*Acropole* qui fixa son attention. Ce rocher, haut de cent cinquante mètres, présentait une superficie d'environ trois cents mètres de long sur cent trente de large, admirablement propre aux grandes constructions. Ruinée par les Perses, l'Acropole était restée depuis déserte et abandonnée. Périclès fit réédifier les anciens temples, avec une magnificence inouïe, par les soins de Phidias. Les monuments qui se rattachent à cette époque sont l'*Érechtéion*, le *Parthénon* et les *Propylées*.

L'Érechtéion, bâti en l'honneur de l'ancien roi d'Athènes *Érecthée*, était un chef-d'œuvre du style ionique. On y admirait surtout le Portique des *Cariatides*, œuvre d'une grande richesse, conservé jusqu'à nos jours.

Le **Parthénon**, ou temple de la Vierge (Minerve), dans le style dorique, de dimensions modestes, est regardé comme l'œuvre la plus parfaite de l'architecture grecque. La décoration sculpturale, qui est des plus grandioses, est de Phidias. La frise du Parthénon représentait la procession des *Panathénées*, dont on peut voir de beaux restes au Musée de Londres.

Ce temple, demeuré intact jusqu'en 1687, fut à cette époque coupé en deux par l'explosion d'une poudrière qu'y avaient établie les Turcs. Le fronton et la frise ont été mutilés par des spéculateurs vénitiens ou anglais.

A l'intérieur du temple s'élevait la fameuse *Minerve de Phidias*, en or et en ivoire. Elle coûta quarante talents d'or, c'est-à-dire plus de trois millions de francs.

Les **Propylées** étaient les escaliers et les portiques

somptueux qui conduisaient à l'Acropole. Ils coûtèrent
plus de deux mille talents d'argent (onze millions).

Tels étaient les monuments de l'Acropole, magnifique
couronnement de la ville d'Athènes, et qui aujourd'hui
encore, bien que délabrés, produisent un effet saisissant.
Ils étaient en marbre du Pentélique. Ces constructions
mémorables, avec les *gymnases*, le *Lycée*, l'*Académie*, et

Le Parthénon, état actuel.

qui étaient non seulement des places pour les exercices des
jeunes gens, mais encore des promenades agréables, faisaient d'Athènes la première ville de la Grèce pour la richesse et l'agrément, comme elle l'était pour la puissance.

Les théâtres. — Périclès n'eut garde d'oublier les
théâtres, connaissant la passion du peuple pour les spectacles. Il fit construire le nouvel *Odéon*, édifice destiné
aux représentations musicales, et fit achever le théâtre
de *Bacchus*, qui pouvait contenir 30000 spectateurs.

Le théâtre de Bacchus, creusé dans les flancs de l'Acropole, se composait d'une enceinte semi-circulaire, appelée *amphithéâtre*, pour les spectateurs, et d'une partie rectangulaire, appelée *scène*, pour les acteurs. L'amphithéâtre comprenait des rangées de sièges en pierre étagées les unes au-dessus des autres. En avant de la scène, était un espace circulaire dit *orchestre*, réservé aux évolutions du chœur, groupe d'acteurs chargés de la partie musicale, et au centre de l'orchestre s'élevait la *thymèle*, ou autel de Bacchus. Le théâtre étant à ciel découvert, en cas de soleil on tendait une grande toile au-dessus de la tête des spectateurs.

Le siècle de Périclès. — Le siècle de Périclès est l'époque classique de la Grèce pour les *arts* comme pour les *lettres*. Aucune autre époque ne peut lui être comparée.

1° Arts. — L'architecture avait alors

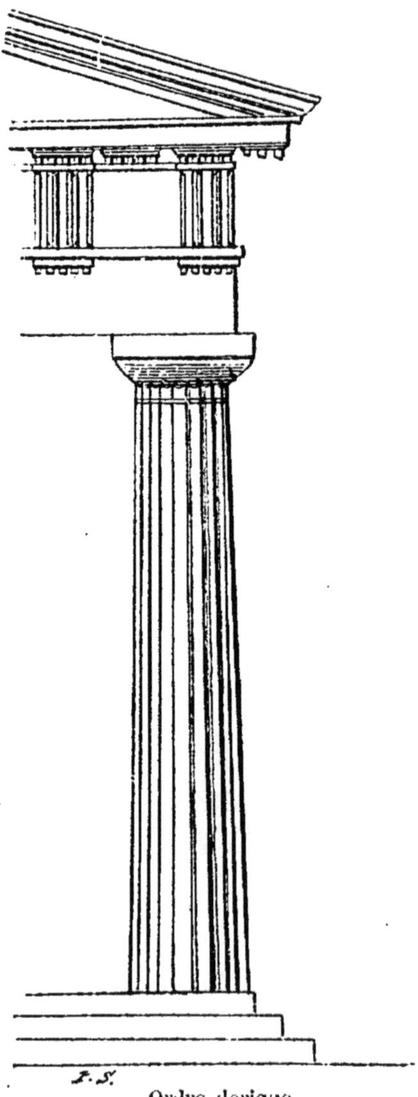

Ordre dorique.

trouvé ses trois *ordres : dorique, ionique* et *corinthien*.

L'ordre *dorique* est le plus ancien et le plus sévère. Dans cet ordre, la colonne, qui repose directement sur le soubassement de l'édifice, sans l'intermédiaire d'une base, est un fût *conique* surmonté d'un chapiteau qui est une *simple* tablette de pierre.

Dans l'ordre *ionique*, la colonne moins massive, plus ornée et légèrement renflée vers le milieu, comprend trois parties : la *base*, le *fût* et le *chapiteau*. Le chapiteau, souvent très orné, est formé de deux *volutes*, que l'on a comparées à deux boucles de cheveux encadrant la figure d'une femme.

L'ordre *corinthien*, le plus riche en ornements, venait seulement d'être découvert par l'architecte *Callimaque*. Le chapiteau est formé d'une feuille d'acanthe.

Chacun de ces trois ordres a donné des chefs-d'œuvre : l'ordre dorique, le *temple de Thésée*, et surtout le *Parthénon*; l'ordre ionique, le *temple d'Érechtée*, et le *temple de la Victoire*. Quant au style corinthien, peu employé par les Grecs, il ne produisit son premier chef-

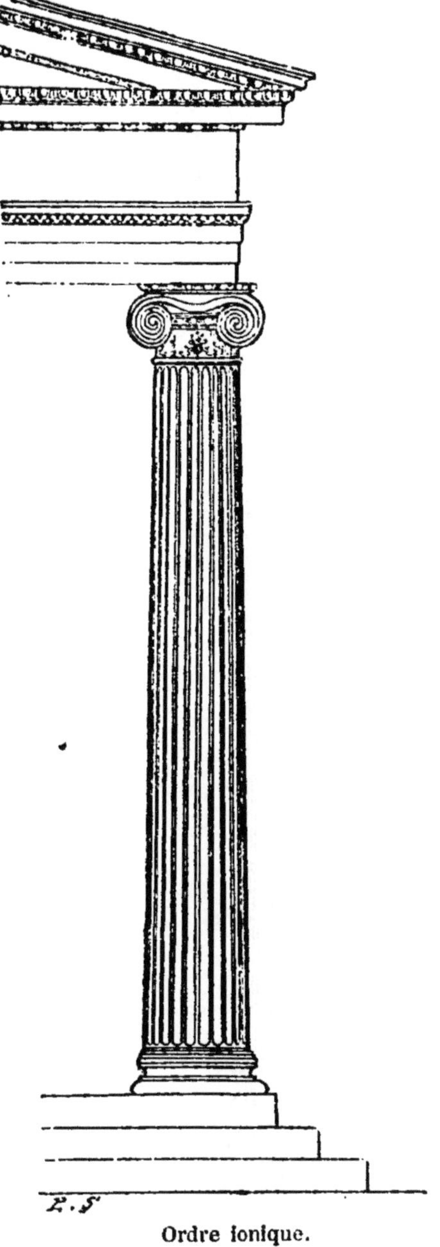

Ordre ionique.

d'œuvre qu'un peu plus tard, en 335 : c'est le monument chorégique de *Lysicrate*, encore debout à Athènes.

La sculpture athénienne, restée jusque-là inférieure aux célèbres écoles de Sicyone, d'Égine et d'*Argos*, se plaça tout d'un coup au premier rang avec *Myron*, *Polyclète* et *Phidias*.

Myron excellait à mettre dans ses statues la vérité, la vie et la variété. On lui doit le *Discobole*, œuvre très estimée dont on possède plusieurs copies en bronze.

Polyclète n'avait point la même souplesse de génie ; mais il savait donner au corps une harmonie parfaite, et pour la beauté idéale, la noblesse et la dignité, ses œuvres n'ont pas été dépassées. Il fit une *Junon* célèbre, en or et en ivoire, comme le *Jupiter* de Phidias, et aussi estimée que lui.

Phidias atteignit le comble de l'art, qui est de trouver la beauté

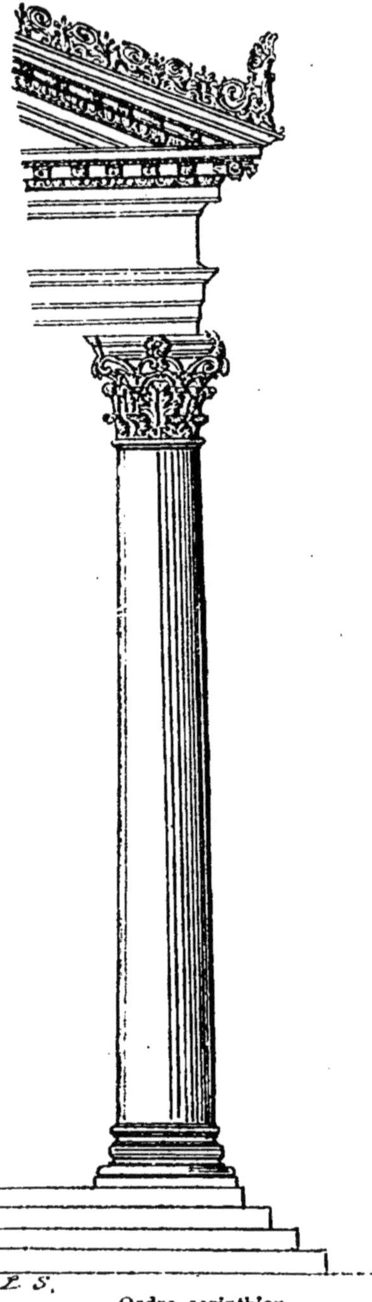

Ordre corinthien.

suprême et de la réaliser sans que l'effort paraisse. Rien
n'était aussi beau, aussi grand que sa *Minerve* ou son
Jupiter; rien n'était également aussi aisé et aussi naturel. Sa prodigieuse fécondité est attestée par les statues
innombrables de la frise du Parthénon, qui sont autant

Junon. — Villa Ludovisi, Rome.

de chefs-d'œuvre, et qui toutes sortirent de ses ateliers.

La **peinture** n'était point à cette hauteur. Il ne nous
en est rien resté, et nous ne pouvons en parler que sur
le témoignage des anciens. On vantait les peintures de
Polygnote, de *Zeuxis,* et de *Parrhasius,* pour la
science des proportions, surtout pour la noble imitation
de la belle nature.

2° LETTRES. — Comme les arts, les lettres étaient alors dans tout leur éclat.

La tragédie, créée par *Eschyle*, atteignait avec lui presque d'un bond à son apogée. Eschyle, qui avait

Jupiter Olympien. — Musée du Vatican.

combattu à Marathon, est resté soldat jusque dans ses vers. La note guerrière et patriotique y résonne à l'unisson de la note religieuse. Sa poésie est la plus hardie et la plus majestueuse des poésies.

Eschyle, déjà couronné d'un double laurier, et presque

sexagénaire, se vit enlever le prix par un jeune homme, par *Sophocle*, dont l'art était non moins noble et plus humain. Sophocle fit descendre la tragédie du ciel sur la terre, et mit sous les yeux des hommes leur image, idéalisée il est vrai, c'est-à-dire revêtue de cette beauté et de cette grandeur morale à laquelle nous aspirons tous, et que nous réalisons si rarement.

Au troisième rang, et pour la date et pour le mérite, vint *Euripide*, dont les drames laissent déjà apercevoir la décadence, tout en restant assez beaux pour fournir à nos grands poètes du XVIIe siècle l'idée de plus d'un chef-d'œuvre.

Parallèlement à la tragédie fleurissait la **comédie**. Le principal comique du siècle de Périclès fut *Aristophane.*

L'éloquence, au Ve siècle, n'a rien laissé d'écrit ; il y eut cependant des orateurs, et du premier ordre : *Themistocle*, par exemple, qui puisait son éloquence dans son patriotisme ; *Aristide*, qui puisait la sienne dans sa vertu. L'un et l'autre furent dépassés par *Périclès*, qu'Aristophane nous représente comme un Jupiter Olympien lançant des éclairs, roulant son tonnerre, bouleversant la Grèce.

L'histoire venait de naître avec *Hérodote*, qui a raconté dans un style plein de simplicité et de charme les *Guerres médiques*. *Thucydide* allait suivre et exposer dans un style grave, concis, mais souvent chaud et coloré, la grande tragédie de la *Guerre du Péloponèse*.

La philosophie, avec *Anaxagore*, qui fut le maître et l'ami de Périclès, s'élevait jusqu'à la conception d'un Dieu *unique, gouverneur* et *modérateur* du monde, et posait les fondements de cette école sur laquelle on jeta l'accusation d'athéisme, parce qu'elle négligeait les innombrables dieux de l'Olympe ; cette accusation devait coûter plus tard la vie à *Socrate*.

Enfin la médecine faisait de grands progrès avec *Hippocrate*, qui a écrit plusieurs ouvrages consultés encore de nos jours.

Les fêtes d'Athènes. — A certaines époques, Athènes conviait toute la Grèce à venir admirer les merveilles qu'elle avait entassées dans ses murs. C'était pendant ses fêtes, nombreuses et splendides, dont trois surtout méritent de fixer notre attention : les *grandes Dionysies*, les *grandes Panathénées*, et les *Éleusinies*.

Les grandes Dionysies, ou fêtes de Bacchus, se célébraient au printemps, vers la fin de mars. On les appelait encore Dionysies *urbaines*, pour les distinguer des Dionysies *champêtres*, que les paysans célébraient vers la fin de décembre, lorsqu'ils goûtaient le vin nouveau. Les grandes Dionysies revêtaient une magnificence inouïe; aussi y accourait-on de toutes parts. On promenait l'image antique de Bacchus à travers le riche quartier du Céramique jusqu'aux jardins de l'Académie. Son cortège, digne du dieu de l'ivresse et de la gaieté, offrait un caractère à la fois grotesque et imposant. Le grand attrait des Dionysies était les représentations théâtrales, où l'on jouait les pièces admises au concours poétique. Ce plaisir était si goûté des Athéniens, que l'État dut fournir aux citoyens pauvres la modeste indemnité nécessaire pour y assister. Ce fut l'obole des spectacles.

Les Panathénées étaient la plus belle des fêtes instituées par les Athéniens en l'honneur de Minerve, leur divinité protectrice. L'acte principal était une procession qui avait pour but de porter en grande pompe dans le sanctuaire d'Athéné (Minerve) le *peplos* neuf, voile tissé sous la surveillance de la prêtresse par de jeunes filles, et qu'on offrait chaque année à la déesse.

Cette procession, dont Phidias nous a légué le témoignage encore vivant dans la frise mutilée du Parthénon, se composait d'une élite choisie dans tous les âges et dans tous les rangs de la société. A la suite du prêtre et des serviteurs du culte s'avançait une troupe de jeunes filles, la tête légèrement inclinée, portant les objets sacrés. Au centre du cortège on traînait les victimes offertes par la cité. Des musiciens, jouant de la flûte et de la lyre, devaient accompagner de leurs accords l'immolation des victimes. Une troupe de vieillards, tous remarquables par leur beauté, s'avançaient, portant à la main des branches d'olivier. A la suite défilaient des groupes d'hommes armés, des chars, des cavalcades, cortège qui convenait bien à la déesse belliqueuse.

Les jours qui avaient précédé la solennité avaient été remplis par des jeux et des courses de toute nature : courses de chars, jeux gymniques, luttes nautiques, courses aux flambeaux. A ces luttes Périclès ajouta des concours de musique dans l'Odéon.

Les grands mystères ou **Éleusinies** se célébraient en l'honneur de *Cérès* au mois de septembre. Cette fête, la plus magnifique peut-être de toutes celles de la Grèce, avait successivement pour théâtre Athènes et Éleusis. L'acte principal était encore une procession où l'on portait en grande pompe l'image de Bacchus, considéré comme le fils de Cérès.

L'image du jeune dieu, couronné de myrte et un flambeau à la main, s'avançait au son de la flûte, aux accents des hymnes consacrés, entremêlés de danses, et aux cris enthousiastes de la foule, qui répétait mille fois son nom. Partie des pieds de l'Acropole, la procession traversait l'Agora et le Céramique, arrivait sur le pont de Céphise, où s'échangeaient mille saillies comiques ; puis elle reprenait sa marche solennelle en suivant la voie sacrée jusqu'à Éleusis, où, après plusieurs stations, elle arrivait au milieu de la nuit. Alors commençait la seconde partie de la fête, c'est-à-dire, pour un petit nombre de privilégiés, l'*initiation aux mystères*, cérémonie encore assez mal expliquée.

RÉSUMÉ

A la suite des guerres médiques, Athènes arrive à son apogée sous le gouvernement de Périclès, qui exerce un pouvoir absolu sous le nom du peuple qu'il a fait entièrement maître, en théorie, de l'État.

Athènes se couvre de belles promenades : *Gymnases, Lycée, Académie, Agora,* rue du *Céramique,* et de splendides monuments : temple de *Thésée,* temple de la *Victoire,* théâtre de *Bac-*

chus, *Odéon*, *Érechtéion*, *Parthénon*, *Propylées*. Les arts fleurissent alors. L'architecture a trouvé ses trois ordres, *dorique*, *ionique* et *corinthien ;* la sculpture atteint son apogée avec *Myron*, *Polyclète*, surtout *Phidias ;* la peinture est représentée par *Polygnote*, *Zeuxis*, *Parrhasius*. Les lettres, aussi à leur apogée, ont, pour la tragédie, *Eschyle*, *Sophocle*, *Euripide ;* pour la comédie, *Aristophane ;* pour l'éloquence, *Thémistocle*, *Aristide*, *Périclès ;* pour l'histoire, *Hérodote*, *Thucydide*, et pour la philosophie, *Anaxagore*. La médecine a son plus illustre représentant, *Hippocrate*. Les fêtes sont nombreuses à Athènes. Les plus célèbres sont les *Dionysies* (Bacchus), les *Panathénées* (Minerve), les *Éleusinies* (Cérès).

CHAPITRE VIII

LA DÉCADENCE D'ATHÈNES

SOMMAIRE

Prise d'Athènes. — Les trente tyrans. — Mort de Théramène, — Chute des Trente. — Mort de Socrate.

Prise d'Athènes (404). — Une guerre imprudente contre Sparte, dite *guerre du Péloponèse ;* une folle expédition contre Syracuse pour la conquête de la Sicile, ruinèrent la prospérité d'Athènes. Presque constamment battue pendant trente ans, elle eut la suprême honte de tomber aux mains de ses ennemis. Ses vaisseaux furent brûlés et ses remparts renversés en présence du vainqueur et de ses troupes couronnées de fleurs, au bruit des chants et au son des flûtes (avril 404).

Les trente tyrans. — Pour maintenir plus facilement sous le joug la ville vaincue, le général spartiate, *Lysandre*, suspendit l'ancienne constitution démocratique d'Athènes et mit toute l'autorité entre les mains de *trente archontes*, connus dans l'histoire sous le nom des *trente tyrans*.

Ces hommes avaient un passé décrié. Ils appartenaient à un parti qui avait cherché à faire une révolution en présence de l'ennemi, ce qui est toujours un crime. Au jour de l'humiliation suprême, quand Lysandre entra en vainqueur dans les murs d'Athènes, on les avait vus, couronnés de fleurs, aller au-devant du Spartiate témoigner leur joie du deuil de leur patrie. Les *Trente* tenaient leur pouvoir uniquement de l'étranger ; c'est à l'étranger qu'ils mendièrent le secours pour les maintenir. A leur prière, une garnison lacédémonienne, commandée par un Spartiate, vint occuper l'Acropole.

Sûrs de l'appui des armes spartiates, les *Trente* ne gardèrent plus aucune mesure. L'assemblée populaire cessa d'être convoquée. Tous les citoyens furent désarmés, à part *trois mille*, qui entre autres privilèges eurent celui de n'être pas mis à mort sans délibération des Trente : ce qui revenait à mettre les autres hors la loi. Quiconque déplaisait était frappé. Toutes les libertés civiles furent suspendues, et le régime de la *terreur* fut organisé. Bientôt il ne resta qu'une industrie florissante, celle des *délateurs*, ces flaireurs de sang qui pullulent aux jours mauvais. Une charge, jusque-là assez peu remarquée, prit aussi une importance spéciale, le *conseil des Onze*, chargé de l'application des peines et qui fonctionna sans relâche.

Mort de Théramène. — Ces mesures violentes déplurent à quelques-uns des Trente mêmes, en particulier à *Théramène*, déjà connu pour sa modération relative. Sa perte fut résolue. *Critias*, le plus emporté des tyrans, autrefois l'ami de Théramène, prononça la sentence fatale : « Les nouvelles lois, dit-il, portent qu'aucun citoyen de la liste des Trois mille ne pourra subir la peine de mort sans votre approbation, mais que les Trente sont maîtres de condamner à mort ceux qui ne sont pas sur la liste. D'accord avec tous mes collègues, j'efface de cette liste Théramène ici présent, et nous le condamnons à mort. » Cet homme sans caractère prit la ciguë avec une tranquillité d'âme qui lui valut la gloire d'un héros en ses derniers moments. Il vida la coupe mortelle à la santé du « beau Critias », qui devait le suivre de près dans la mort.

Chute des Trente (403). — Soumise à un régime de terreur, Athènes semblait livrée pieds et poings liés à la tyrannie. Cependant une conspiration se préparait ; la nouvelle du régime des Trente avait provoqué dans toute la Grèce la plus vive indignation, et Athènes devint l'objet de la sympathie universelle. Thèbes, *l'ennemie traditionnelle d'Athènes*, devint le point de rassemblement le plus important des bannis. Non seulement elle brava les menaces hautaines de Sparte, mais elle fournit aux réfugiés des armes et de l'argent.

Ces réfugiés marchèrent vers Athènes. Les tyrans furent vaincus, et Critias resta au nombre des morts. Les vainqueurs rétablirent l'ancienne constitution, et dans l'intérêt de la paix proclamèrent l'amnistie pour tout le monde, même pour les survivants de la Terreur.

Réaction démocratique. Mort de Socrate (399). — Cependant il était difficile que le passé fût complètement oublié. Les vieilles blessures saignaient toujours, et dans les maisons en deuil les antipathies passionnées se réveillèrent. Les attaques portaient de préférence contre la classe la plus riche des citoyens, c'est-à-dire contre les *chevaliers,* qui avaient servi les intérêts de la tyrannie. La réaction s'en prit aussi à l'homme le plus innocent des malheurs de l'État, à *Socrate.*

Fils d'un sculpteur, sculpteur lui-même pendant sa jeunesse, Socrate abandonna de bonne heure sa profession pour s'adonner tout entier à l'étude de la philosophie. Il s'était imposé comme un sacerdoce la tâche de combattre sans relâche pour la vérité. Les *sophistes,* brillants discoureurs, qui mettaient tout en doute, l'existence de Dieu aussi bien que la notion de la justice et du devoir, trouvèrent en lui un adversaire acharné.

Proclamé par l'oracle de Delphes *le plus sage des hommes,* Socrate n'était pas seulement le plus grand philosophe de l'antiquité, il était de plus un bon soldat et un excellent citoyen. On l'avait vu combattre en plusieurs batailles avec un courage et un sang-froid vanté

par ses chefs ; et sous la Terreur, quand tous étaient
muets, seul il avait résisté aux tyrans.

Mais Socrate avait eu le malheur de compter parmi ses
disciples plusieurs hommes tristement célèbres, *Alcibiade, Critias, Théramène*. Il ne croyait point à l'in-
faillibilité populaire, et il ne se faisait pas faute de le
dire. Enfin le parti sacerdotal ne pouvait lui pardonner
la hardiesse de ses idées théologiques, qui allaient à

Socrate. — Buste du musée de Naples.

ruiner le culte des *dieux grossiers de l'Olympe*, pour
leur substituer « un Dieu unique, qui voit en même
temps toutes choses, entend tout, est présent partout, et
veille sur tout à la fois ».

Socrate avait soixante-dix ans quand il fut mis en
jugement sur l'accusation d'introduire des divinités nouvelles, et de corrompre la jeunesse. Le premier grief
se trouvait fondé, et c'est la gloire de Socrate ; toute sa
vie et toute sa doctrine protestaient contre le second.
L'accusé ne fit rien pour détourner de lui la peine capitale, tant la mort lui paraissait une chose indifférente. Il
fut condamné à une très faible majorité et mourut avec

une noble tranquillité qui demeura la preuve la plus éloquente de son innocence. Platon, le plus célèbre de ses disciples et l'héritier de sa doctrine, nous a laissé dans le *Phédon* le récit émouvant de ses derniers moments.

RÉSUMÉ

Maître d'Athènes, Lysandre lui impose les *trente tyrans*, qui introduisent le régime de la Terreur (404). Le *conseil des Onze*, tribunal de sang, fonctionne sans relâche. On immole même ceux des Trente qui se montrent tièdes ou protestent : ainsi *Théramène*. Les bannis, réfugiés à Thèbes, autrefois l'ennemie acharnée d'Athènes, organisent une conspiration. *Thrasybule*, à leur tête, marche vers le Pirée, bat les Trente qui se sauvent et rétablit la constitution démocratique (403). Malgré l'amnistie proclamée par Thrasybule, une réaction se produit contre les nobles. La plus illustre des victimes de cette réaction est *Socrate*, coupable d'avoir eu pour disciples Alcibiade, Critias, un des plus violents des Trente, et Théramène (399).

CHAPITRE IX

PHILIPPE, ROI DE MACÉDOINE (359-336)

SOMMAIRE

La Macédoine. — Philippe. — La phalange. — Philippe maître des colonies grecques de Macédoine. — Philippe maître de la Grèce: — Philippe généralissime des Grecs. — Mort de Philippe.

Délivrée du joug des Trente, Athènes se releva assez rapidement, et put même contrebalancer la puissance de Sparte. Mais le temps n'était pas loin où les deux cités devaient subir le joug d'un même maître, *Philippe*, roi de *Macédoine*.

La Macédoine. — Au pied du *Tchardagh*, massif célèbre formant le nœud du système de montagnes qui couvre la vaste péninsule des Balkans, s'étend une région bien délimitée, au nord par l'*Hémus*, à l'ouest par les Alpes *Helléniques*, à l'est par le mont *Rhodope*, au sud par l'*Olympe*. C'est la *Macédoine*. Regardant au midi vers la mer Égée, elle est arrosée par plusieurs fleuves modestes : l'*Haliacmon*, l'*Axios*, le *Strymon*, le *Nestos*, qui suffisent à lui donner une grande fertilité.

La Macédoine se trouve divisée naturellement en deux moitiés qui offrent un contraste frappant. La moitié *septentrionale* forme le pays *haut*, fermé par les montagnes comme une forteresse, et partagé en un grand nombre de vallées circulaires communiquant difficilement entre elles. Le climat y est celui de l'Europe centrale, c'est-à-dire assez rude, et les productions moins riches que celles des régions plus fortunées du midi. L'autre moitié, la moitié *méridionale*, est une plaine ouverte sur la mer, avec le climat et la flore de la Grèce.

La côte de cette plaine se peupla de colons venus des cités commerçantes de la Grèce. Ils se mêlèrent aux populations primitives et formèrent un long cordon d'établissements qui, se prolongeant sur les rives de la Thrace, allait jusqu'à l'entrée du Pont-Euxin.

Érétrie, Pydna, Méthone, Therma, encore aujourd'hui florissante sous le nom de *Salonique*; *Olynthe, Acanthe, Amphipolis*, l'orgueil d'Athènes; *Abdère, Byzance*, qui est devenue *Constantinople*, furent les plus célèbres de ces cités, où en même temps qu'un commerce actif se déploya une civilisation brillante, qui par contraste contribua à rejeter plus encore dans l'obscurité les *Macednes* ou habitants du pays haut.

Philippe (359-336). — Philippe n'avait que vingt-trois ans lorsqu'il ceignit le diadème. Ce jeune homme, à la figure belle et délicate, ainsi que le représentent ses médailles, possédait déjà toute la réflexion, l'énergie, la décision et la constance de l'homme mûr. C'était un barbare, mais un barbare de génie qui, mêlé dès son enfance aux Grecs, leur avait emprunté beaucoup. Il offrait un singulier mélange de civilisation et de grossièreté, de force et de douceur, de débauche et de tempérance, de franchise brutale et de finesse.

Monnaie de Philippe. Tête d'Hercule.

La phalange. — Les victoires de Philippe reposèrent sur l'admirable organisation qu'il sut donner à son armée, dont le corps principal fut la *phalange*. La phalange était une lourde masse d'*hoplites*, serrés les uns contre les autres, sur un front plus ou moins étendu, sur seize rangs de profondeur. Couverts de fortes armures, ils tenaient à deux mains une pique appelée *sarisse*, longue de six à sept mètres. Grâce à ces dimensions vraiment extraordinaires, la *sarisse* que portait le premier hoplite le protégeait à cinq mètres en avant de la poitrine, et la lance du soldat de la *cinquième ligne* dépassait encore *d'un mètre* le front de la phalange. Vrai *monstre*, comme l'appelait Plutarque, hérissé de fer, sur lequel venaient s'émousser les traits de l'ennemi et qui, dans une plaine, broyait tout sur son passage.

Philippe maître des colonies grecques de Macédoine. — Philippe à son avènement ne régnait que sur la moitié septentrionale, le *pays haut* de la Macédoine, et encore ce misérable royaume était sans cesse envahi par les voisins. Le jeune roi renvoya ces pillards chez eux et les pilla à leur tour; les Thraces durent même lui céder une partie de leur territoire:

sur ce territoire il fonda deux villes appelées à un florissant avenir, *Philippes* et *Philippopoli*, cette dernière
encore aujourd'hui importante.

Philippe se tourna ensuite contre les colonies grecques

Démosthène. — Musée du Louvre.

du littoral, qui lui barraient l'accès de la mer. La brillante colonie athénienne *Amphipolis*, *Pidna*, *Potidée*,
Méthone, *Olynthe*, furent successivement occupées.

Les circonstances étaient on ne peut plus favo-
rables.

La Grèce était épuisée par ses longues luttes intestines,
et surtout elle n'avait plus ses vieilles mœurs qui faisaient sa force. Athènes, en particulier, était profondément dégénérée; son grand orateur, *Démosthène*, qui

si souvent a fustigé sa criminelle apathie, a fait de ses citoyens le plus triste tableau. Remettant la fortune de la patrie aux mains d'étrangers salariés, de *mercenaires*, le citoyen d'Athènes consumait son temps dans d'indignes bavardages sur la place publique, uniquement préoccupé de savoir ce qui se disait, ce qui se passait de nouveau. Ces mercenaires, à qui l'on confiait les armes que les citoyens n'avaient plus la force de porter, n'étaient pas payés régulièrement, et alors, au lieu de faire leur service, ils allaient piller et faire mille violences chez les alliés mêmes d'Athènes, qui naturellement d'alliés devenaient vite ennemis. Si on ne payait pas les mercenaires, ce n'était point que l'argent fît défaut; mais on aimait mieux le réserver pour les réjouissances, et *un décret avait prononcé peine de mort contre quiconque proposerait de détourner pour la guerre les sommes destinées aux fêtes publiques;* or ces fêtes dévoraient le plus clair des revenus de l'État. *Jouir* était devenu la loi suprême à Athènes.

Philippe maître de la Grèce (338). — Pendant qu'Athènes se contentait de jouir, Philippe continuait la série de ses agrandissements. Il rattacha directement la Thessalie entière à la Macédoine, détrôna le roi d'Épire et le remplaça par son beau-frère, se fit donner le protectorat du Péloponèse et soumit toute la Thrace, sauf les villes grecques de Périnthe et de Byzance, qu'il ne put prendre, parce qu'elles furent secourues par les Perses et par les Athéniens.

Le roi de Macédoine résolut de venger ce double échec sur Athènes même, et d'enchaîner définitivement la Grèce à sa fortune en battant cette cité, la plus puissante encore, malgré sa décadence, des cités helléniques. L'occasion lui en fut fournie par un orateur athénien, rival de Démosthène, *Eschine*, qu'il avait acheté. Les Locriens d'Amphissa avaient labouré des terres appartenant au domaine d'Apollon. Eschine les dénonça comme sacrilèges, leur fit déclarer la guerre, et fit décider aussi que la guerre serait conduite par Philippe.

A peine guéri de blessures qu'il avait reçues dans une

expédition contre les Scythes, Philippe se hâta de franchir les Thermopyles; mais, au lieu de marcher sur Amphissa, il occupa *Élatée*, située dans la vallée supérieure du Céphise et qui était la clef de la Grèce centrale. De cette place, qu'il fortifia, il tenait en échec Thèbes dont la fidélité devenait douteuse, et il menaçait Athènes.

L'épouvante des Athéniens à cette nouvelle fut extrême: ils s'imaginaient voir déjà l'ennemi à leurs portes. Personne n'osait ouvrir un avis. Démosthène monta à la tribune, y exposa nettement et carrément ce qu'à ses yeux réclamait le salut de la patrie, et avant tout il demanda l'alliance avec Thèbes. Thèbes était l'ennemie détestée de tout temps. Cette haine ne s'était amortie aux jours des Trente tyrans que pour reprendre ensuite toute sa vivacité. Mais on refoula les justes rancunes. Démosthène conclut l'alliance avec cette ville.

L'alliance d'Athènes et de Thèbes surprit et déconcerta Philippe. Elle le jeta dans une telle perplexité, qu'il fut dix mois avant d'engager aucune action sérieuse. Enfin, au commencement du printemps de 338, il fit avancer ses troupes dans la vallée du Céphise. Cette vallée, dans sa partie supérieure, n'est qu'un étroit défilé, et ce défilé était occupé par les troupes réunies de Thèbes et d'Athènes. Une ruse de guerre lui livra le passage, et il déboucha avec toute son armée dans la vallée béotienne du Céphise, dont la large plaine avait paru à ses yeux le terrain le plus favorable pour la bataille.

Les Hellènes se réunirent au sud du Céphise, où ils s'appuyaient à la fois sur *Chéronée* et sur le fleuve. Les deux armées étaient à peu près égales en nombre et comprenaient environ trente mille fantassins et deux mille cavaliers. Elles étaient aussi égales pour l'ardeur et le courage, mais l'armée macédonienne l'emportait de beaucoup pour le commandement; là, il y avait une *volonté unique* servie par les capitaines les plus expérimentés. Les alliés furent écrasés. Il n'y eut plus de salut pour les vaincus que dans la fuite. Mille Athéniens furent tués et deux mille faits prisonniers. Les pertes des Thébains devaient être plus considérables. La journée de *Chéronée* était pour Philippe plus qu'une victoire : elle anéantissait d'un seul coup la ligue grecque, qui n'essaya pas de se reformer.

Philippe fut sans pitié pour Thèbes. Elle fut réduite au sort d'une ville rurale, sans influence et presque sans territoire; les citoyens les plus marquants furent mis à mort ou exilés, et leurs biens confisqués. Athènes fut traitée avec plus de ménagements. Athènes avait été l'ennemie indomptable de Philippe, mais une ennemie toujours franche et loyale. Athènes avait été et était encore le foyer de la civilisation hellénique. Pour ces considérations, Philippe, à qui d'ailleurs au besoin la générosité ne répugnait point, aima mieux user de la douceur que de la violence. Il fit donc d'elle son alliée, mais de fait il fut son maître, et par elle il fut le maître de toute la Grèce.

Philippe généralissime des Grecs contre les Perses (338).— Les affaires d'Athènes arrangées, Philippe parcourut le Péloponèse pour régler rapidement par lui-même toutes les questions de territoire. Tous les États vinrent à lui comme à un protecteur; et lui, de son côté, bien qu'il eût à se plaindre de plusieurs, se montra pour tous un ami gracieux et un bienfaiteur. Il ne trouva de résistance qu'à Sparte; la fière cité se déclara prête à souffrir les dernières extrémités plutôt que d'accepter l'obligation de servir sous les ordres d'un roi étranger. Pour l'en punir, Philippe institua un tribunal hellénique qui reprit, pour les donner aux voisins, les territoires que Sparte devait à la conquête; de sorte qu'elle n'eut même plus la pleine possession de sa vallée.

Cela fait, les Hellènes furent convoqués à une diète générale à Corinthe. Philippe y exposa sa politique, qui se résumait en deux points : sécurité et paix à l'intérieur, le tout naturellement sous la *protection* de la Macédoine; à l'extérieur, guerre contre l'ennemi commun, les Perses. Philippe était déclaré généralissime de toutes les forces helléniques.

Mort de Philippe. — En 336, les préparatifs
étaient terminés. Philippe, par des fêtes magnifiques,
célébra à la fois son départ pour l'Asie et le mariage de
Cléopâtre, sa fille, avec le roi d'Épire, Alexandre. Ces
fêtes eurent lieu au milieu d'un concours immense. Les
principales villes de la Grèce y rivalisèrent de flatteries
à l'adresse de Philippe. Athènes elle-même envoya à
celui que Démosthène appelait naguère un *barbare* et
l'homme de Macédoine une couronne d'or.

Quand le banquet royal fut terminé, on vit s'avancer
une pompe religieuse : les images des douze grands
dieux, revêtus de leurs plus riches ornements, étaient
portées sur des trônes; à leur suite, portée aussi sur un
trône, venait la statue de Philippe. Mais les jours de ce
nouveau dieu étaient comptés. Comme il arrivait, vêtu
de blanc, et faisait écarter ses gardes pour montrer aux
Grecs sa confiance en eux, un noble macédonien, *Pau-
sanias*, s'élança derrière lui, et, le frappant de son épée
entre les côtes, l'étendit raide mort. Philippe n'avait
que quarante-sept ans.

RÉSUMÉ

D'abord souverain d'un royaume obscur, Philippe soumet les
colonies grecques du littoral de Macédoine, puis par la victoire
de *Chéronée* (338), s'impose à toute la Grèce. Il est tué au
moment de marcher contre les Perses. Il doit ses succès à son
génie, mais aussi à la mollesse des Grecs, que cherche en vain
à secouer le grand orateur athénien Démosthène.

CHAPITRE X

ALEXANDRE LE GRAND (336-323)

SOMMAIRE

Portrait d'Alexandre.
I. AFFAIRES DE LA GRÈCE (336-334). — Alexandre devant Thèbes.
— Alexandre sur le Danube. — Alexandre une deuxième fois
à Thèbes (335). — Ruine de Thèbes. — Athènes épargnée.
II. GUERRE CONTRE LES PERSES (334-323). — État de la Perse
en 334. — Conquête de l'Asie Mineure (334-333). — Conquête
du littoral méditerranéen. — Batailles d'Arbelles et ruine de
l'empire des Perses (331). — Prise de Babylone, de Suse, de
Persépolis, de Pasagardes. — Mort de Darius (330). — Conquête de l'Asie centrale (330-327). — Marche d'Alexandre vers
l'Inde (327). — Porus. — Retour d'Alexandre à Babylone
(325-324). — Projets d'Alexandre. — Sa mort (323).
III. ALEXANDRE ET SON ŒUVRE. — Ce qu'il voulait faire. — Ce
qu'il a fait.

L'héritier que laissait Philippe était un jeune homme
de vingt ans, mais ce jeune homme était *Alexandre*.
Encore tout enfant, Alexandre s'était fait remarquer par
le sérieux de ses pensées. Des envoyés de la Perse étant
venus en Macédoine pendant une absence de Philippe,
ce fut Alexandre qui les reçut, et s'étant familiarisé avec
eux, il leur fit si bon accueil, il leur adressa des questions si peu enfantines, si peu frivoles, que les envoyés
en furent émerveillés et regardèrent l'habileté si vantée
de Philippe comme n'étant rien auprès de la vivacité et
de la profondeur de son fils.

Dans Alexandre la fougue et l'emportement de la nature
étaient extrêmes; la violence et la contrainte n'avaient
aucune prise sur lui; mais il se rendait facilement à la raison. Peu sensible aux plaisirs grossiers qui étouffent tant
d'heureux génies, il n'avait qu'une passion, celle de la
gloire. Son courage, non toujours aveugle et téméraire,

s'affirma de bonne heure dans deux circonstances célèbres :
d'abord quand il dompta le fougueux cheval appelé *Bucé-
phale* ; puis à Chéronée, quand il chargea et écrasa le
vaillant bataillon sacré des Thébains. Il avait une haute
idée de sa dignité et de ce qu'il se devait à lui-même.
Interrogé par ses amis s'il n'irait pas à Olympie disputer
le prix de la course : « J'irais, répondit-il, si je devais
avoir pour concurrents des rois. »

Cette âme généreuse, fière, ardente, désireuse de

Alexandre. — Musée du Louvre.

s'instruire, eut la bonne fortune de trouver un maître
accompli dans le philosophe le plus savant de l'antiquité, Aristote, qui prit le royal élève à treize ans et ne
le quitta qu'à dix-sept. A cette école, Alexandre acquit
une maturité telle, que Philippe, allant guerroyer en
Thrace, le laissa, à l'âge de seize ans, maître absolu en
Macédoine des affaires et du sceau royal. Philippe était
heureux d'entendre les Macédoniens donner à Alexandre
le titre de roi et à lui-même celui de général. Le père
était fier de son fils, et les sujets de leur futur roi.

Rien d'attachant, en effet, comme cette figure de jeune
prince, beau, mais d'une beauté mâle et sévère ; géné-

reux, vaillant, tendre, dévoué à ses amis ; réfléchi, malgré une nature de feu ; sobre au plaisir, dur à la fatigue ; si digne en un mot de sa haute fortune. Nul n'était plus capable d'achever la grande œuvre de Philippe.

Nous étudierons : 1° les affaires de la Grèce ; 2° la guerre contre les Perses ; 3° l'œuvre d'Alexandre.

I. — Affaires de la Grèce (336-334).

Alexandre devant Thèbes. — La mort de Philippe mit la Grèce entière en mouvement. Démosthène, qui venait de perdre sa fille, parut cependant en public vêtu de blanc, couronné de fleurs, et, malgré la protestation vertueuse de Phocion, fit décerner une couronne à l'assassin. Puis, l'or des Perses à la main, il sema partout la révolte. Thèbes renversa le gouvernement imposé par Philippe ; le Péloponèse, tout à l'heure si humble, se souleva presque en entier. Sparte elle-même sortit de son immobilité.

D'un coup d'œil, Alexandre mesura la gravité de la situation ; il était perdu s'il donnait à la révolte le temps de se propager. Réunissant une armée formidable, il franchit les Thermopyles et se trouva soudain sous les murs de Thèbes. Thèbes, frappée de terreur, rentra dans la soumission ; toutes les villes firent amende honorable.

Alexandre sur le Danube. — Le sud était pacifié, mais au nord les peuplades barbares s'agitaient. Alexandre y courut, arriva en dix jours à l'Hémus, franchit les défilés malgré la résistance des Thraces indépendants, tomba sur les *Triballes* (Bulgarie d'aujourd'hui), les écrasa et refoula leurs débris jusque dans une île du Danube. Il traversa audacieusement le fleuve et détruisit dans la Roumanie actuelle une ville des Gètes. De retour sur la rive droite, il reçut des ambassades de la plupart des peuples de ces régions ; une de ces députations frappa le jeune conquérant par son air martial : c'étaient des Celtes. « Que craignez-vous ? leur demanda Alexandre.

— Rien, répondirent-ils, sinon que le ciel ne tombe sur

nos têtes. » Le roi admira la fierté des Gaulois, et leur accorda son amitié.

Alexandre une seconde fois à Thèbes (335). — Alexandre achevait de pacifier son empire par la défaite des redoutables peuplades illyriennes, quand il apprit que Thèbes, d'intelligence avec Athènes, venait de se révolter une seconde fois. En treize jours, Alexandre se trouvait de nouveau dans la Béotie. « Démosthène, avait-il dit en partant, m'appelait un enfant quand j'étais chez les Triballes, jeune homme quand j'arrivai en Thessalie; je lui montrerai maintenant que je suis un homme. » Une bataille s'engagea sous les murs de Thèbes. Malgré leur résistance acharnée, les Thébains furent taillés en pièces. Plus de six mille périrent, et trente mille furent faits prisonniers.

Alexandre abandonna la ville à la vengeance des Phocidiens, des habitants de Thespies et d'Orchomène, ses pires ennemis, qui la détruisirent de fond en comble. De la ville, il ne resta que la maison de Pindare, illustre poète lyrique, et la citadelle de la Cadmée, où continua à veiller une garnison macédonienne (335).

Cette terrible exécution jeta l'effroi dans toute la Grèce, et les villes s'empressèrent d'implorer la clémence du vainqueur. Alexandre se montra généreux. Non seulement Athènes, la plus coupable, fut épargnée, mais encore elle put recevoir dans ses murs les infortunés Thébains. Le prince était pressé de reprendre les desseins de son père sur l'Asie. Après un congrès général des Hellènes tenu à Corinthe, où il fut proclamé généralissime, il disposa tout pour le départ et fut prêt à commencer l'expédition au printemps de l'année 334.

II. — Guerre contre les Perses (334-323).

La Perse en 334. — La Perse intervenait à chaque instant dans les affaires grecques depuis la guerre du Péloponèse. Les États les plus influents, comme Athènes et Sparte, se disputaient son alliance et ne triomphaient les uns des autres que grâce à son appui.

Ce rôle pourrait faire croire que l'empire, si humilié par les guerres médiques, était redevenu fort ; ce serait une illusion. L'empire n'était fort que de la faiblesse et des divisions de ses ennemis.

En réalité, cet empire n'avait pas cessé de s'affaiblir depuis le règne de Darius, fils d'Hystaspe, c'est-à-dire depuis cent cinquante ans. *Sa décadence tenait à son immensité même;* il aurait fallu une main bien ferme pour contenir ces innombrables nationalités échelonnées depuis l'Indus jusqu'à l'Hellespont et jusqu'au Nil.

Un prince venait de monter sur le trône en 337, *Darius Codoman,* tel que les Perses n'en avaient pas vu depuis longtemps. Beau et brave, gracieux pour tous et honoré de tous, doué de toutes les vertus de ses grands aïeux, Darius aurait peut-être relevé la fortune de l'empire ; mais il n'en eut pas le temps. A peine s'était-il retourné sur son trône, qu'Alexandre franchissait l'Hellespont. Innocent de toutes les fautes de ses prédécesseurs, il devait être la victime chargée de l'expiation. Le vertueux Codoman était le dernier rejeton des Achéménides ; il fut aussi le dernier roi de Perse.

Départ d'Alexandre. — Après des fêtes magnifiques données aux généraux macédoniens, aux envoyés de la Grèce, à son armée entière, Alexandre quitta sa capitale, Pella, au printemps de l'année 334. L'Hellespont n'était point gardé, on le franchit donc sans difficulté. L'armée comprenait environ trente mille fantassins et cinq mille cavaliers ; elle emportait des vivres pour quarante jours, et dans sa caisse se trouvaient soixante-dix talents : bien faibles ressources pour attaquer un si puissant empire.

Bataille du Granique (mai 334). — Cependant l'armée des Perses se rangeait derrière le *Granique,* petit fleuve qui se jette dans la Propontide. Memnon le Rhodien, qui commandait les mercenaires grecs, à la solde de Darius, avait conseillé d'éviter une action générale, de harceler sans cesse l'ennemi, tandis que la flotte ferait une diversion vigoureuse en Grèce, pour le forcer à revenir défendre son pays. L'orgueil du satrape de Phrygie fit rejeter cet avis salutaire : « Je ne souffrirai point, s'écria-t-il, que l'on brûle une seule maison où je commande. »

Quand Alexandre arriva sur les bords du Granique, il se trouva que le passage parut plus difficile qu'on ne l'avait cru d'abord. La profondeur du fleuve, l'inégalité et l'escarpement de la rive opposée, où se montrait en bon ordre la cavalerie perse, inspiraient à tous de vives craintes. Mais Alexandre entraîna tous les courages par son impétueuse intrépidité ; le fleuve fut traversé sous une grêle de traits, les ennemis abordés avec vigueur et mis en fuite après un combat où le roi courut les plus grands dangers (mai 334).

Soumission de l'Asie Mineure. — La victoire du Granique ouvrait l'Asie Mineure. Alexandre s'empara aussitôt de *Sardes* sans coup férir ; entra en triomphe dans *Éphèse,* où il sacrifia à Diane ; emporta *Milet,* qui voulut résister ; força de même les murailles d'*Halicarnasse,* que Memnon défendit avec acharnement, et qu'il incendia en la quittant ; enfin il s'avança jusqu'à l'extrémité de la Lycie. Toute la côté grecque était soumise : les cités helléniques d'Asie, qu'Alexandre gagnait par une générosité habile et large, reconnaissaient maintenant, comme celles d'Europe, la suprématie macédonienne, et le chemin de la Grèce était fermé à l'or et aux intrigues de la Perse.

De la Lycie, Alexandre remonta dans le nord et s'enfonça dans la Phrygie, pour établir sa domination dans le centre de la péninsule ; il passa son hiver à *Gordium,* où il trancha d'un coup d'épée le fameux nœud *gordien,* auquel, d'après un oracle, était attaché le sort de l'Asie ; puis il redescendit par *Ancyre* et la Cappadoce jusqu'au Taurus, qu'il ne trouva point gardé, et pénétra sans peine dans la Cilicie. A ce moment même, la mort inopinée de Memnon le Rhodien le débarrassait du seul ennemi digne de lui.

Conquête du littoral méditerranéen : bataille d'Issus (novembre 333). — Alexandre séjourna en Cilicie plus longtemps qu'il ne l'aurait voulu. Il faillit y perdre la vie, à la suite d'un bain pris dans les eaux glacées du *Cydnus*. A peine rétabli, il s'avança le long de la côte jusqu'à Issus, pour entrer de là dans la Syrie. Il était dans le défilé appelé *Pyles* ou *Portes de Syrie*, quand tout à coup il apprit que Darius était à *Issus* et menaçait ses derrières. Il fit aussitôt rétrograder ses troupes et les rangea dans l'étroit espace qui va de la mer aux montagnes.

Le champ de bataille était mauvais pour Alexandre ; une défaite pour lui dans ces défilés se changeait en désastre. Darius prit les plus habiles mesures pour vaincre, mais ses ordres furent mal exécutés, et au lieu de la victoire espérée, il trouva à Issus une défaite sanglante, malgré la valeur de sa cavalerie et l'héroïsme des mercenaires grecs. Le camp ennemi tomba aux mains du vainqueur, qui y trouva la famille royale : *Sisygambis*, mère de Darius, vénérable par la majesté de sa personne autant que par son grand âge ; *Statira,* son épouse, d'une grande beauté ; son fils, âgé de sept ans, et ses deux filles. Alexandre se montra plein de respect et de magnanimité pour ces nobles infortunés, et sa vertu lui mérita que Sisygambis le chérît comme son propre fils.

Siège de Tyr (332). — Laissant Darius fuir au delà de l'Euphrate pour réunir une nouvelle armée, Alexandre acheva d'isoler la Perse de la Grèce en faisant la conquête du littoral méditerranéen. Toutes les villes de la Phénicie ouvrirent leurs portes ; *Tyr* seule, fière de la forte position qu'elle occupait dans une île, lui refusa l'entrée de ses murs et ne lui permit même pas d'y pénétrer pour offrir un sacrifice dans le temple d'Hercule.

Le roi résolut de réduire l'orgueilleuse cité, et commença ce siège mémorable qui devait durer sept mois et ne finir que lorsque, après des peines inouïes, on eut réussi à relier l'île au continent par une chaussée gigantesque, connue encore aujourd'hui sous le nom de *chaussée d'Alexandre*. Quand la ville fut prise, elle ne présentait plus qu'un monceau de décombres ; les Tyriens n'avaient point voulu de la clémence de l'ennemi, et huit mille s'étaient fait tuer en combattant. Alexandre

déshonora sa victoire en faisant mettre en croix le long
du rivage deux mille braves, que la rage du soldat
avait épargnés ; trente mille furent vendus comme
esclaves (332).

Conquête de la Palestine et de l'Égypte. —
Après la Phénicie vint le tour de la Palestine. Alexandre
ne trouva de résistance qu'à *Gaza*, grande et forte place.
Il fallut d'immenses travaux et trois mois de siège pour
en avoir raison. Dans sa colère, Alexandre se saisit de
l'héroïque gouverneur *Bétis*, qui était à demi mort de
ses blessures, lui fit passer une courroie dans les talons
et le traîna sept fois autour des remparts.

Après la prise de Gaza, Alexandre se rendit à Jérusalem, dont les habitants avaient fait leur soumission
pendant qu'il était encore sous les murs de Tyr. Il fut
reçu avec les plus grands honneurs par le grand prêtre,
qui lui montra les prophéties de *Daniel,* où était annoncée
la chute de l'empire perse sous les coups d'un *roi des
Grecs* (qui était Alexandre).

De la Palestine, Alexandre passa en Égypte, où il fut
reçu comme un libérateur par les indigènes ; les Perses,
qui occupaient l'Égypte, n'osèrent point se défendre.
Alexandre, après avoir réglé toutes choses, en respectant,
suivant son habitude, les croyances et les usages nationaux, s'en alla, à travers le désert, au prix de grandes
fatigues, consulter l'oracle de *Jupiter Ammon*, dont le
temple se trouvait dans une riante oasis de la Libye. Le
prêtre d'Ammon le salua du titre de *fils de Jupiter*. Il
ne faut point s'étonner de cette flatterie : Alexandre, par
sa conquête, devenu le successeur des Pharaons, comme
eux, aux yeux des Égyptiens, *était devenu dieu*. Un souvenir plus durable du séjour d'Alexandre en Égypte fut
la fondation d'*Alexandrie*, à qui son admirable position
réservait un si brillant avenir.

Arbelles ou la ruine de l'empire perse (331).
— Alors qu'Alexandre était encore sous les murs de Tyr,
Darius lui avait écrit pour lui offrir dix mille talents,
tous les pays en deçà de l'Euphrate, la main d'une de
ses filles et son alliance. « J'accepterais, dit le général

Parménion, si j'étais Alexandre. — Moi aussi, repartit Alexandre, si j'étais Parménion. » Et il répondit à Darius que l'Asie ne pouvait avoir deux maîtres, pas plus que le monde ne pouvait avoir deux soleils.

Perdant tout espoir d'obtenir des conditions honorables, Darius résolut de faire un dernier effort pour sauver sa couronne. Il rassembla deux cent mille fantassins et quarante mille cavaliers. Cette armée se réunit dans la vaste plaine d'*Arbelles,* que Darius fit niveler pour faciliter les évolutions de sa cavalerie et de ses chars de guerre. Alexandre déboucha dans cette plaine à la fin de l'été de 331. Il n'avait que quarante mille hommes d'infanterie et sept mille hommes de cavalerie.

Cette disproportion énorme inquiétait vivement Alexandre, bien qu'il n'en voulût rien montrer. Parménion conseillait une attaque nocturne. Ce conseil n'était ni sûr ni honorable : Alexandre préféra vaincre au grand jour. Il disposa tout pour une bataille rangée, donna ses ordres jusqu'à une heure fort avancée dans la nuit, et, succombant enfin sous l'excès de la fatigue, il s'endormit à l'aurore d'un sommeil si profond, qu'il fallut le réveiller au grand jour, alors qu'on signalait déjà le mouvement en avant de l'armée ennemie.

Darius lança d'abord ses chars de guerre, hérissés de faux, qui firent plus de peur que de mal ; puis il engagea sur tous les points à la fois sa nombreuse et redoutable cavalerie. Un moment vivement pressé, Alexandre réussit bien vite à se dégager, et à son tour, faisant reculer les ennemis en désordre, il poussa, suivi de sa garde et de la phalange qui ondulait dans la plaine comme de formidables vagues, jusqu'au centre de l'armée où était Darius. Le Grand Roi, remarquable par sa bonne mine et sa haute stature, était assis sur un char élevé, qu'entourait un rempart de brillants cavaliers. Une lutte acharnée s'engagea autour de sa personne. Pendant longtemps les Perses se firent bravement tuer sans perdre du terrain. A la fin, dans le désordre du combat, le bruit se répandit que Darius était mort. Tout fuit alors, et Darius lui-même fut entraîné dans la déroute.

La bataille d'Arbelles décidait du sort de l'empire. La dernière armée de Darius était détruite : quarante mille hommes au bas mot restaient sur le champ de bataille ; le reste s'était dispersé, et le Grand Roi lui-même fuyait devant le vainqueur, qui, sa victoire à peine assurée, s'était mis à sa poursuite sans prendre presque de repos. Quand, le lendemain, Alexandre arriva dans la ville d'Arbelles, Darius était déjà parti, pour mettre entre lui et les Macédoniens les frontières de la Médie : Alexandre ne put mettre la main que sur ses immenses trésors.

Prise des capitales de l'empire perse. — Alexandre, qui avait manqué Darius, se vengea par la prise de ses capitales restées sans défense. Il entra successivement sans coup férir dans *Babylone*, dans *Suse* et dans *Persépolis*. Persépolis, la plus riche cité, dit Diodore, que le soleil éclaire, était aussi la plus détestée des Grecs ; c'étaient de là qu'étaient parties les armées innombrables de Darius et de Xercès. Les mânes des ancêtres réclamaient vengeance. Alexandre leur sacrifia la ville, dont toute la population fut vendue ou égorgée. Puis cette capitale où la civilisation perse avait déployé toutes ses richesses, où elle avait élevé les palais les plus somptueux, accumulé les objets d'art, des tissus précieux et des trésors inouïs, fut abandonnée au soldat et livrée au pillage. Pour sa part de butin, Alexandre eut cent vingt mille talents, c'est-à-dire six cent trente millions de francs.

Pasargades eut un traitement tout différent. C'est que Pasargades était la ville sainte des Perses : là était le tombeau de Cyrus, là les Achéménides se faisaient couronner. Et Alexandre, autant par politique que par conviction, respecta partout les souvenirs patriotiques et religieux.

Mort de Darius (330). — La Babylonie, la Susiane et la Perse soumises, Alexandre remonta vers le nord sur les traces de Darius, qui était alors à *Ecbatane*, l'ancienne capitale de la Médie. Lorsqu'il arriva dans cette ville, Darius l'avait quittée depuis huit jours et fuyait dans la direction de la Bactriane. Alexandre l'atteignit enfin au pied des montagnes qui longent la mer Caspienne ; mais il ne s'empara que d'un cadavre : le Grand Roi venait d'expirer sous les coups du traître *Bessus*. Alexandre, touché de tant de malheurs, pleura sur le corps du roi et le fit ensevelir avec honneur dans le tombeau de ses ancêtres (330).

Conquête de l'Asie centrale (330-327). — Si, en déclarant la guerre à la Perse, Alexandre n'avait prétendu que venger la Grèce des outrages subis autrefois à l'époque des guerres médiques, son but était pleinement atteint : l'immense empire médo-perse était détruit, et le dernier des Achéménides venait d'expirer sous les coups d'un assassin. Mais l'ambition du conquérant n'était point satisfaite. Il ne lui suffisait point de dominer des rives du Danube au bord du golfe Persique. Héritier du Grand Roi, il lui fallait tout son empire, jusqu'à l'*Iaxartes* d'un côté, jusqu'à l'*Indus* et à la mer *Érythrée* de l'autre ; et quand il sera sur l'Indus, il voudra pousser plus loin encore : seule, une révolte de son armée pourra le décider au retour.

Après avoir soumis la montagneuse *Hyrcanie*, qui bordait le sud de la mer Caspienne, Alexandre s'enfonça dans l'Asie centrale et marcha vers la *Bactriane*, où Bessus venait de ceindre la couronne. Le traître ne put être saisi qu'au delà de l'*Oxus*, livré par celui de ses amis qu'il avait le plus comblé de bienfaits. Alexandre, après lui avoir fait couper le nez et les oreilles, l'abandonna au frère de Darius pour être mis en croix, suivant Quinte-Curce; pour être écartelé, suivant Plutarque. Alexandre poussa ensuite droit devant lui jusqu'à *Maracanda* (aujourd'hui *Samarcande*), puis jusqu'à l'*Iaxartes*, où il établit la limite de son empire par la fondation d'*Alexandreschata*, ou *Alexandrie extrême* (aujourd'hui peut-être *Khodjend*).

Changement dans les mœurs d'Alexandre. Meurtres de Clitus, de Callisthène. — Plusieurs scènes peu honorables pour Alexandre signalèrent son séjour sur les rives de l'Oxus. Pas plus que les autres conquérants, Alexandre n'avait su résister à l'enivrement qu'amène d'ordinaire l'excès de la prospérité. L'ancienne simplicité, la modération, l'affabilité du roi de Macédoine firent insensiblement place au faste, à l'amour des plaisirs, à l'emportement, à la dureté du despote oriental.

Il commença par permettre qu'on se prosternât devant lui pour l'adorer comme on le faisait pour le Grand Roi, puis il l'exigea, et il prétendit confondre dans le même abaissement ses compagnons d'armes et les peuples conquis. On le vit mettre autour de sa tête le diadème de pourpre, tel que Darius l'avait porté ; se revêtir de l'ample et somptueux costume perse. C'étaient, disait-il, les dépouilles des Perses qu'il portait ; mais avec ces dépouilles il avait pris leurs mœurs, et le faste des habits était suivi de l'arrogance des sentiments.

A *Maracanda*, son orgueil, aiguisé par les débauches et l'ivresse, ne put supporter la franchise et la liberté de langage du vieux *Clitus*, qui lui avait rendu mille services et lui avait sauvé la vie au passage du Granique ; pour des paroles libres prononcées dans la chaleur du vin, Alexandre lui passa une javeline au travers du corps, quitte à se morfondre ensuite pendant plusieurs jours dans des plaintes qui avilissaient la dignité royale plus qu'elles n'ennoblissaient le repentir. Alexandre, quelque temps après, envoyait au supplice *Callisthène*, neveu d'Aristote son maître, qui avait refusé de se prosterner devant son roi pour l'adorer à la manière perse.

Nul meurtre n'excita plus la haine des Macédoniens contre Alexandre que celui de ce philosophe de mœurs excellentes, d'un rare savoir, et qu'Alexandre, avant de le punir de mort, avait livré aux tortures sans même daigner l'entendre. Malheureux rois que ceux à qui tout réussit !

Alexandre aux Indes. Porus. — Pour faire diversion au mécontentement de son armée, Alexandre résolut de la conduire à de nouvelles aventures ; il voulut la mener dans l'Inde, ce pays des *merveilles*, où la légende plaçait des rivières qui roulaient de l'or, des mers qui jetaient sur leurs rivages des perles et des pierres précieuses.

Au printemps de l'année 327, traversant l'Afghanistan actuel, Alexandre vint à *Cabura* (Caboul), d'où, par les fameux défilés connus aujourd'hui sous le nom de *passes de Kaïber*, il descendit sur les bords de l'*Indus* avec quatre-vingt-dix mille hommes d'infanterie et dix mille cavaliers. Plusieurs mois se passèrent à explorer et à soumettre la région de l'Indus supérieur. L'année suivante on franchit le fleuve, et Alexandre vit aussitôt venir à lui le prince *Taxile*, à la tête d'une magnifique armée qui se rendit sans essayer de combattre.

Il en fut autrement quand il approcha de l'*Hydaspe*. Alexandre envoya sommer le roi *Porus* d'avoir à se transporter sur les frontières de ses États pour l'y recevoir. Porus répondit fièrement qu'il se trouverait au rendez-vous, mais en ennemi et en armes ; et il vint, en effet, défendre le passage avec des forces imposantes. La lutte, acharnée, fit grandement honneur au prince indien. Porus, criblé de blessures, couvert de sang, tomba entre les mains du vainqueur. A cette question : « Comment veux-tu que je te traite ? — En roi, » répondit-il. Porus fut traité en roi, il devint l'ami du conquérant et conserva son royaume, agrandi même par la générosité d'Alexandre.

Alexandre arriva sur les bords de l'*Hyphase*. Le passage du fleuve était difficile. De plus, il apprit de la bouche même de Porus qu'il fallait onze jours de marche à travers le désert pour rencontrer le Gange, le plus grand des fleuves de l'Inde, et que sur les bords du fleuve habitaient des nations puissantes disposant d'inépuisables ressources. Malgré tout, le roi aurait marché en avant ; mais, quand il découvrit son projet à son armée, les soldats refusèrent d'avancer. Alexandre se résigna. Il éleva sur l'Hyphase aux douze grands dieux douze autels gigantesques comme souvenir de son expédition et limite de son empire, puis il revint à l'Hydaspe (septembre 326).

Une flotte de huit cents vaisseaux, placée sous le commandement de Néarque, descendit l'Hydaspe, puis l'Acésine, et atteignit ainsi l'Indus. L'armée suivait sur l'une

et l'autre rive, commandée par Éphestion et Cratère.
Après neuf mois de navigation, on parvint à la mer
Érythrée (aujourd'hui mer des Indes). C'est là que pour
la première fois les soldats d'Alexandre virent avec un
étonnement mêlé d'effroi (car plusieurs, surpris, faillirent
périr) le phénomène de la *marée* (325).

Retour d'Alexandre. — Néarque se chargea de
ramener à l'embouchure du Tigre la flotte en longeant
les côtes de la mer Érythrée ; avec le reste de l'armée,
Alexandre s'engagea dans la *Gédrosie* (Béloutchistan
actuel). Il y perdit les trois quarts de son armée. On
marchait en plein été au milieu de sables brûlants, sous
une atmosphère enflammée. Les provisions furent vite
épuisées ; il fallut se contenter de racines de palmiers, et,
comme boisson, d'eau saumâtre recueillie à grand effort
dans des trous creusés dans le sable. Sans l'indomptable
énergie d'Alexandre, qui partagea toutes les souffrances
de ses troupes et fut toujours le premier à la peine, c'en
était fait de l'armée entière. On atteignit enfin *Pura*,
ville située dans une oasis de palmiers, d'où Alexandre
fit partir des ordres vers tous les satrapes des provinces
voisines pour qu'on apportât des vivres, et ainsi les
souffrances de l'armée prirent à peu près fin.

La marche à travers la *Carmanie*, pays riche et fertile,
ne fut en revanche qu'une longue fête, une sorte d'orgie
triomphale imitée de celle qui avait signalé la marche de
Bacchus revenant de l'Inde. Durant sept jours les joyeux
festins se succédèrent ; le roi lui-même donnait l'exemple.
On le voyait en tête de l'expédition, monté sur un char
traîné par huit chevaux, tout rempli de riches cratères,
dans lesquels lui et ses amis puisaient avec de grandes
coupes d'or.

Au milieu de l'allégresse générale, Alexandre reçut
une visite fort agréable et impatiemment attendue, celle
de son amiral Néarque, dont la flotte, partie de l'embouchure de l'Indus, était arrivée au bout de quatre-
vingts jours dans le port d'*Harmozia* (aujourd'hui
Ormuz), à l'entrée du golfe Persique. Son voyage lui
avait coûté tant de fatigues et de privations, qu'Alexandre

ne reconnut presque pas Néarque et ses amis, vieillis et défigurés, et qu'à leur vue il se mit à pleurer. Mais le but poursuivi était heureusement atteint, et la route des Indes par mer était maintenant ouverte. Néarque, s'embarquant de nouveau, remonta le long de la côté orientale du golfe Persique, puis, par le Tigre, vint jusqu'à la hauteur de Suse, où il rejoignit Alexandre. Son voyage, en tout, avait duré dix mois.

Alexandre à Suse. — Alexandre rentra dans Suse vers le commencement de 324. Dès les premiers jours il punit certains satrapes qui s'étaient conduits comme s'il n'avait jamais dû revenir. Le plus compromis était un Macédonien, *Harpalos*, gouverneur de Babylone et surintendant du trésor royal. Il prit la fuite avec cinq mille talents et six mille mercenaires, et alla chercher un asile en Grèce.

Mort d'Éphestion. — Alexandre avait remonté de Suse à Ecbatane, on ne sait pour quel motif, quand il perdit Éphestion, le plus cher de ses amis, l'*autre Alexandre*, comme il l'avait nommé lui-même à Sisygambis. Éphestion avait été pris de la fièvre. Jeune, en vrai soldat, il ne voulut pas s'astreindre à une diète rigoureuse, et pendant que Glaucus, son médecin, était au théâtre, il se mit à dîner, mangea un coq rôti et but une grande coupe de vin frais. Quelques heures après il était mort.

Alexandre le pleura amèrement et donna de sa douleur des témoignages insensés. Il lui fit des funérailles qui coûtèrent soixante millions; il attacha à une croix l'infortuné médecin; puis, pour soulager son chagrin, il partit pour une chasse à l'homme chez les *Cosséens*, rudes montagnards encore insoumis, et les égorgea jusqu'au dernier. Après ce sanglant sacrifice offert aux mânes d'Éphestion, le roi reprit le chemin de Babylone, où il entra au milieu des plus noirs pressentiments.

Mort d'Alexandre à Babylone (323). — Un jour, à Babylone, Alexandre jouait à la paume avec ses compagnons d'enfance, et, pour jouer plus commodément, il s'était dépouillé de la robe royale. Quand, le jeu fini, il revient pour la reprendre, il aperçoit un homme assis sur son trône, silencieux, le diadème au front, et vêtu de cette même robe. On lui demande qui il est. Après un long silence, il dit qu'il est Messénien d'origine. Transporté à Babylone par suite d'une accusation, il est resté longtemps dans les fers. Tout récemment Sérapis lui est apparu, a brisé ses chaînes et l'a conduit ici, avec ordre de prendre la robe du roi ainsi que son diadème, et de s'asseoir en silence.

Aucun prodige ne frappa plus vivement l'esprit d'Alexandre, très superstitieux, en dépit des leçons d'Aristote, comme tous les anciens. On fit mourir l'importun, qui était fou; mais les craintes du roi ne disparurent point. Elles ne ralentirent cependant pas son activité. Il commença de grands travaux pour agrandir le port de Babylone et améliorer le cours de l'Euphrate, fort négligé sous les rois perses. Il voulait faire de Babylone le centre de l'empire, la principale résidence royale, et du fleuve la grande voie commerciale entre la Méditerranée d'un côté, le golfe Persique et l'Inde de l'autre. En même temps il faisait compléter les renseignements de Néarque par plusieurs expéditions sur les côtes de l'Arabie.

Tous ces travaux, joints à l'insalubrité des terres chaudes et humides du pays, amenèrent sa mort. Il était déjà usé, du reste, quoique jeune, par les fatigues effrayantes de ses nombreuses campagnes, et aussi, il faut le dire, par les excès de table, qu'il renouvela plus que d'ordinaire encore à Babylone, sans doute pour s'étourdir. Une fièvre ardente le saisit, qui le mina pendant dix jours, et il expira le onzième, à l'âge de trente-deux ans, au milieu de la consternation de ses amis et de son armée (19 août 323).

III. — Alexandre et son œuvre.

« Alexandre, a dit Napoléon, à peine au sortir de l'enfance, conquiert, avec une poignée de monde, une partie du globe; mais fut-ce de sa part une simple irruption, une façon de déluge ? Non ; tout est calculé avec profondeur, exécuté avec audace, conduit avec sagesse. Alexandre se montre tout à la fois grand guerrier, grand politique, grand législateur. Malheureusement, quand il atteint le zénith de la gloire, la tête lui tourne, ou le cœur se gâte : il avait débuté avec l'âme de Trajan, il finit avec le cœur de Néron et les mœurs d'Héliogabale. »

Ce jugement est de quelqu'un qui se connaissait en hommes. Pourtant les dernières paroles nous semblent trop sévères. Il n'est pas vrai de dire qu'Alexandre ait jamais eu le *cœur d'un Néron* ni les *mœurs d'un Héliogabale*. Des actes regrettables de cruauté, trop nombreux, fruits de l'orgueil et de la colère, ont assombri sa gloire ; mais son cœur resta bon quand même. Nous en avons pour preuve les larmes inconsolables de ses soldats, des vaincus eux-mêmes, qui le pleurèrent aussi amèrement que les vainqueurs. Il n'était point un *monstre*, le prince à qui la vénérable Sisygambis, mère de Darius, sa captive, n'eut point la force de survivre : succombant à sa douleur, elle se voila la tête, renonça en même temps à la nourriture et à la lumière ; cinq jours après elle expira.

Alexandre n'eut jamais non plus les mœurs d'Héliogabale ; ce qu'on peut surtout lui reprocher, c'est l'intempérance dans des banquets et des festins, qui le plus souvent venaient à la suite de longues fatigues, et qui doivent pour ce motif obtenir quelque indulgence. Mais il fut assez fort et assez grand pour respecter la pudeur et la vertu : sous ce rapport, on ne voit guère de héros de l'antiquité qui puisse lui être comparé. L'homme qui à l'âge de trente-deux ans avait parcouru et subjugué le monde ne pouvait être un homme de plaisirs.

Son œuvre. — Dans l'œuvre d'Alexandre, il y a deux choses à considérer : *ce qu'il voulait faire* et *ce qu'il a fait.*

Ce qu'il voulait faire. — Pas plus que les autres conquérants, Alexandre n'a soumis les peuples pour leur plus grand bonheur, mais qu'il se soit désintéressé de leur bien quand ils ont été une fois vaincus, c'est ce qu'on ne pourrait prétendre. Toute sa conduite tend à montrer que son désir était de fondre tous ces peuples en un seul peuple ; d'amener la concorde entre tous par une large tolérance de leurs coutumes locales, par un profond respect pour leur religion et leurs souvenirs nationaux ; puis, dans cet empire où régneraient la paix et la sécurité, il aurait versé le bien-être par le développement du commerce et de l'industrie. De là ces immenses travaux qui suivent chaque conquête, ces villes fondées, ces ports creusés, ces fleuves canalisés, toutes ces entreprises, en un mot, qui révèlent un génie d'une extraordinaire puissance.

Ce qu'il a fait. — La mort, saisissant Alexandre à l'âge de trente-deux ans, ne lui a permis ni d'unifier ni d'organiser ses conquêtes, et ses vastes projets sont restés en général à l'état d'ébauche. Pourtant son passage dans la scène du monde fut loin de ressembler à ces torrents impétueux auxquels il a été pendant longtemps de bon ton de le comparer dans les amplifications de rhétorique, torrents qui s'écoulent en un instant en jetant partout autour d'eux les ruines et la mort. Son œuvre, inachevée, ne laissa pas d'être belle et féconde ; on peut en résumer ainsi les principaux résultats :

1° Le commerce fut développé sur une immense échelle entre l'Europe et l'Orient, grâce aux routes qu'il lui ouvrit ou qu'il améliora, aux ports et aux places de refuge qu'il lui ménagea.

2° L'industrie reçut une vive impulsion par suite de l'abondance du numéraire. Les trésors incalculables que les Achéménides laissaient dormir dans leurs caisses royales furent par Alexandre jetés, sans y regarder, dans la circulation.

3° La langue et la civilisation grecque se répandirent à travers toute l'Asie jusque dans le bassin de l'Indus, par les colonies semées adroitement sur mille points. Le moule grec fut brisé, et les idées qu'il renfermait s'écoulèrent dans le monde.

4° Un mouvement puissant fut imprimé aux sciences, en particulier à l'astronomie, à la géographie, à l'histoire naturelle. Alexandre fit de son expédition une expédition scientifique, emmenant avec lui des naturalistes, des géomètres, des historiens, des philosophes, des artistes. De la haute Asie il envoyait à Aristote des collections de plantes et des animaux rares.

Bref, quelque éphémère qu'ait été son empire, cet empire a laissé dans l'histoire des pages autrement intéressantes et glorieuses que ne l'aurait fait la Grèce dégénérée si elle était demeurée *libre,* c'est-à-dire livrée à ses misérables coteries et à ses querelles intérieures.

RÉSUMÉ

Monté sur le trône à vingt ans, Alexandre comprime d'abord une révolte de Thèbes, pacifie les peuplades riveraines du Danube soulevées, châtie par une destruction totale une seconde révolte de Thèbes (335), puis, proclamé à Corinthe généralissime des Grecs, marche contre la Perse, où règne *Darius Codoman* (334).

La bataille du *Granique* lui livre l'Asie Mineure (334). Celle d'*Issus* lui livre la Syrie (333). Il soumet ensuite *Tyr* après un long siège (332), fait la conquête de la Palestine, de l'Égypte, où il fonde *Alexandrie* (332) ; revient contre Darius, et remporte sur lui, au centre de son empire, la victoire d'*Arbelles* qui ruine l'empire des Perses (331). Il s'empare des quatre capitales de Darius, *Babylone, Suse, Persépolis, Pasargades;* revient à la poursuite du roi qu'il atteint, tué par *Bessus,* non loin de la mer Caspienne (330) ; soumet successivement la Bactriane, la Sogdiane ; passe ensuite dans les Indes, où il bat sur l'Hydaspe *Porus* (327). Arrivé sur l'Hyphase, une révolte de son armée le force à revenir à *Babylone,* où il meurt le 19 août 323. Mais son œuvre, grandiose et féconde, bien qu'inachevée, ne périt pas toute avec lui.

HISTOIRE ROMAINE

LA RÉPUBLIQUE ROMAINE

CHAPITRE PREMIER

GÉOGRAPHIE DE L'ITALIE

SOMMAIRE

GÉNÉRALITÉS SUR L'ITALIE. — DIVISIONS DE L'ITALIE : 1º Haute Italie; 2º Italie proprement dite. — MARAIS. — RICHESSES NATURELLES. — ROME : Avantages de sa position.

Généralités sur l'Italie. — L'Italie, la plus petite des trois grandes presqu'îles qui composent l'Europe méridionale, est aussi la plus simple et la plus remarquable au point de vue de la forme. Rattachée au continent par la chaîne des Alpes, qui lui font au nord une puissante et majestueuse ceinture, elle s'étend vers le sud sur une longueur de 1 000 kilomètres, avec une largeur, au plus grand écartement de ses côtes, d'à peine 300 kilomètres. Elle est donc toute en longueur, et sa superficie n'atteint pas 300 000 kilomètres carrés, un gros tiers de moins que la France. A la voir entourée par les eaux de tous côtés et séparée de l'Europe centrale par la haute muraille des Alpes, on la croirait d'abord complètement isolée du reste du monde. Il n'en est rien; car les mers, nous le savons, sont moins une barrière entre les peuples qu'un moyen de rapprochement. Quant aux géants de glace qui au nord semblent fermer l'entrée de la péninsule, ils ne la closent qu'imparfaitement.

Déjà, dans l'antiquité, plusieurs routes passaient sur les cols des Alpes, traversées aujourd'hui par trois lignes de chemins de fer. L'Italie n'est donc point un pays fermé, et même peu de contrées ont été le théâtre d'autant d'invasions et d'autant de batailles. Des centaines d'armées se sont entre-choquées dans la Cisalpine, aujourd'hui Lombardie, et des millions de soldats dorment leur dernier sommeil dans ses vastes et opulentes plaines.

Divisions de l'Italie. — L'Italie se divise naturellement en deux parties : une partie *continentale* ou *haute Italie*, et une partie *péninsulaire* ou *Italie proprement dite*. Les Romains ne connurent jamais d'autre Italie que cette dernière; l'autre, ils l'appelaient *Gaule cisalpine* ou *Gaule d'en deçà des monts*.

1° *Haute Italie*. — Aucune région n'a des limites plus précises. Au nord et à l'ouest, ce sont les *Alpes;* au sud, les *Apennins;* à l'est, l'*Adriatique,* autrefois appelée mer *Supérieure,* parce que son niveau est plus élevé que celui de la Méditerranée. Les plaines et les montagnes s'y touchent sans se confondre; les montagnes les plus imposantes de l'Europe y servent de cadre aux campagnes les plus fécondes peut-être et les mieux cultivées de l'univers. Des glaciers éternels qui couvrent les cimes des Alpes s'échappent de nombreux cours d'eau dont la plupart, avant même de quitter les monts, lavent leurs eaux troubles et torrentueuses dans des lacs d'une merveilleuse beauté : lac *Majeur,* lac de *Côme,* lac de *Garde,* etc... De ces cours d'eau, le plus important est le *Pô,* dont la source est au mont *Viso,* qui s'élance, isolé et superbe, comme une pyramide colossale, entre la France et l'Italie.

Largement arrosée par la nature, encore irriguée par la main de l'homme, la haute Italie jouit d'une fertilité extraordinaire et nourrit une population fort dense. Les Gaulois y pénétrèrent de bonne heure et lui donnèrent leur nom, qu'elle garda jusqu'aux grandes invasions de l'ère chrétienne.

2° *Italie proprement dite*. — Bien différente est l'Italie péninsulaire. Traversée dans toute sa longueur par les Apennins qui la partagent en deux versants de largeur inégale, elle n'est guère qu'un *hérissement de montagnes*. Les seules plaines qu'on y trouve, et elles sont de médiocre grandeur, sont l'*Étrurie*, le *Latium*, la *Campanie* et l'*Apulie*. Le reste ne présente que pics, dômes, plateaux, coupés par d'étroites vallées où roulent des torrents qui, dangereux en hiver, sont à sec en été. Quelques cours d'eau cependant, sans être navigables, méritent le nom de fleuves ou de rivières. Le plus important, le Tibre, naît dans les Apennins toscans, se plie et se replie dans une vallée ouverte vers le sud, et reçoit plusieurs torrents fournis par les montagnes, dont le plus remarquable est la *Néra* (autrefois le *Nar*) grossie du *Vélino*, qui se précipite dans cette rivière d'une hauteur de 200 mètres.

Marais. — Si modestes que soient comme étendue les plaines de l'Italie péninsulaire, l'agriculture ne les possède pas en entier. Une bonne partie lui en est disputée par les *marais* et par la *malaria* (mauvais air), qui partout où elle pénètre engendre des fièvres pernicieuses. En Étrurie, les *Maremmes* s'étendent le long du littoral sur un espace de plus de vingt lieues; quand arrivent les chaleurs, l'air y est empesté au point que les populations doivent chercher un refuge dans les montagnes voisines. Dans le Latium, les *marais Pontins* ont plus mauvaise réputation encore : le voyageur qui s'y endort risque de ne point se réveiller. Enfin, dans la Campanie, le Liris, aujourd'hui *Carigliano*, a formé sur ses bords les marais de *Minturnes*, qui devinrent célèbres surtout du jour où Marius, vaincu et fugitif, y chercha un refuge.

Richesses naturelles. — Avec ses côtes en partie fiévreuses, avec ses montagnes le plus souvent arides, il va de soi que l'Italie péninsulaire n'est point un pays riche : elle ne peut nourrir tous ses habitants, et un grand nombre, chaque année, sont forcés d'émigrer. Cependant la végétation y est fort belle à force d'être variée; et, même au printemps, elle présente un spectacle vraiment enchanteur qu'on chercherait vainement ailleurs. Sur les pentes douces de l'Apennin, soit qu'il longe la mer, soit qu'il rentre dans les terres, l'olivier, la vigne, le mûrier, se croisent avec l'oranger, le citronnier, l'arbousier, le myrte et le laurier.

Les *Abruzzes* (ancien Samnium) et surtout la *Calabre*, qui terminent l'Italie méridionale, ont un aspect à part. Leurs vastes plateaux, aux pentes remarquables par leurs lignes heurtées et leurs déchirures profondes, gardent la neige six mois de l'année. De beaux pâturages ont remplacé les impénétrables forêts où cherchaient autrefois un asile les esclaves fugitifs. Mais dans les vallées et sur les côtes, c'est le soleil avec les productions de l'Afrique. A côté de l'olivier, de l'oranger et du citronnier, croissent le caroubier, l'aloès et le palmier.

La *Sicile* reproduit l'aspect et la végétation de l'Italie méridionale, dont elle n'est d'ailleurs qu'un fragment énorme détaché par une convulsion de l'*Etna*, le plus beau volcan de l'Europe.

Rome. — Située au centre précis de cette Italie si montueuse, si découpée, si morcelée; bâtie sur les rives de son plus grand fleuve, Rome était, par sa position même, appelée à dominer la péninsule. La position de l'Italie elle-même au centre de la Méditerranée lui facilita la conquête du monde.

RÉSUMÉ

L'Italie est la plus petite des trois grandes presqu'îles qui composent l'Europe méridionale : 1000 kilomètres de long sur 300 de large, ce qui lui fait 300000 kilomètres carrés de superficie. Mais c'est la plus simple et la plus remarquable au point de vue de la forme. Elle se divise en deux parties, la *haute Italie,* ou Gaule cisalpine (Lombardie), grande plaine, limitée par de majestueuses montagnes, ornée de beaux lacs, arrosée par de nombreux cours d'eau, extraordinairement fertile; et l'*Italie proprement dite* ou péninsulaire, traversée dans toute sa longueur par les Apennins, très pittoresque, mais peu riche en général. Les montagnes, les Maremmes, les marais Pontins et les marais de Minturnes en stérilisent une bonne partie. Rome, située sur le Tibre, au centre de l'Italie et de la région méditerranéenne, était admirablement placée pour devenir la maîtresse de l'Italie et du monde.

CHAPITRE II

POPULATIONS PRIMITIVES DE L'ITALIE

SOMMAIRE

Les Pélasges. — Les Latins. — Les Étrusques. — Les Grecs
et les Gaulois.

Les Pélasges. — Les savants sont loin de s'entendre
sur les populations primitives de l'Italie. Toutefois, on
accorde généralement ment que le peuple le plus ancien qui ait paru sur le sol de la péninsule est celui des *Pélasges*, les mêmes que nous trouvons à l'origine de l'histoire sur le sol de la Grèce. Qu'étaient les Pélasges ? On ne saurait le dire, ce peuple n'ayant laissé de lui-même,

Monuments pélasgiques.
Arc de Segni.

en Italie comme en Grèce, que son nom et les constructions indestructibles appelées *murailles cyclopéennes*.
On peut voir ces murailles, formées de blocs énormes
posés sans ciment, sur plusieurs points de l'Étrurie et
du Latium.

Les Latins. — Sur cette première couche de population italique formée par les Pélasges se superposèrent,
à des époques difficiles à déterminer, d'autres peuples,
dont les principaux furent, dans l'ordre des temps, les
Latins et les *Étrusques*.

De l'origine des Latins on ne sait rien, sinon que,
rameau détaché d'une souche commune aux Grecs, ce

peuple entra en Italie par les vallées de l'Adige et du Pô, et se répandit à travers la péninsule par voie de conquête. Il se fixa sur un territoire assez restreint qui allait de Tibur à la mer et du Tibre au mont Albain. Ce fut le *Latium vetus* ou *primitif*, avec une superficie de 272 kilomètres carrés seulement. A l'origine il n'y avait point de villes, mais de simples villages fortifiés sur les hauteurs, qui servaient de refuge, en cas d'alarme, aux gens de la campagne. La plus importante de ces places était *Albe la Longue*.

Les habitants du Latium primitif firent souche, et leurs rejetons non seulement peuplèrent un *nouveau Latium* qui était à peu près le triple de l'ancien, mais encore ils se répandirent dans toute l'Italie méridionale.

Les Étrusques. — Les Étrusques descendirent probablement des montagnes du *Tyrol*, et inondèrent les plaines de l'Italie septentrionale; ils s'y établirent fortement dans *douze grandes villes*, dont la principale, *Mantoue*, bâtie au milieu du lac Mincio, est encore aujourd'hui la première place de la péninsule. Franchissant ensuite l'Apennin, ils occupèrent la contrée située entre le Tibre et l'Arno, qui de leur nom s'est appelée *Étrurie*. Ils fondèrent là aussi *douze grandes villes*, dont les principales furent *Tarquinies* et *Clusium*. Passant alors sur la rive gauche du Tibre, au sud, à travers le Latium, ils poussèrent jusqu'en Campanie, où ils fondèrent une *Étrurie nouvelle*, toujours avec *douze grandes villes*. Les plus remarquables furent *Capoue, Nole, Herculanum, Pompéi.* Dominant dans toute la presqu'île depuis les Alpes jusqu'au détroit de Messine, ce peuple de *montagnards* osa s'aventurer sur la mer. Il parcourut en maître la mer Tyrrhénienne, soumettant les îles côtières, et il jeta des colonies jusque dans la Corse et dans la Sardaigne.

Civilisation étrusque. — Les Étrusques avaient une activité infatigable, et cette activité, ils la dirigèrent de préférence vers les *arts utiles*. En cela ils furent des maîtres : nul ne sut comme eux dessécher les marais, creuser des ports, percer des routes, ouvrir des canaux ou entourer les villes de murailles inexpugnables. Chez eux *l'agriculture* eut une prospérité inouïe : de vastes territoires qui aujourd'hui sont empestés par la mâlaria, comme les Maremmes de la Toscane, et n'ont pour habitants que des troupeaux, se couvraient alors de riches moissons et nourrissaient plusieurs cités importantes. L'*industrie* savait travailler le lin, la laine, le marbre, le fer, l'argile, le bronze, le cuivre et les métaux précieux : on peut en juger par la quantité prodigieuse d'armes, de bijoux, de miroirs, de vases, de statues, d'objets de toute sorte qu'on a retrouvés dans les sépultures et qui remplissent tous les musées de l'Europe. Le *commerce* ne fut pas moins actif. Sur des navires qu'ils surent construire eux-mêmes, ils couraient l'Adriatique et la Méditerranée. Ils eurent des relations suivies soit avec Carthage, soit avec la Grèce, à laquelle ils empruntèrent non seulement les fines poteries de Corinthe ou d'Athènes, mais encore sa mythologie, qu'il est curieux de retrouver dans les peintures des nécropoles.

Les Grecs. — Il y avait cinq cents ans et plus peut-être que les Étrusques jouissaient en maîtres de l'Italie, quand parurent, au sud, les *Grecs*.

Les Grecs étaient venus de bonne heure sur le sol italique : leur plus ancienne colonie, *Cumes* en Campanie, daterait de plus de mille ans avant Jésus-Christ. Mais c'est à partir du VIIIe siècle surtout que le mouvement d'immigration s'accélère. La Sicile et l'Italie méridionale furent si bien couvertes d'établissements helléniques,

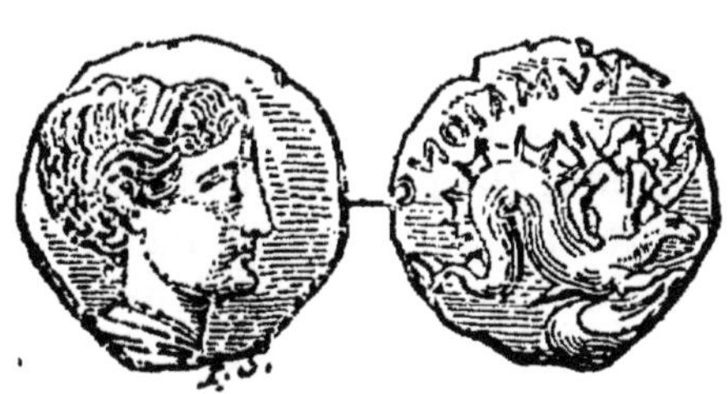

Monnaie de Cumes.
Face : tête de femme.
Revers : le monstre de Scylla.
(Cabinet de France.)

qu'elles perdirent leur nom pour prendre celui de *Grande-Grèce*.

Les principales cités furent, sur le continent : *Cumes* et sa colonie *Parthénope* (Naples); *Sybaris*, *Crotone*, *Tarente*, *Locres*, *Rhegium*. En Sicile : *Catane*, **Syracuse**, *Zancle* et sa fille *Himère*; *Géla*, *Sélinonte*, **Agrigente**.

D'abord humbles et obscures, ces villes grandirent rapidement, et plusieurs d'entre elles, comme Sybaris, Crotone, Tarente, Syracuse, Agrigente, atteignirent un degré de puissance dont nous avons peine à nous faire

Un temple de Pæstum, état actuel. (D'après une photographie.)

une idée aujourd'hui. Sybaris, maintenant plage marécageuse et déserte, pouvait, dit-on, armer jusqu'à trois cent mille hommes. Syracuse, qui ne compte pas aujourd'hui vingt mille habitants, en eut, d'après quelques historiens, jusqu'à deux millions.

Toutefois, leur fortune ne fut pas de longue durée; la cause de leur ruine fut leur richesse elle-même, qui énerva à la fois les âmes et les corps. Les Sybarites en particulier se rendirent fameux par leur luxe et leur mollesse. Minées au dedans par la ruine des mœurs et du patriotisme, les villes grecques s'affaiblirent encore mutuellement par des rivalités sanglantes et livrèrent aux Romains une conquête facile.

La colonisation hellénique eut du moins pour l'Italie

l'avantage de l'initier de bonne heure à la civilisation grecque, qui fut dans ces cités fort brillante. On trouve d'éloquents témoins de cette civilisation dans le fameux temple de Neptune, demeuré debout et assez bien conservé à *Pæstum* (aujourd'hui *Pœsto*), à quelque distance de la frontière campanienne.

Les Gaulois. — Pendant que les Grecs fondaient des colonies dans le sud, les Gaulois envahissaient le nord de l'Italie. En 587, le Gaulois *Bellovèse*, traînant avec lui trois cent mille hommes, descendit dans la vallée du Pô, écrasa sur les bords du Tessin une armée étrusque, et établit ses gens dans le Milanais actuel. Milan devrait sa fondation à Bellovèse. La route des Alpes était ouverte : le flot de l'invasion s'écoula sans cesse de la Gaule en Italie, et finit par recouvrir toute l'Italie septentrionale, qui prit le nom de *Gaule cisalpine*.

Les Gaulois ne s'établirent point dans l'Italie centrale, mais ils la troublèrent souvent de leurs incursions. Rome elle-même tremblera devant ces barbares que leur haute stature, leurs cris sauvages, leurs gestes toujours menaçants, leur habitude de combattre nus, rendaient effrayants. Le Capitole recevra un jour leur visite, et Rome devra se racheter à prix d'or.

RÉSUMÉ

Les premiers habitants de l'Italie, peu connus, furent les *Pélasges*, race de géants qui a laissé les *murailles cyclopéennes*. Vinrent ensuite les *Latins*, de la même famille que les Grecs, qui s'établirent sur les rives du Tibre inférieur et dans l'Italie méridionale. Les Latins furent suivis par les *Étrusques*, peuple venu du Tyrol, qui jouit d'une civilisation avancée. Mais, sans union entre eux, les Étrusques ne purent se défendre contre les *colonies grecques*, qui leur enlevèrent toute l'Italie méridionale, devenue la Grande-Grèce, très prospère; ni contre les *Gaulois*, qui leur prirent l'Italie septentrionale. Ils ne réussirent à se maintenir que dans l'*Étrurie* proprement dite, où ils seront soumis par Rome.

CHAPITRE III

TRADITIONS SUR LA ROME PRIMITIVE

SOMMAIRE

Le Latium jusqu'à la fondation de Rome (?-753 av. J.-C.). — Fondation de Rome (753). — Fusion des Sabins avec les Romains. — La république.

Le Latium jusqu'à la fondation de Rome (?-753). — Ce sont les dieux qui à l'origine règnent sur le Latium. *Janus*, fils d'Apollon, bâtit sa demeure sur la colline qui de son nom fut appelée *Janicule*. Sous *Latinus*, son troisième successeur, *Énée*, échappé aux Grecs qui avaient renversé Troie sa patrie, conduit par l'étoile de Vénus sa mère, débarqua sur les côtes du Latium avec son fils Ascagne et les dieux de ses pères. Latinus lui donna la main de sa fille *Lavinie*, avec un large territoire sur la côte aride et insalubre, où le héros, en l'honneur de son épouse, jeta les fondements de *Lavinium*. Ascagne, son fils, délaissant Lavinium, dont le séjour était peu agréable, se retira sur le mont Albain, où il bâtit une autre ville, *Albe la Longue*, qui devint la plus importante des cités du Latium.

Quinze rois de sa race y régnèrent pendant quatre cents ans. Procas, l'un d'eux, laissa deux fils, *Numitor* et *Amulius*. Numitor, l'aîné, devait régner; mais son frère le dépouilla de son trône. Il lui laissa cependant la vie avec de riches domaines; mais, pour lui enlever toute postérité, il tua son fils et força sa fille *Rhéa Sylvia* à entrer chez les Vestales, vouées à la virginité. Sylvia, infidèle à son vœu, eut de Mars deux jumeaux. Amulius, furieux, fit jeter la mère dans les fers et ordonna d'exposer les deux enfants sur le Tibre. Le fleuve était alors débordé; le berceau, porté doucement par les flots sur les flancs du Palatin, s'arrêta au pied

d'un figuier sauvage. C'est là qu'une louve, envoyée par
le dieu Mars, vint nourrir de son lait les deux enfants.
Témoin du prodige, un berger du roi, nommé Faustulus, recueillit les petits malheureux et les confia à sa
femme *Laurentia*, qui les nomma *Rémus* et *Romulus*.

Rémus et Romulus, élevés avec les fils du pâtre, par-
tagèrent leur rude existence. Quand ils furent grands,
Faustulus leur découvrit le secret de leur naissance. Les
deux frères attaquèrent aussitôt Amulius, le tuèrent et
replacèrent sur le trône leur aïeul Numitor. Comme prix
de leurs services, ils reçurent sur les bords du Tibre un
terrain pour y bâtir une ville.

Fondation de Rome (753 avant Jésus-Christ). —
Les deux frères ne pouvaient s'entendre ni sur l'emplacement ni sur le nom qu'ils donneraient à la cité
nouvelle. Les dieux consultés décidèrent en faveur de
Romulus. Romulus commença par offrir un sacrifice sur
le mont Palatin, ayant ses compagnons rangés autour de
lui; puis il creusa une petite fosse circulaire et y jeta
une motte de terre qu'il avait apportée d'Albe; tous ses
compagnons y jetèrent après lui une motte de terre
apportée de leur pays, puis on remua et on brouilla le
tout, comme pour montrer que désormais leurs vies et
leurs destinées seraient confondues. La fosse comblée,
Romulus y posa un autel et y alluma du feu. Ce fut le
foyer de la cité, que quatre jeunes filles vouées au célibat
durent entretenir constamment sous les peines les plus
graves. Autour de ce foyer s'élèvera la cité.

Prenant une charrue, traînée par un taureau blanc et
une génisse blanche, Romulus, la tête voilée et sous le
costume sacerdotal, traça le sillon qui devait marquer
l'enceinte. En marchant, il chantait des prières, et ses
compagnons le suivaient dans un religieux silence. Sur
le sillon sacré s'élevèrent ensuite les murailles. Rémus
ayant franchi par manière de jeu le sillon sacré, appelé *pomœrium*, son frère le tua d'un coup d'épée.

Le souvenir de cette cérémonie se conserva fidèlement
parmi les Romains, qui chaque année en célébraient
l'anniversaire par une fête appelée *jour natal* de Rome.

On la célèbre encore aujourd'hui à la même date, le 21 avril. Bien entendu, personne ne peut garantir l'authenticité de cette date.

A côté de la cité du Palatin, Romulus ouvrit, sur les pentes du mont Capitolin, un asile ou enclos sacré, où furent admis tous ceux qui se présentèrent : esclaves en fuite, débiteurs en rupture de ban, voleurs et même assassins. Mais il faut bien se garder de confondre ce *refuge* avec la *cité* proprement dite. La cité du Capitolin, située en dehors de l'enceinte sacrée, en resta longtemps complètement distincte. Là habitaient les *plébéiens*. Les citoyens proprement dits ou *patriciens*, seuls, habitaient la *Rome* du Palatin.

Fusion des Sabins et des Romains. — L'enceinte de la ville se remplit rapidement, la force de ses murailles présentant un refuge assuré contre les incursions et les ravages des pirates, nombreux alors. Mais l'avenir de Rome restait précaire ; car la plupart des citoyens n'avaient pas de femmes, et toutes les propositions de mariage que l'on fit aux villes voisines n'obtinrent que des réponses outrageantes.

Janus. — As en bronze trouvé à Volterra.
(Cabinet de France.)

Romulus dissimula. Quelque temps après il donnait de grandes fêtes auxquelles accoururent les Sabins. Au milieu des réjouissances, à un signal de leur roi, les Romains se précipitèrent sur les spectateurs, enlevèrent les jeunes filles qui leur tombèrent sous la main et s'en firent de force des épouses.

Les Sabins, irrités, vinrent assiéger la ville. La trahison d'une jeune fille nommée *Tarpéia*, séduite par la beauté des bracelets que lui offraient les ennemis, leur livra la citadelle construite sur le mont Capitolin. Les Romains ne renoncèrent point pour cela à la lutte; une mêlée furieuse s'engagea dans le vallon qui sépare le Capitolin du Palatin. Déjà le sang coulait, quand les femmes sabines, se jetant entre leurs frères et leurs époux, arrêtèrent le combat. La paix fut faite entre les deux peuples, qui se décidèrent à se fondre en une seule nation. Les Sabins se fixèrent sur le Capitolin, et le *Janus à deux têtes* devint le symbole du nouveau peuple.

Romulus disparut mystérieusement au milieu d'un furieux orage qui s'éleva pendant une revue passée au marais de la Chèvre. Les sénateurs, qui, jaloux de son pouvoir, l'avaient assassiné, firent croire au peuple qu'il avait été enlevé au ciel, et on l'adora sous le nom de *Quirinus* (715).

La République. — Six rois gouvernèrent Rome après Romulus. La tyrannie du roi *Tarquin le Superbe* amena en 510 une révolution qui renversa la royauté et établit la République. Rome fut désormais administrée par deux consuls.

RÉSUMÉ

Enveloppée de légendes merveilleuses à son origine, l'histoire de Rome ne commence véritablement qu'avec Rémus et Romulus. Petits-fils du roi d'Albe, Numitor, détrôné par son frère Amulius, et nés de sa fille Rhéa Sylvia, Rémus et Romulus fondent sur le mont Palatin la ville de Rome vers 753 avant J.-C. Romulus établit en même temps une cité de refuge sur le mont Capitolin. Pour assurer l'avenir de sa création, il fait enlever les Sabines. La guerre qui en résulte amène la fusion des Sabins avec les Romains, fusion symbolisée par le Janus à deux têtes. Romulus disparaît mystérieusement en 715.

Six rois gouvernent après Romulus. En 510, la tyrannie du roi Tarquin le Superbe amène la chute de la royauté et la proclamation de la République.

CHAPITRE IV

RELIGION ROMAINE

SOMMAIRE

Esprit religieux des Romains. — Leurs dieux. — Caractère de la
religion romaine. — Le culte. — Les ministres du culte.   .

Esprit religieux des Romains. — Les Romains
disaient d'eux-mêmes qu'ils étaient le peuple *le plus
religieux de la terre*. Ils disaient vrai si par *le plus religieux* il faut entendre *le plus chargé de pratiques et
d'observances*. En effet, la religion enserrait le Romain
de toutes parts; elle le suivait dans tous les actes de sa
vie petits et grands. Le simple particulier au sein de sa
famille, comme le magistrat dans sa charge, étaient sans
cesse occupés à interroger la volonté des dieux, à se
purifier par des cérémonies expiatoires des souillures
contractées même involontairement, à se concilier la
faveur de ces divinités tutélaires par des prières, des
offrandes et des sacrifices.

Les dieux romains. — La religion romaine ne
ressemble que de fort loin à la brillante religion de
l'Olympe grec. Sans doute le fond des deux religions
est le même. Grecs et Romains ont adoré les puissances
secrètes de la nature qui se révélaient à eux par des
phénomènes frappants et inexpliqués. Le jour qui luit,
le fleuve qui coule, le vent qui murmure, le tonnerre
qui gronde, étaient devenus autant de divinités. On peut
même dire que les Romains dans cette voie étaient allés
plus loin que les Grecs, car ils faisaient présider des

dieux à toutes les opérations de la vie champêtre et à tous les événements de la vie humaine.

En ce qui concerne les champs, outre le dieu *Terme* qui, par son importance, mérite une mention à part, il y avait les dieux ou déesses des jardins et des fleurs, des jachères, du sarclement, de l'engrais, de la rouille, de la meule, du four, de la fièvre, etc. En ce qui concerne la vie humaine, il y avait la déesse de la *Naissance*, la déesse de la *Jeunesse*, la déesse du *Mariage*, la déesse des *Funérailles*, etc.

Les Romains étaient de la sorte parvenus à se fabriquer une multitude incroyable de dieux : Varron en compte jusqu'à six mille. De plus, chaque individu, chaque cité, chaque pays avait son propre *Génie*, qui était dieu aussi, et tous les *morts* devenaient autant de divinités capables de faire du bien ou du mal aux vivants.

Les dieux des Romains ne valaient pas ceux des Grecs. Des puissances mystérieuses de la nature, l'imagination poétique et féconde des Grecs fit des personnalités bien vivantes : *Jupiter, Junon, Minerve, Apollon, Diane,* avaient, aux yeux des Grecs, un corps, une âme, et une beauté

Dieu Terme.
(Musée du Louvre.)

singulière que les arts reproduisirent dans des œuvres immortelles. L'esprit froid et positif des Romains répugnait à ces symboles : leurs dieux restèrent de simples idées, de *pures abstractions*, sans forme et sans vie, qu'il était interdit aux arts, à l'origine du moins, de chercher à fixer sous des traits humains. Une pierre figurait Jupiter; une lance fichée en terre, Mars.

Cette simplicité de la religion romaine dura jusqu'au jour où l'avènement de Tarquin l'Ancien, en 616, introduisit à Rome les dieux de la Grèce. Sur le mont Tarpéien, Tarquin l'Ancien installa avec magnificence, dans un temple superbe, la grande famille céleste : *Jupiter, Junon* et *Minerve ;* les autres dieux grecs devaient venir peu à peu.

Caractère de la religion romaine. — Les Romains considéraient toutes les divinités comme des puissances ennemies dont il fallait conjurer la haine par force rites religieux, envers lesquelles il était nécessaire de se montrer *pieux.* Mais *être pieux* pour le Romain, ce n'était point élever son cœur vers la divinité dans un élan d'amour ou de respect, c'était simplement réciter des formules consacrées, et les réciter *rigoureusement suivant le rituel.* Peu importait les dispositions intérieures. La religion romaine était donc tout extérieure, *toute de forme.* On comprend combien une pareille religion avait peu de pouvoir pour *moraliser* réellement l'homme.

Le culte. — Le *culte* se divisait en *culte privé* et en *culte public.*

1° *Culte privé.* — Le culte privé était celui de la famille. Chaque famille avait ses dieux, son autel, son prêtre. Ses *dieux* étaient les ancêtres eux-mêmes divinisés, prenant à la mort les noms de *lares* ou de *mânes.* L'image des *lares,* accompagnée de celle des *pénates,* dieux officiels de la cité, était exposée sur un *autel* dans l'*atrium,* grande pièce de la maison romaine qui servait de salle commune. Devant l'autel se trouvait le *foyer* de la famille, considéré comme un lieu sacré. Le prêtre du culte privé était le chef de la famille lui-même. Son premier soin était d'entretenir la flamme du foyer, car cette flamme était *le symbole de l'âme des ancêtres, toujours vivante et toujours vigilante.* Laisser éteindre cette flamme, c'était comme donner une seconde mort à l'ancêtre, supprimer la source de vie et provoquer l'extinction de sa propre descendance.

Le matin, le père, entouré de ses enfants et de ses

esclaves, venait adresser sa prière au feu du foyer. Les repas se prenaient en sa présence; on lui devait une prière au commencement et à la fin; il recevait aussi sa part, c'est-à-dire les prémices des aliments et une libation de vin. Les jours de fête, il avait en plus des gâteaux, du miel, des couronnes de fleurs, de l'encens ou des parfums.

2° *Culte public.* — Le culte public était le culte rendu par la cité. Comme la famille, la cité avait son *ancêtre*, son *fondateur*. Pour Rome, l'ancêtre était Romulus. Cet ancêtre avait aussi son autel et son foyer sacré. L'autel et le foyer se trouvaient dans le temple de Vesta; nuit et jour la flamme brillait sur ce foyer, soigneusement entretenue par des vierges appelées *vestales*.

Jupiter, Junon, Minerve, Mars, Janus, les *grands dieux*, avaient aussi leur culte *officiel*, leurs sacrifices offerts au nom de l'État par des ministres en titre. Les divinités inférieures,

Vestale.
(Statue en marbre du musée de Dresde.)

moins solennelles, mieux connues et plus goûtées de la foule, avaient leurs fêtes pleines de gaieté et d'entrain, souvent de licence. Les plus populaires étaient les fêtes de Cérès ou de la moisson; les fêtes de Saturne ou Saturnales, espèce de carnaval romain; les fêtes du dieu Terme, et les fêtes des vendanges.

3° **Ministres du culte.** — A Rome, comme dans toutes les anciennes sociétés, les premiers et seuls ministres du culte furent le *père de famille*, et, pour l'État, le *roi* ou les magistrats qui avaient hérité de ses pouvoirs, consuls, censeurs, préteurs. Cependant la religion romaine eut de bonne heure ses prêtres, *pontifes, fla-*

mines, spécialement voués au culte, sans que pour cela les magistrats perdissent leurs attributions religieuses. A leur tête était le grand pontife, chef de la religion. Outre les sacrifices, les prêtres étaient chargés de fixer le calendrier, de rédiger les annales de la nation.

Au collège des prêtres on peut rattacher les *augures*, qui prétendaient lire l'avenir dans les éclairs et le tonnerre, le vol des oiseaux, le plus ou moins d'appétit des poulets sacrés, et les *aruspices*, qui interrogeaient les entrailles des victimes égorgées sur les autels.

Toute vaine qu'elle nous paraisse et qu'elle est en effet, la religion romaine eut un grand empire sur les esprits et joua un rôle immense.

RÉSUMÉ

Le peuple romain était essentiellement religieux. Comme les Grecs, il avait divinisé toutes les puissances de la nature et il avait multiplié ses dieux d'une façon prodigieuse. Mais à l'origine les dieux romains n'ont point la physionomie vivante et brillamment poétique des dieux grecs. Une fiction religieuse assez touchante, c'était la divinisation du fondateur de la cité, ou du fondateur de la famille, devenant, sous le symbole du feu sacré, le génie tutélaire de cette cité ou de cette famille.

La religion romaine, qui consistait presque entièrement en pratiques extérieures, avait un double culte, le culte privé et le culte public. Le culte privé était celui rendu dans le foyer domestique par le père de famille aux mânes des ancêtres. Le culte public, fait au nom de l'État, avait pour ministres les vestales chargées d'entretenir le feu sacré en l'honneur du fondateur de Rome, le roi et les magistrats ses successeurs, prêtres à leur heure, les pontifes, les augures et les aruspices.

CHAPITRE V

L'ARMÉE

SOMMAIRE

Organisation. — Force. Discipline. — Les camps. — Le triomphe.

Le principal instrument des conquêtes de Rome fut son armée. A Rome, tout citoyen, pourvu qu'il eût quelque fortune, était soldat, soit dans l'armée *active*, soit dans la *réserve*. A l'origine, chacun était tenu de s'équiper et de s'entretenir pendant la durée de la campagne : les guerres étant devenues incessantes et les pauvres s'étant multipliés, l'État se vit obligé de venir en aide aux citoyens, et en 406 la solde fut créée. Cette mesure eut des conséquences importantes. La principale fut de permettre aux mêmes troupes de rester plus longtemps sous les armes.

Organisation de l'armée romaine. — L'armée romaine reposait essentiellement sur la légion. La légion comprenait : 1° une *infanterie pesamment armée*, renfermant l'élite des soldats, les *légionnaires* proprement dits; 2° une *infanterie légère*, jeunes soldats armés de traits longs et légers; 3° un corps de *cavalerie*, recruté parmi les citoyens riches, qui formèrent ainsi l'ordre des *chevaliers;* 4° un corps de *génie* pour diriger les travaux de la construction et de la défense du camp.

L'effectif de la légion varia sensiblement. De trois mille hommes à l'origine, il monta peu à peu, et il était de six mille à la fin de la République, non compris les cavaliers, au nombre de trois cents. Une armée comprenait généralement *quatre légions :* ces légions formaient le centre du corps expéditionnaire. Quant aux ailes, elles étaient formées par les contingents des alliés. L'armée était commandée par les consuls ou les préteurs, assités de *tribuns légionnaires*, officiers supérieurs, et de *centurions*, nos capitaines.

Force de l'armée romaine. — L'armée romaine, entre des mains habiles, fut un instrument admirable de conquêtes. Par son fractionnement en manipules et en centuries, la légion se prêtait avec une merveilleuse souplesse à tous les genres d'attaque et à toutes les sortes de terrains : tantôt masse compacte et profonde comme la phalange macédonienne, tantôt série de colonnes mobiles, agissant chacune sur son terrain et pour son propre compte. Et quels étaient ces légionnaires? Des soldats vigoureux, accoutumés à toutes les fatigues, faisant jusqu'à des étapes de près de quarante kilomètres en cinq heures, et portant dans ces marches forcées, outre leurs armes dont ils n'étaient pas plus embarrassés que de leurs mains, des vivres pour quinze jours, tout ce qui était à leur usage, tout ce qu'il fallait pour se retrancher.

Centurion.
(D'après un bas-relief.)

Discipline. — Ces robustes soldats étaient pliés à une discipline implacable. Le consul Manlius fit décapiter son fils pour avoir vaincu sans son ordre. Pour l'ordinaire, on ne comptait plus les prisonniers parmi les citoyens. C'était une loi inviolable qu'un soldat romain devait mourir ou vaincre.

Les camps. — Les soldats romains faisaient de leur camp une véritable forteresse, où toute surprise de l'ennemi était impossible. La forme générale du camp était carrée. La position entière était entourée d'un fossé large et profond; avec la terre extraite du fossé, on élevait sur le bord intérieur un retranchement, et sur le haut de ce retranchement on établissait une forte enceinte de palissades. Chacun des quatre côtés avait une vaste porte; de larges rues, se coupant à angle droit, sillonnaient aussi l'intérieur du camp, de manière à permettre aux troupes des mouvements prompts et faciles en cas de danger. Vers le centre du camp était le *prétoire*, ou tente du général, c'est-à-dire du consul.

Le triomphe. — Au premier rang des nombreuses récompenses qui excitaient l'ardeur du soldat romain venait le *triomphe*, qui s'adressait à l'armée entière, général et troupes. Le triomphe était une grande pompe militaire avec laquelle un général victorieux et ses troupes entraient dans Rome à la suite d'une guerre importante. En tête marchait le corps entier du sénat, qui était venu recevoir les troupes aux portes de la ville. Suivait une file de chariots chargés des dépouilles de l'ennemi ; ensuite venait une troupe de joueurs de flûte, précédant la victime des-tinée au sacrifice, un taureau blanc dont la tête était ornée de bandelettes, et le corps des prêtres accompagnés de leurs aides. Puis l'on voyait étalés les armes, les étendards et autres trophées pris sur les vaincus ; les généraux et les princes faits pri-sonniers suivaient eux-mêmes, avec leurs familles, ainsi que les captifs chargés de fer. Des lic-teurs, le front et les faisceaux couronnés de lauriers, mar-chaient immédiatement devant le triomphateur, qui se tenait debout sur un char circulaire, la tête couronnée de lauriers, entouré de ses enfants, des tribuns et des centurions lui faisant une brillante escorte. Le cortège triomphal était fermé par le corps des légions, portant des branches de laurier à la main et des guirlandes du même feuillage sur leur front. Les soldats tantôt chantaient des airs composés en l'honneur du général, tantôt échangeaient à ses dépens des plaisanteries parfois même cruelles. Tout ce défilé passait sous un arc de triomphe, temporaire et légère-ment construit à l'origine, permanent et fait de marbre plus tard. On voit encore plusieurs arcs de triomphe à Rome.

Guerrier romain,
(Peinture de la caserne des gladiateurs, à Pompéi.)

RÉSUMÉ

Rome, dans sa conquête du monde, fut merveilleusement ser-vie par son armée, d'une organisation aussi solide qu'habile, d'une discipline inflexible. Le camp romain était admirablement conçu, et le *triomphe,* récompense de victoires, provoquait d'autres victoires.

CHAPITRE VI

CONQUÊTE DE L'ITALIE

SOMMAIRE

Rome est obligée d'abord de se défendre. — Rome attaque : prise de Véies. — Invasion gauloise. — Bataille de l'Allia et prise de Rome. — Rome soumet les Latins. — Rome soumet l'Italie centrale. — Rome soumet l'Italie méridionale.

Rome obligée d'abord de se défendre. — Rome avait été puissante sous les rois. La révolution de 510 brisa cette puissance, et Rome se vit presque réduite à ses murailles. Mais elle était une grande ville, comptant peut-être plus de cent mille habitants : c'est ce qui lui permit de se défendre avec succès contre ses ennemis, qui l'enserraient de toutes parts, sauf du côté de la mer.

Ces ennemis étaient surtout les *Èques,* les *Volsques* et les *Véiens.* Les Èques, robustes montagnards, pillards pauvres, avides et insaisissables, étaient moins dangereux qu'incommodes, à cause de leurs incursions sans cesse renouvelées. Les Volsques, riches, nombreux, maîtres d'un fertile territoire, auraient pu faire beaucoup de mal ; mais ils étaient divisés entre eux, et pour cela sans force. Quant à Véies, située à quatre lieues seulement du Janicule, c'était une grande ville qui pouvait balancer la fortune de Rome.

Tout le ve siècle se passa pour Rome à repousser les incursions de ses ennemis. Ils venaient l'insulter jusque sous ses murs, et plus d'une fois ses armées se trouvèrent dans une situation fort critique. C'est ainsi que nous voyons les Volsques, sous la conduite d'un jeune patricien exilé par la plèbe, *Marcius,* surnommé *Coriolan,* venir à cinq milles de Rome (490). Une autre fois, ce sont les Véiens qui, après avoir écrasé sur les bords du Crémère les trois cents membres de l'héroïque maison *Fabia*, viennent camper sur le Janicule (477). Ou bien encore ce sont les Èques, dont les bandes audacieuses courent dans tous les sens la campagne romaine et réussissent deux fois à enfermer les consuls avec leurs armées dans des défilés.

La plus célèbre de ces tragiques aventures fut celle où figura comme sauveur *Quinctius Cincinnatus*. Cincinnatus était dans son champ, occupé à labourer, quand les envoyés du sénat lui présentèrent les insignes de la dictature. Il courut aux Èques avec tout ce que la ville renfermait encore d'hommes en état de porter les armes, les battit, les fit passer sous le joug, puis, au bout de seize jours, revint prendre sa charrue (457).

Cette guerre de surprises, de défaites et de revanches souvent glorieuses dura un long siècle (510-406). Rome réussit enfin à rejeter les Èques dans leurs montagnes; elle réussit également à tenir en respect les Volsques par l'occupation sur leur territoire de la forte place d'*Anxur* (Terracine). Elle fut alors libre de se tourner contre son ennemie la plus redoutable et d'assiéger Véies.

Rome attaque : prise de Véies (405-396). — Ce siège, commencé en 405, dura dix ans, comme le siège de Troie. La ville, qui se défendit bravement, fit essuyer à l'ennemi défaites sur défaites. Il fallut nommer un dictateur, *Camille*. Camille, désespérant de s'emparer de la place par la force ouverte, fit, dit la légende, creuser une mine qui conduisait au temple de Junon, protectrice de Véies; puis il commanda un assaut général. Pendant que les assiégés étaient tous sur les murailles, lui-même, avec une troupe d'élite, pénétra par la mine dans le temple de Junon, puis dans la cité, dont il se rendit maître. Tous les Véiens furent égorgés ou vendus, et la ville livrée au pillage. On demanda respectueusement à la Junon véienne si elle consentait à suivre les Romains à Rome. « Oui, » répondit pour la déesse une voix obligeante, et la statue fut transportée sur le mont Aventin, où on lui éleva un temple. — Dans la pensée des anciens, une conquête n'était ferme qu'autant qu'ils avaient conquis les dieux eux-mêmes.

De retour à Rome, Camille monta au Capitole sur un char traîné par quatre chevaux blancs, et fut proclamé le second fondateur de Rome. Il ne jouit pas longtemps de son triomphe; quelque temps après, accusé de concussions, pour éviter d'être condamné, il s'exila en demandant aux dieux de le venger de son ingrate patrie.

Invasion des Gaulois (390). — Cette prière égoïste fut exaucée. Rome était encore tout entière à sa joie, quand un désastre inouï faillit l'ensevelir dans sa victoire. Les Gaulois Sénons, établis sur les bords de l'Œsis, au nord de la province actuelle d'Ancône, étaient venus demander des terres aux habitants de Clusium, l'antique capitale du roi Porsenna. Clusium implora l'assistance des Romains, qui députèrent aux Gaulois trois ambassadeurs. « De quel droit, demandèrent-ils, attaquez-vous les Étrusques? — Du droit de nos épées, répondirent les Gaulois; tout appartient aux braves. » Et sur cette fière réponse, ils rompirent les négociations. Les ambassadeurs, au mépris du droit des gens, se mêlèrent aux assiégés dans une sortie; l'un d'eux tua même un chef gaulois et le dépouilla de ses armes.

Bataille de l'Allia et prise de Rome. — Levant aussitôt le siège de Clusium, les Gaulois marchèrent sur Rome. Arrivés près de l'*Allia*, ruisseau qui se jette dans le Tibre, ils aperçurent rangée sur l'autre bord l'armée romaine. Rien ne put résister à leur choc. La moitié de l'armée périt dans la mêlée ou dans les eaux du Tibre; des survivants, les uns se réfugièrent à Véies; les autres se sauvèrent à Rome et coururent occuper le Capitole. Le sénat, les magistrats, les prêtres et mille des plus braves occupèrent la forteresse. Le reste de la population se sauva dans les cités voisines.

Deux jours après, les Gaulois entraient à Rome : les murs étaient dégarnis, les portes ouvertes, les rues silencieuses. Seuls, dit-on, quelques vieux consulaires étaient assis devant leurs maisons, sur des chaises curules, un bâton d'ivoire à la main. Les barbares furent d'abord frappés de stupeur et de respect. Mais l'un d'eux ayant passé doucement la main sur la barbe d'un consu-

laire nommé Papirius, celui-ci le frappa de son bâton.
Irrité, le Gaulois le tua; ce fut le signal du massacre :
rien ne fut épargné; après le massacre vint le pillage,
et après le pillage, l'incendie.

La forteresse du Capitole était imprenable. Les Gaulois se résignèrent à en faire le blocus et à la réduire
par la famine; pendant sept mois ils campèrent au
milieu des ruines de Rome. Une nuit, dans un assaut

Prisonnier gaulois.
(D'après un sarcophage de Rome.)

silencieux, ils faillirent enlever le Capitole; les oies
consacrées à Junon éveillèrent par leurs cris les assiégés,
et l'ennemi fut repoussé. Mais la faim était un adversaire redoutable avec lequel il fallut traiter. On capitula.

Comme rançon de la ville, les Gaulois exigèrent et
reçurent mille livres pesant d'or, puis se retirèrent tranquillement dans leur pays, où les rappelait une invasion
des Vénètes. Camille, qu'on avait, quoique exilé, nommé
dictateur, ou bien arriva trop tard, ou bien n'osa pas
inquiéter les barbares dans leur retraite.

Rome n'était plus qu'un amas de décombres. Elle fut
rebâtie à la hâte, sans plan, de sorte qu'elle présenta le
désordre le plus étrange. La ville qui devait devenir la
maîtresse du monde était la plus mal bâtie de l'univers.

Rome soumet l'Italie centrale (343-290). — A peine restée maîtresse chez elle, Rome reprit ses projets de conquête. Elle imposa d'abord son *alliance*, de fait son *joug*, à ses plus proches voisins, les *Latins*, à qui la rattachaient des liens d'origine, de langue et de religion ; puis elle soumit les *Samnites* et les *Étrusques*, bref, toute l'Italie centrale. Ces conquêtes ne se firent point sans de grandes difficultés. La lutte contre les Samnites surtout fut fertile en péripéties émouvantes et terribles.

Les Samnites avaient à leur tête un homme énergique et habile, *Pontius Herennius*. Pontius infligea aux Romains un affront dont leur orgueil ne se consola jamais. Par de faux avis, il attira les deux consuls au milieu des montagnes et les enferma dans les gorges de *Caudium*.. Toute résistance était impossible. Consuls, tribuns et soldats passèrent sous le joug, sans armes, à demi nus, puis eurent la liberté de se retirer après avoir juré solennellement la paix.

Ils rentrèrent à Rome de nuit, la rage dans le cœur, brûlant de prendre leur revanche. Mais comment faire, puisqu'ils avaient donné leur parole ? Le sénat crut pouvoir concilier la religion avec ses intérêts en déclarant que les consuls n'avaient point eu le droit de traiter avec l'ennemi, et en les lui livrant, la corde au cou, pour qu'il en fit ce qu'il lui plairait. Pontius protesta avec indignation contre cet odieux manque de foi. « Observez la paix, répondit-il avec raison, comme vous l'avez juré, ou bien revenez vous mettre, vous et vos armées, dans les gorges Caudines. » Et il renvoya honteusement les consuls.

La guerre recommença, et comme il n'arrive que trop souvent, cette fois ce fut le parjure qui triompha. Les Romains, vainqueurs à leur tour, firent passer sous le joug sept mille prisonniers, au milieu desquels était le brave et imprudent Pontius, dont le seul tort avait été de croire à la parole de l'ennemi (320).

Les Samnites luttèrent longtemps encore. Ils signalèrent leur résistance désespérée par de magnifiques faits d'armes, par plusieurs victoires et par d'héroïques dévouements. En 309, le sénat avait cru devoir, comme dans les circonstances particulièrement graves, créer un dictateur, qui fut *Papirius Cursor*. En marchant contre le dictateur, une foule de guerriers firent sur les autels le serment de vaincre ou de mourir, et ils revêtirent pour le combat leurs plus riches vêtements, leurs plus belles armes. Ils ne vainquirent pas, mais ils moururent tous : leurs armes seules, prises sur leurs cadavres, figurèrent au triomphe de Papirius.

Rome soumet l'Italie méridionale. — L'Italie méridionale, ou Grande-Grèce, était alors, comme sa métropole, la Grèce proprement dite, en pleine décadence. De toutes les villes florissantes qu'elle comptait autrefois, une seule avait conservé sa prospérité, Tarente. La ville était fière de sa civilisation et de son opulence : c'était une sorte de colère enfantine et dédaigneuse qu'elle avait contre la cité barbare des bords du Tibre, qui venait troubler le doux repos de ses plaisirs par le bruit de ses batailles et de ses victoires.

Un jour quelques vaisseaux romains parurent dans les eaux de Tarente. Le peuple s'indigne de ce qu'il appelle un outrage. Il court aux galères romaines, les coule à fond et égorge les équipages. Rome fait entendre des réclamations. On lui répond par l'insulte, un bouffon va jusqu'à souiller de fange la toge d'un des ambassadeurs, et tout le peuple d'applaudir. « Riez maintenant, observe froidement le Romain, mais c'est avec votre sang que vous devrez laver cette tache. » Tarente, incapable de se défendre seule, appelle à son secours *Pyrrhus*, roi d'Épire, cousin d'Alexandre le Grand.

Pyrrhus passa en Italie avec vingt mille fantassins, trois mille cavaliers, deux mille archers et vingt éléphants.

La première rencontre eut lieu à *Héraclée*. Les Romains, qui n'étaient point habitués aux éléphants, furent mis en déroute. Mais les pertes de Pyrrhus étaient sensibles : « Encore une victoire semblable, disait-il, et je m'en retournerai seul en Épire. » Il vainquit de nouveau les Romains sous les murs d'*Asculum;* puis sa fortune alla échouer à *Bénévent,* au cœur du Samnium. Les Romains avaient eu le temps de se familiariser avec les *bœufs de Lucanie :* c'est ainsi qu'ils appelaient les éléphants. Pyrrhus abandonna la partie et retourna en Grèce. Obligée de se rendre, Tarente reçut une garnison romaine (272).

RÉSUMÉ

Après l'expulsion des rois, Rome passe plus de cent ans à se défendre contre ses voisins. Victorieuse, elle se voit dévastée par une terrible invasion des *Gaulois* (390). Les Gaulois partis, Rome, avide de conquêtes, attaque successivement les *Latins,* les *Samnites,* les *Étrusques,* les *Tarentins,* et les défait tous après de longues et sanglantes luttes. En 272, elle est maîtresse de l'Italie centrale et de l'Italie méridionale.

CHAPITRE VII

CONQUÊTE DU MONDE

SOMMAIRE

Carthage principal obstacle à l'ambition de Rome. — Première guerre punique (264-241). Régulus. — Deuxième guerre punique (218-201). Annibal, sur les Alpes, sur le Tessin, sur la Trébie, au lac Trasimène, à Cannes, à Zama. — Troisième guerre punique (149-146). Siège et destruction de Carthage. — Autres conquêtes de Rome.

Son ambition croissant avec ses succès, Rome, maîtresse de l'Italie, voulut dominer tout le monde civilisé. Le principal obstacle qui se dressait devant elle était **Carthage :** elle chercha aussitôt une occasion pour lui déclarer la guerre.

On compte trois guerres puniques ou contre Carthage : la première (264-241) est dominée par la grande figure de Régulus; la deuxième (218-201), qu'ont rendue immortelle les victoires d'Annibal, faillit être fatale à Rome ; la troisième (149-146), dirigée par le deuxième Africain, Scipion-Émilien, vit la chute de Carthage.

Carthage en 264. — Carthage était une rivale digne de Rome. Fondée vers 800 par une colonie de Tyr, dans une position des plus heureuses, Carthage, après d'obscurs commencements, avait hérité de tout l'empire colonial de sa métropole en Occident. Ses comptoirs couvraient la côte africaine depuis la Grande Syrte jusqu'au détroit de Gadès (aujourd'hui détroit de Gibraltar), la côte méridionale de l'Espagne, les îles Baléares, la Corse, la Sardaigne et la moitié de la Sicile. Maîtresse par sa position même de l'étroit passage qui sépare l'Afrique de la Sicile, maîtresse aussi du détroit de Gadès, elle pouvait fermer à volonté le bassin occidental de la Méditerranée ; elle se considérait là comme chez elle : tout vaisseau qui s'y hasardait était pillé impitoyablement, et son équipage lancé à la mer.

Monnaie de Carthage.
Face : Tête de Cérès.
Revers : Cheval et palmier.
(Cabinet de France.)

Pour elle, elle se mouvait à son aise non seulement dans la Méditerranée, mais encore sur l'océan Atlantique, où ses marchands s'aventuraient au nord jusqu'aux îles Britanniques, peut-être au delà, au sud jusqu'au Sénégal, sinon plus loin. Son commerce immense fit d'elle une des villes les plus riches et les plus puissantes du monde. Dans sa vaste enceinte, que fermaient des remparts d'une prodigieuse épaisseur, se pressait une population nombreuse ; si nombreuse qu'au dernier jour, après une lutte d'un siècle, Carthage comptait encore sept cent mille habitants.

Sous cette prospérité se cachaient plusieurs causes de ruine, dont nous ne dirons que les deux principales :

1º Carthage, en vraie cité marchande, achetait ses soldats, et par là se mettait à la merci de troupes mercenaires, insolentes au lendemain de la victoire, défaillantes et promptes à trahir après la défaite, non moins redoutables à celui qui les emploie qu'à l'ennemi.

2º Le patriotisme, cette vertu qui seule fait les États forts et durables, n'existait point à Carthage; on n'y connaissait guère que l'intérêt. L'intérêt était la loi suprême pour les particuliers; il l'était aussi pour les hommes qui détenaient le pouvoir.

Première guerre punique (264-241). — Les hostilités entre Rome et Carthage débutèrent en Sicile. Les Romains commencèrent par enlever à Carthage la plupart de ses villes dans cette île, puis ils osèrent la défier en pleine mer. Mais pour faire la guerre sur mer il leur fallait créer une flotte de toutes pièces. Deux mois suffirent pour couper les bois, construire cent vingt navires et former les équipages. Ces navires étaient grossièrement travaillés, lourds et peu capables de se mesurer avec la première puissance maritime du monde. Une ruse du consul *Duillius* fit disparaître ces désavantages. Il plaça à l'avant du navire un pont qui s'abattait sur la galère ennemie, la saisissait avec des crampons de fer comme avec les

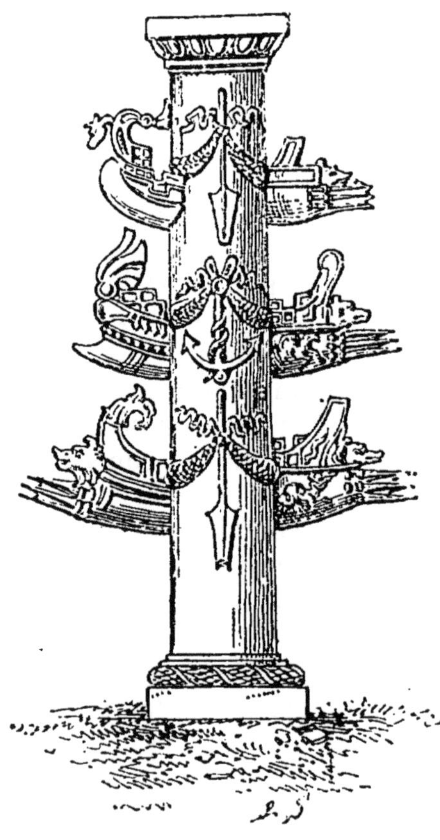

Colonne rostrale de Duillius.

griffes d'un corbeau (d'où son nom de *corbeau*), la tenait immobile et livrait passage aux soldats. Ce n'était plus dès lors qu'un combat de terre ferme sur mer, où le légionnaire retrouvait tous ses avantages.

L'expédient réussit pleinement. Dans une rencontre fameuse, à *Myles*, près de Palerme, la moitié de la flotte carthaginoise fut détruite (260). Les Romains furent si contents de cette première victoire navale, qu'ils décernèrent au vainqueur des honneurs extraordinaires : une colonne *rostrale*, c'est-à-dire ornée d'éperons de navire, lui fut élevée sur le Forum, et il eut le droit de se faire reconduire le soir chez lui à la lueur des flambeaux et au son des flûtes.

Régulus. — Une nouvelle victoire navale détermina les Romains aux plus grandes mesures. Trois cent trente vaisseaux, montés par cent mille matelots et portant quarante mille légionnaires, furent confiés au consul *Régulus*, qui descendit en Afrique, prit trois cents villes ou villages, inonda de ses troupes les riches campagnes, et s'avança audacieusement jusqu'à Tunis, dont il s'empara.

Affolée, Carthage demanda la paix : Régulus posa des

Buste dit de Régulus.
(Musée de Naples.)

conditions insultantes. Il eut bientôt lieu de s'en repentir. Poursuivi à son tour par *Xanthippe*, Lacédémonien au service de Carthage, il fut vaincu et fait prisonnier avec cinq cents des siens, tandis que le reste de l'armée, à part deux mille hommes, tombait sous le fer de l'ennemi.

Carthage envoya son illustre captif à Rome pour traiter de l'échange des prisonniers, après avoir pris sa parole que, s'il échouait, il reviendrait dans sa prison. Régulus poussa le désintéressement jusqu'à dissuader le sénat d'accepter les propositions de Carthage, et, sans se laisser toucher par les larmes de sa femme et de ses enfants, il retourna prendre ses fers. Suivant la tradition, il aurait péri peu après dans les plus affreux supplices.

La guerre dura encore dix ans. Lasse des dépenses énormes qu'elle occasionnait, Carthage demanda la paix, et, comme prix, céda la Sicile, qui devint *province romaine* (241).

Deuxième guerre punique (218-201). — On raconte qu'un enfant noble de Carthage, appelé *Annibal*, avait un jour été conduit par son père, *Amilcar*, devant les autels, et là avait juré aux Romains une *haine éternelle*. L'enfant tint parole. Devenu grand, remplaçant en Espagne son père Amilcar, qui avait conquis la plus grande partie de la péninsule ibérique, il ne chercha qu'une occasion d'amener une rupture avec Rome.

Cette rupture, il la provoqua par la prise de *Sagonte*, qui s'était mise sous la protection de la république romaine. Aussitôt Rome envoya des ambassadeurs faire des remontrances à Carthage. Leurs observations furent accueillies avec froideur, et comme on tardait à répondre, un des députés, Fabius, perdant patience, releva un pan de sa robe : « Je porte dans ce pli la paix ou la guerre, dit-il, choisissez ! — Choisissez vous-même, lui fut-il répondu. — Eh bien, je choisis la guerre ! » (219.)

Annibal. — Le général qui allait conduire l'expédition la plus fameuse de l'antiquité était un jeune homme de vingt-sept ans. Tite-Live nous a laissé de lui un portrait célèbre. « Il était également propre à deux choses opposées, obéir et commander. D'une audace extraordinaire pour affronter le péril, il gardait dans le péril même beaucoup de prudence. Nul travail ne fatiguait son corps ni n'abattait son esprit. Il supportait aussi bien le froid que le chaud; il mangeait et buvait plus par besoin que par plaisir; pour veiller ou dormir, il n'avait égard ni au jour ni à la nuit; le temps que lui laissaient les affaires, il le donnait au repos; ce repos, d'ailleurs, il ne le prenait ni sur une molle couche, ni dans le silence; souvent on le vit, couvert d'une casaque

de soldat, étendu sur la terre nue, au milieu des senti-
nelles. Ses vêtements ne le distinguaient en rien de ceux
de ses compagnons; il mettait tout son luxe dans ses
chevaux et dans ses armes. »

Passage des Alpes par Annibal. — Annibal, prenant hardiment l'offensive, résolut de
porter la guerre en Ita-
lie. Au printemps de
l'année 218, il part de
Carthagène, arrive à
l'Èbre, franchit sans
difficultés les Pyrénées,
débouche dans la Gaule
avec cinquante mille
fantassins, neuf mille
cavaliers et trente-sept
éléphants. Il force par
une victoire le passage
du Rhône, remonte vers
les Alpes, s'engage très
probablement dans le
col du Petit Saint-Ber-

Annibal.
(Buste du musée de Naples.)

nard, traverse, au prix d'immenses difficultés, les Alpes
encore couvertes de neige, et arrive, par le val d'Aoste,
près des Gaulois Insubres, ses alliés, n'ayant plus que
vingt mille fantassins et six mille cavaliers. « Annibal,
disait Napoléon, paya de la moitié de son armée la seule
acquisition de son champ de bataille. »

Bataille du Tessin (218). — Les Romains ne s'attendaient point à combattre Annibal en Italie. Une
armée consulaire accourut sous le commandement de
Scipion pour écraser à la descente des Alpes ses troupes
épuisées de fatigue. Scipion arriva trop tard. Tout ce
qu'il put faire fut de se porter sur les bords du Tessin
pour en défendre le passage. Il en fut délogé par les
Carthaginois avec des pertes sérieuses. Il courut lui-
même les plus grands dangers; il était perdu sans son

fils, plus tard *l'Africain*, qui le couvrit de son corps en attendant que ses troupes vinssent le dégager.

Bataille de la Trébie (218). — Cette défaite rendit le consul prudent. Il se retira d'abord derrière le Pô, puis derrière la Trébie. Là il fut rejoint par son collègue, le consul *Sempronius*, qui lui amenait une armée. Sempronius ne goûtait point la prudence un peu timide de Scipion, et il se laissa entraîner par Annibal à une action où tous les désavantages étaient pour les Romains. Ce fut moins un combat qu'un massacre. Trente mille Romains restèrent sur le champ de bataille. Annibal perdit fort peu de monde, et ses morts étaient presque tous des Gaulois.

Bataille du lac Trasimène (217). — La Gaule Cisalpine était perdue pour les Romains; ils se hâtèrent de repasser les Apennins. Aux premiers beaux jours du printemps Annibal alla chercher l'ennemi en Étrurie. Pour tromper les Romains et n'être point inquiété dans sa marche, il prit la route la plus difficile, celle de marais immenses où, pendant quatre jours et trois nuits, l'armée se débattit dans la vase. Il y eut là de grandes pertes et des fatigues énormes : Annibal lui-même, monté sur son dernier éléphant, y perdit un œil.

Les Romains auraient eu beau jeu, s'ils avaient su profiter de l'embarras d'Annibal; mais, campés sous les murs d'Arretium, ils attendaient patiemment qu'on vînt leur offrir la bataille. Ils étaient commandés par le consul *Flaminius*, qui, élu malgré le sénat, avait rejoint ses troupes sous les plus fâcheux auspices. Il n'en avait tenu nul compte, et son impiété épouvantait le soldat.

Annibal tendit un piège au présomptueux consul. Il eut l'adresse de l'attirer dans un étroit défilé entre le lac de Trasimène et les montagnes de Cortone. Dès que Flaminius, sans défiance, se fut suffisamment engagé, des troupes placées en embuscade se jetèrent sur ses derrières et lui barrèrent le retour. Cernés, les Romains se défendirent en désespérés. On lutta pendant trois heures, au milieu d'un épais brouillard, avec un acharnement tel que l'on ne s'aperçut point d'un tremblement de terre qui à ce moment bouleversait des villes et faisait écrouler les montagnes. Flaminius, dont l'imprudence avait été impardonnable, combattit du moins en héros, jusqu'au moment où il tomba au milieu de la foule des siens.

Quand le brouillard se dissipa et que le soleil se leva sur cette scène de carnage, on compta parmi les Romains quinze mille morts et autant de prisonniers. Beaucoup périrent dans le lac en cherchant à se sauver à la nage. Dix mille avaient réussi à s'échapper, et fuyaient dans toutes les directions. Annibal n'avait perdu que quinze cents hommes, encore Gaulois pour la plupart, comme à la Trébie. Rome n'essaya point de dissimuler l'étendue du désastre. Le préteur Pomponius assembla le peuple et prononça simplement ces mots : « Nous avons été vaincus dans un grand combat. » La ville fut frappée de terreur, et le sénat se hâta de déférer la dictature à *Fabius*, le même qui avait porté à Carthage dans les plis de sa toge la paix ou la guerre.

Dictature de Fabius Cunctator (217). — Fabius inaugura la tactique qui lui valut le surnom de *Cunctator* (Temporiseur). Jugeant que les Romains étaient incapables de se mesurer avec les troupes d'Annibal en bataille rangée, il résolut d'éviter tout engagement sérieux et de ruiner l'ennemi en détail. Toujours sur les hauteurs, il le regardait, impassible, dévaster les campagnes et se gorger de butin. Ni ses provocations, ni les murmures de ses propres soldats ne pouvaient le décider à sortir de sa réserve. Toutefois il ne restait point inactif: tout en se gardant avec soin lui-même, il était sans cesse à harceler Annibal, tombant sur les détachements isolés, coupant ses convois de vivres, ne laissant échapper aucune occasion de lui tuer un homme.

La tactique du *Temporiseur* à la longue aurait ruiné Annibal; les vivres devenaient rares dans son armée, et des murmures commençaient à éclater parmi ces mercenaires qui trouvaient l'inaction le pire des maux. Heureusement pour lui la dictature de Fabius prit fin, et le peuple de Rome, trouvant honteux de reculer sans cesse devant un ennemi de moitié plus faible, élut deux consuls avec ordre de livrer bataille.

Désastre de Cannes (216). — Pour se mesurer avec Annibal, il aurait fallu des généraux éprouvés : or si le peuple fit un excellent choix dans *Paul-Émile*, il fit un choix détestable dans *Térentius Varron*, fils d'un boucher, dont l'élection n'avait qu'un but, celui de déplaire à la noblesse. Varron, dont la présomption égalait l'incapacité, brûlait de voir de près le héros carthaginois, et un jour que c'était son tour de commandement, il fit dès le matin déployer le manteau de pourpre, signal du combat.

La grande plaine de *Cannes*, en Apulie, où on allait combattre, ne semblait pas se prêter aux ruses de guerre qui avaient si bien réussi à Annibal dans les batailles précédentes. Cependant ici encore il joua les Romains. C'était lui qui avait choisi le champ de bataille, favorable à son excellente cavalerie, presque double de la cavalerie ennemie ; et sur ce champ de bataille il avait pris ses positions de telle sorte que le soleil, le vent et la poussière, donnant dans les yeux des Romains, devaient combattre pour lui. Mais sa ruse capitale fut dans la disposition de ses lignes. Il rangea son armée en *croissant*, de manière cependant que le centre, composé de Gaulois, faisait une saillie assez forte sur le front de bataille.

Varron se jeta avec furie sur ce centre. Annibal fit reculer lentement les Gaulois, et les Romains, emportés par leur ardeur, suivirent le mouvement de recul, sans se douter du piège qu'on leur tendait. On leur donna tout le temps de s'engager plus profondément, puis tout d'un coup les deux ailes de l'armée carthaginoise se rejoignirent, et les Romains se trouvèrent pris dans un vrai cercle de fer. On n'eut plus qu'à tuer. Soixante-dix mille Romains ou alliés périrent : parmi les morts se trouvaient Paul-Émile, qui avait refusé de fuir ; quatre-vingts sénateurs, et une foule si considérable de chevaliers, qu'Annibal put envoyer à Carthage plus de trois boisseaux d'anneaux d'or pris sur eux.

Bataille de Zama (202). — La fortune d'Annibal resta stationnaire après la victoire de Cannes. Délaissé par sa patrie, qui ne lui envoyait que d'insignifiants secours, le grand général batailla quatorze ans encore dans la péninsule avec les seules ressources que lui procurait son génie. Mais il s'épuisait dans cette lutte inégale. Les Romains, pour délivrer l'Italie, ayant décidé une diversion en Afrique et fait envahir le territoire même de Carthage par le jeune consul *Scipion*, il fut rappelé par le sénat carthaginois.

Scipion l'Africain.
(Buste du cabinet de France.)

Annibal obéit en frémissant. Il quitta avec des larmes de rage cette terre qu'il avait un moment espéré conquérir. Avant de s'embarquer il fit à l'Italie d'insultants et sanglants adieux. Après avoir gravé dans le temple de Junon au promontoire de Lacinium ses victoires, il égorgea dans ce même temple un grand nombre de mercenaires italiens qui refusaient de le suivre en Afrique. Puis il partit lançant des imprécations contre les dieux, contre les hommes et contre lui-même.

Arrivé en Afrique, avant de risquer la dernière armée de Carthage, Annibal crut devoir tenter la voie des négociations, et il fit demander une entrevue à Scipion. L'entrevue eut lieu sous les yeux des deux armées. Quand ces deux illustres hommes de guerre, qui remplissaient le monde civilisé du bruit de leur nom, s'aperçurent, ils restèrent, dit-on, quelques instants en silence, comme saisis d'une mutuelle admiration. Scipion n'accéda point du reste aux désirs d'Annibal. Une bataille décisive se livra dans les plaines de *Zama*, le 19 octobre 202. Annibal y déploya un talent auquel son rival se plut à rendre justice; mais il n'avait plus la supériorité à laquelle il devait la plupart de ses succès : sa cavalerie ne valait pas celle de Scipion. Vaincu, il s'enfuit du champ de bataille, où il laissait vingt mille des siens, et, courant à Carthage, il déclara au sénat qu'il n'y avait plus rien à faire qu'à implorer la paix.

La paix (201) fut ce qu'on devait l'attendre des Romains après une telle victoire venant à la suite de tant d'années de luttes et de terreurs. Carthage fut réduite à ses possessions d'Afrique, paya une grosse indemnité de guerre, remit tous ses vaisseaux, sauf dix, et s'engagea à ne plus faire la guerre sans l'autorisation de Rome. Elle devenait *sujette* de fait et semblait ne plus tenir le droit de vivre que du bon vouloir de son vainqueur.

Troisième guerre punique (149-146). — Rome laissa vivre Carthage encore cinquante ans. Son intérêt bien entendu aurait demandé qu'elle la laissât vivre bien davantage : parce qu'il était à prévoir que, Carthage une fois détruite, Rome, n'ayant plus en face d'elle un ennemi sérieux, ne tarderait point à perdre ses mœurs, sa discipline, son courage, tout ce qui faisait sa force. Mais le sénat se laissa entraîner par *Caton le Censeur*, qui terminait invariablement ses harangues, que le sujet le comportât ou non, par ces mots fameux : « Et je crois qu'il faut détruire Carthage. » Le sénat finit par le croire avec lui, et, sans aucune raison sérieuse, il déclara la guerre à Carthage, malgré toutes les prières de la malheureuse ville pour maintenir la paix.

Siège de Carthage (149-147). — Deux consuls partirent avec une nombreuse flotte et quatre-vingt mille légionnaires. Pendant qu'ils étaient en route vers l'Afrique, des députés arrivèrent encore annonçant que Carthage se remettait à la discrétion du peuple romain. Les consuls feignirent de se laisser fléchir : ils se firent remettre toutes les armes que possédait Carthage; puis, avec une inqualifiable mauvaise foi, ils signifièrent aux Carthaginois que, s'ils voulaient avoir la vie sauve, il leur fallait abandonner leur ville et aller s'établir dans l'intérieur des terres.

C'était trop. L'indignation et le désespoir donnèrent des forces à ce peuple de marchands qui n'avait pas voulu combattre et qui sut au moins bien mourir. Ils étaient encore sept cent mille. Aussitôt la réponse des consuls connue, on ferme les portes de la ville; on égorge les partisans des Romains; les temples sont transformés en ateliers; nuit et jour on fabrique des armes; les femmes donnent leurs cheveux pour faire des cordages; on démolit les maisons pour construire avec le bois des charpentes une nouvelle flotte; on arme les esclaves. Les consuls s'approchent de la ville : ils sont honteusement battus dans trois attaques; leurs machines sont incendiées ainsi qu'une partie de leur flotte; leurs successeurs de 148 ne sont pas plus heureux, et le peuple, inquiet de la tournure que prennent les affaires d'Afrique, donne la direction de la guerre à *Scipion-Émilien*, petit-fils par adoption du vainqueur d'Annibal, le grand Africain.

Destruction de Carthage (146). — Scipion isola Carthage en creusant du côté de la terre un fossé profond auquel il ajouta un mur haut de douze pieds, et en jetant à l'entrée de son port une large digue. Menacés d'être affamés, les Carthaginois creusèrent dans le roc une sortie vers la mer, et peu s'en fallut que leur flotte improvisée ne surprît la flotte romaine. Scipion les refoula, bien qu'avec peine, dans leur port, et le blocus devint plus rigoureux que jamais.

La famine fit d'affreux ravages dans la ville; mais la constance de la ville n'en fut point ébranlée. La destruction même d'une armée, commandée par Asdrubal, qui était son dernier espoir, ne lassa point son courage. Et quand Scipion fut enfin, au prix de mille efforts, parvenu à entrer dans les murs, il lui fallut enlever les unes après les autres les maisons, transformées en autant de citadelles. La lutte dans la ville dura six jours. Asdrubal, qui s'était conduit en héros, se déshonora à la dernière heure en demandant grâce de la vie à son vainqueur. Plus vaillante, sa femme égorgea ses deux enfants et se précipita au milieu des flammes qu'avaient allumées les assiégés eux-mêmes.

Carthage fut détruite de fond en comble. On dit qu'à la vue de cette ruine lamentable, Scipion se sentit ému, et que, songeant à l'avenir de Rome, il répéta avec tristesse ce vers d'Homère : « Un jour aussi verra tomber Troie, la cité sainte, et Priam et son peuple invincible. » (146 av. J.-C.)

Autres conquêtes de Rome. — Carthage détruite, Rome poursuivit avec vigueur le cours de ses conquêtes. En Orient, elle soumit les côtes de la mer Adriatique, la Macédoine, la Grèce, et domina dans toute l'Asie Mineure. En Occident, elle réduisit les indomptables Gaulois de l'Italie septentrionale; puis, passant en Espagne, elle conquit toute cette péninsule, malgré l'héroïque résistance d'un ancien pâtre improvisé général, le brave *Viriathe*, et la non moins héroïque résistance d'une ville, *Numance*, dont tous les habitants s'entr'égorgèrent plutôt que de se rendre aux vainqueurs. — En 130, Rome pouvait se dire la maîtresse du monde.

RÉSUMÉ

Après l'Italie, Rome veut conquérir le monde. Sa principale rivale, *Carthage*, succombe après trois guerres mémorables, dites guerres *puniques* (264-146). Carthage renversée, d'autres victoires achèvent de rendre Rome maîtresse de l'Orient comme de l'Occident.

CHAPITRE VIII

LA VIE ROMAINE

SOMMAIRE

L'habitation. — Le vêtement. — Les repas. — Les funérailles.

Habitation. — Les maisons à Rome différaient naturellement de richesse et d'étendue suivant la fortune du propriétaire. Mais elles se rattachaient toutes à un type uniforme qui comprenait deux pièces principales :

en avant l'*atrium*, en arrière le *péristyle*, reliées entre elles par un grand couloir carré servant de passage.

L'*atrium* était primitivement toute la maison romaine. A l'origine cette maison était d'une extrême simplicité : quatre parois grossières en bois, un toit pointu couvert de chaume, avec une ouverture dans le milieu pour laisser échapper la fumée au dehors, une autre ouverture dans le plancher pour recevoir les eaux en cas

Intérieur d'une maison romaine : au premier plan, l'atrium; au fond, le péristyle. (Restauration de la maison de Pansa, à Pompéi.)

de pluie. Il est probable que l'on ménageait tout autour quelques réduits qui servaient de chambres de repos; mais ces chambres se distinguaient à peine de l'atrium, qui demeurait la pièce capitale de la maison.

C'était là que se réunissait la famille; là que tous, père, mère, enfants, esclaves, prenaient leurs repas à la même table, devant le foyer sacré, en présence des images des ancêtres; là aussi les femmes filaient et travaillaient la laine. Peu à peu l'atrium se transforma en une sorte de vestibule décoré avec magnificence, souvent entouré de colonnes, et qui ne servit guère plus que pour recevoir les visiteurs.

Le *péristyle*, ainsi que l'indique son nom, était une cour, plus souvent un jardin entouré de colonnes formant un portique, sous lequel s'ouvraient les appartements privés du propriétaire et de sa famille. Il formait comme le sanctuaire de la vie domestique, où n'avaient accès que les parents et les amis intimes. Le jardin planté d'arbres, les fontaines qui coulaient au milieu en faisaient un séjour frais et agréable.

. Les Romains, en gens pratiques, cherchaient avant tout à faire de leurs demeures un abri sûr et commode, et se souciaient peu qu'elles attirassent les regards. Aussi leur extérieur était-il fort modeste : de simples murs blanchis percés de quelques ouvertures, portes et fenêtres indispensables. Mais à l'intérieur la décoration était très soignée. Même dans les habitations les plus pauvres, on trouvait des peintures aux couleurs vives; et dans les maisons aisées, ces peintures devenaient des fresques éclatantes.

Si la décoration intérieure était riche, le mobilier fut toujours assez simple; il se réduisait en général au strict nécessaire, et ne ressemblait en rien au mobilier confortable et luxueux des grandes maisons de nos jours.

La maison que nous venons de décrire n'était que celle du riche, ou bien encore celle du pauvre dans les petites localités. A Rome, la foule des négociants, des artisans, des propriétaires de condition modeste, s'entassait dans de grandes maisons à plusieurs étages, assez semblables à nos maisons modernes de rapport et non moins élevées, si bien que les étrangers étaient effrayés de leur hauteur.

Vêtement. — Le costume chez les Romains se composait essentiellement de la *tunique* et de la *toge*. La tunique était une espèce de chemise en laine blanche, serrée autour des reins par une ceinture, et qui descendait jusqu'aux genoux. La tunique des sénateurs était ornée sur le devant d'une large bande rouge, celle des chevaliers d'une bande plus étroite. C'était le vêtement que l'on portait dans l'intérieur de la maison, et souvent même dehors les citoyens pauvres n'en portaient pas d'autres; seulement, en cas de froid ou de pluie, ils mettaient par-dessus un manteau sans manches, presque toujours fait d'un drap épais de couleur sombre ou de cuir.

La *toge* était une grande pièce de laine blanche dont on s'enveloppait tout le corps. C'était tout un art que de savoir se draper dans sa toge et de ne lui faire faire que des plis gracieux. La toge était le vêtement du *citoyen*; il était interdit aux esclaves et aux étrangers de la porter. Les jeunes gens jusqu'à l'âge de dix-sept ans avaient la toge dite *prétexte*, ornée de bandes de pourpre. A dix-sept ans on les revêtait solennellement de la toge blanche ou *virile*, et ils étaient dès lors considérés comme des citoyens.

La toge était le vêtement de la ville, de la paix; pour la guerre, le soldat prenait un vêtement court plus commode, le *sayon*, large casaque de drap, empruntée aux Gaulois. Les généraux avaient un manteau de guerre de même forme, mais rouge.

Romain en toge.
(Galerie de Florence.)

Les dames romaines remplaçaient la toge par la *stola*, longue robe descendant jusqu'aux pieds, retenue par une double ceinture. Pour sortir, elles mettaient de plus un manteau de laine blanche qui se drapait à peu près comme la toge.

Les Romains allaient nu-tête; le *pileus*, ou bonnet en feutre, était laissé aux esclaves et aux artisans. En voyage et au théâtre, on se couvrait de chapeaux à larges bords, dont le modèle fut emprunté aux Grecs. Les femmes ne pouvaient sortir qu'avec un voile, sauf aux funérailles.

La chaussure variait suivant la condition des personnes. Les consuls et les autres hauts magistrats portaient des espèces de mules rouges, et ils gardaient ce privilège même après être sortis de charge. Les sénateurs avaient des brodequins noirs ornés d'un croissant d'argent sur le cou-de-pied. Les simples citoyens avaient des souliers noirs semblables aux nôtres. Les pauvres et les esclaves se contentaient de sabots. Dans l'intérieur des maisons on mettait des sandales, qu'un esclave enlevait quand on prenait son repas.

Matrone.
(Bas-relief romain. — Musée du Louvre.)

Les hommes portaient d'ordinaire au doigt un anneau servant de cachet; à l'origine il était de fer. L'anneau de fer fut assez promptement remplacé par l'anneau d'or, mais alors il fut réservé aux sénateurs et aux chevaliers. Toutefois, sous l'Empire, on portera des anneaux de toutes sortes, et tout le monde pourra imiter sur ce point les chevaliers et les sénateurs. Outre les anneaux, les dames avaient des colliers, des bracelets, des pendants d'oreille, des broches, tout un attirail de bijoux souvent ridicule et ruineux. Les jeunes gens portaient au cou une boule d'or; cette boule d'or était remplacée par une boule en cuir pour les enfants des affranchis et des pauvres.

Longtemps les Romains portèrent la barbe et les cheveux longs. Scipion l'Africain donna le premier l'exemple de se raser. Dès lors, jusqu'à l'avènement de l'empereur Adrien, la mode fut de se raser tous les jours et de porter les cheveux courts; les philosophes seuls protestèrent, ainsi que quelques poètes et les gens en deuil. Adrien, pour dissimuler quelques cicatrices qu'il avait au visage, cessa de se raser, et aussitôt tous les courtisans et autres reprirent leur barbe.

Repas. — Les Romains ouvraient la journée par le *déjeuner (jentaculum)*, repas consistant en aliments légers, qui se prenait à des heures différentes, suivant les habitudes des individus, de grand matin chez les ouvriers. Vers le milieu du jour venait le *goûter (prandium)*, repas de même léger et simple, se composant de pain et de fromage, sans viande ni vin : il se prenait debout. Enfin avait lieu le repas principal, le *dîner (cœna)*. Les riches le prenaient dans un appartement spécial, appelé *triclinium*, couchés, sauf les femmes, sur des lits, autour d'une table qu'on apportait toute servie.

Les premiers Romains furent remarquables par leur sobriété; longtemps, riches et pauvres se contentèrent d'une soupe et de quelques légumes. Mais, après la conquête du monde, les mœurs s'altérèrent et le luxe envahit tout. Ils étaient bien rares alors ceux qui comme Horace aimaient entre amis à savourer les légumes de leur jardin, parfumés de lard rance, à la condition pourtant de les relever par un vin généreux. Aux gourmands du jour il fallait des mets extraordinaires, extravagants, recommandables le plus souvent, non par leur saveur, mais uniquement par leur rareté et leur cherté. Il fallait que sur leur table le faisan du Caucase apparût accompagné de l'esturgeon du Pô, ou du sanglier de l'Ombrie; que la datte de Syrie s'y rencontrât avec la prune d'Égypte, ou la pomme de Tibur et la poire de Pompéi. On passait, dans des festins et des débauches de vin, des moitiés de jours et des nuits entières. Puis, quand on avait mangé ou bu sa fortune, le suicide terminait cette série d'orgies. Ainsi un certain Apicius se faisant remettre ses comptes, et trouvant que sa fortune avait baissé de dix-neuf millions à deux, se tua pour ne pas mourir de faim.

Funérailles. — Les pauvres étaient enterrés de nuit sans aucun appareil, et leurs corps précipités dans une fosse commune ou brûlés en masse sur un bûcher. Mais les funérailles des riches se faisaient avec beaucoup de solennité. En général, le corps restait exposé sept jours dans le vestibule. Le huitième jour, des hérauts annonçaient dans les rues et les carrefours la cérémonie funèbre. Peu d'heures après cette proclamation, le cortège se mettait en marche. Des joueurs de flûte et des pleureuses à gages donnaient le signal du départ. Des flambeaux et des torches éclairaient le convoi, même en plein jour; le lit funéraire était entouré, si le défunt était de race noble, des bustes ou images en cire de ses ancêtres. Derrière s'avançaient les parents, les amis, en vêtements noirs, les femmes, les cheveux épars et jetant des cris de douleur. Souvent le cortège s'arrêtait pour laisser le temps de prononcer un éloge funèbre entrecoupé par des hymnes de deuil. On se rendait ensuite au bûcher, sur lequel le corps était déposé; on mettait une pièce de monnaie entre ses lèvres; des animaux étaient immolés, des libations répandues. Quand le mort avait joué un grand rôle dans l'État, il n'était pas rare qu'un combat à outrance eût lieu autour du bûcher allumé. Le corps consumé, on recueillait les cendres et on les plaçait dans un tombeau au son grave des trompettes. — Mais pendant plusieurs siècles on enterra les morts à Rome sans les brûler.

CHAPITRE IX

LA SOCIÉTÉ ROMAINE

SOMMAIRE

Les nobles. — Le sénat. — Les comices. — Les provinces.
— Les esclaves.

Les nobles. — Dans les premiers temps de la République, les nobles furent les descendants des vieilles familles patriciennes qui avaient aidé Romulus à fonder Rome. En 130 avant Jésus-Christ, ces familles étaient presque toutes éteintes. On appelait *nobles* alors des hommes sortis du sein du peuple, mais dont les ancêtres avaient géré quelqu'une des hautes magistratures, telles que le consulat, la préture ou la censure. Les consuls étaient les premiers magistrats de la cité ; les préteurs rendaient la justice et remplaçaient parfois les consuls à la tête des armées ; les censeurs nommaient les sénateurs et réglaient le budget de l'État. Les nobles formaient une aristocratie orgueilleuse, qui barrait impitoyablement, grâce à la fortune dont elle disposait, le chemin des honneurs aux hommes *nouveaux*, c'est-à-dire à ceux dont la famille était restée à l'écart des hautes fonctions de l'État.

Le sénat. — Le sénat était composé de trois cents membres choisis par les censeurs parmi ceux qui avaient exercé une des hautes magistratures. Les nobles, accaparant ces magistratures par l'influence dont ils jouissaient auprès du peuple, formaient naturellement l'immense majorité des sénateurs. Les insignes des sénateurs étaient le *laticlave*, tunique ornée d'une large bande de pourpre sur la poitrine, et le *mulleus*, sorte de bottine rouge ou violette.

En théorie, l'autorité du sénat était presque nulle ; mais, en pratique, elle était à peu près illimitée. Considéré comme le corps le plus éclairé et le plus élevé de l'État, il était sans cesse consulté par les magistrats, qui n'osaient prendre sans son concours aucune mesure de quelque importance.

Le sénat était chargé de l'administration des provinces. C'était lui qui les répartissait entre les divers magistrats, qui traçait à chaque gouverneur son programme.

A l'administration des provinces se rattachait la politique extérieure, les rapports de l'État romain avec les sujets, les amis ou les ennemis. L'œuvre de la conquête était l'œuvre du sénat aussi bien que celle des généraux, car les généraux ne faisaient rien que par son ordre et sous sa direction; quant à l'œuvre d'organisation définitive, elle était entièrement de lui. Il recevait les ambassadeurs des pays, examinait et tranchait les différends, nouait ou rompait les négociations diplomatiques, faisait la paix ou la guerre, sans consulter le peuple autrement que dans les grandes occasions.

C'est ainsi que pendant plus de quatre siècles le sénat gouverna la cité en vertu d'une autorité que rien ne lui garantissait, sinon son *renom de sagesse, de prudence et de patriotisme.*

Comices. — On appelait *comices* les assemblées des citoyens romains qui se tenaient tantôt sur le Champ de Mars, en dehors de Rome, tantôt sur le Forum, dans le centre de la ville.

Les comices du Champ de Mars avaient un aspect tout militaire. La trompette sonnait sur le Capitole et autour des murs pour appeler le peuple; un drapeau rouge était hissé sur le mont Janicule. Le peuple allait au vote, rangé par groupes, ayant chacun à sa tête un centurion, comme une véritable armée. Ces assemblées élisaient les magistrats supérieurs : *consuls, préteurs, censeurs;* elles avaient aussi le droit de reviser, pour les questions criminelles, les sentences consulaires. Voilà pourquoi, dans l'enceinte de Rome, les faisceaux consulaires ne devaient point porter la *hache,* le pouvoir de vie et de mort résidant après tout, non point dans le consul, mais dans le peuple.

Les comices du Forum, plus simples, élisaient les magistrats inférieurs et votaient les lois.

Provinces. — La province était un territoire situé en dehors de l'Italie, gouverné par un magistrat romain et soumis à l'impôt foncier. L'*impôt foncier* était la marque essentielle de l'infériorité de la province vis-à-vis de l'Italie. En théorie, une *charte*, ou lettre rédigée par le sénat, fixait les devoirs de chaque province. En pratique, toutes les provinces furent livrées à l'arbitraire des gouverneurs, qui, à la fois administrateurs, généraux, juges, se conduisirent en vrais monarques indépendants de tout contrôle, et firent peser sur les sujets de Rome un joug de fer.

Esclaves. — Plus dur encore que celui des provinces fut le sort, à Rome et en Italie, des *esclaves*.

Rome, au temps où sa domination ne dépassait pas le Latium, où ses mœurs étaient simples, ne connut pas l'esclavage : l'esclavage fut un fruit de la conquête. On sait quels étaient les droits de la conquête dans le monde antique. Tuer, piller, brûler, semblait chose toute naturelle au vainqueur, et ceux qu'il épargnait, jetés dans les fers, étaient voués à la servitude. C'est ainsi qu'à la suite de ses innombrables victoires, Rome se vit en possession d'un nombre immense d'esclaves.

La conséquence est visible : Rome fut inondée d'esclaves et à la campagne et à la ville. Les esclaves de luxe, ceux qui pouvaient servir à la ville en qualité de scribes, de secrétaires, d'architectes, de pédagogues, de précepteurs, d'artistes, de danseurs, furent toujours payés un prix assez élevé, de six à sept mille francs; mais la foule, ceux qui étaient destinés aux bas offices, aux travaux de la campagne, ne se payaient pas d'ordinaire plus de quatre cents francs; et quand il y avait abondance, pour quatre à cinq drachmes, c'est-à-dire pour moins de cinq francs, on pouvait acheter un homme.

Traitement des esclaves. — On peut se figurer le cas que l'on faisait de pareille marchandise, achetée à si vil prix. On les ménageait autant qu'on ménage un instrument utile, et quand ils ne pouvaient plus servir, on les rejetait sans pitié. Nous trouvons dans Caton des détails curieux sur le régime de ces malheureux. D'abord, point de repos; il faut que l'esclave travaille ou dorme : car l'oisiveté est mauvaise conseillère. Aussi, quand les bêtes devaient se reposer, on savait trouver pour les esclaves quelque occupation où les bêtes ne fussent point nécessaires. Comme nourriture, du pain grossier à peine en quantité suffisante, quelques vieilles olives tombées avant leur maturité, un peu d'huile et deux ou trois poignées de sel par an, ou bien de la saumure avec du vinaigre; comme boisson, de l'eau, ou un horrible mélange de vin doux, de vinaigre, d'eau douce et de vieille eau de mer. Leur vêtement était à l'avenant : quelques haillons, avec de gros sabots garnis de clous; mais le plus souvent ils allaient presque nus. Pour leur gîte, c'était un bouge infect, ou d'amples caves, sans air ni lumière, où ils étaient poussés chaque soir à coups de lanières par l'intendant comme un vil troupeau.

Si à ces malheureux on marchandait la nourriture, le vêtement, la lumière et l'air, en revanche on ne leur marchandait pas les coups. « Traitez-les, disaient les doctes qui avaient écrit sur la matière, comme des bêtes féroces, et rendez leur âme vingt fois plus esclave à coups d'étrivières. » Pour un délit léger, ou un simple caprice du maître, l'esclave expirait sous le fouet, ou sur une croix, ou écrasé entre deux meules; ou bien on lui coupait les pieds, les mains, les lèvres, le nez, et on l'abandonnait. Certain favori d'Auguste, pour donner à ses murènes une chair plus délicate, faisait jeter dans leurs viviers des esclaves vivants. Sénèque a tracé un tableau navrant de ces pauvres esclaves que les maîtres obligeaient d'assister à leurs soupers interminables : ils étaient là debout pendant des nuits entières, à jeun devant des tables où éclatait un luxe insensé, et malheur à celui qui aurait toussé, éternué, bâillé ou seulement soupiré. Souvent ils étaient contraints, pour le plaisir des convives, de se transformer en gladiateurs et de s'entr'égorger.

RÉSUMÉ

A Rome, les citoyens, tous égaux en théorie, ne le sont point de fait. — Les *nobles* forment une aristocratie puissante qui accapare toutes les hautes charges. Cette aristocratie entre aussi en très grande majorité dans le sénat, qui impose sa volonté aux consuls eux-mêmes. — Le *peuple* cependant peut encore se faire illusion et se croire le vrai souverain quand, aux *comices*, il élit les magistrats, revise les sentences consulaires et vote les lois. — Quant aux *provinces*, et surtout aux *esclaves*, fort nombreux, leur sort est absolument misérable.

CHAPITRE X

LES TROUBLES CIVILS

SOMMAIRE

Cause. — Les Gracques. — Marius. — Sylla. — Pompée. — César.

Cause. — La conquête du monde fut suivie pour Rome de graves troubles civils, qui versèrent, à Rome et dans toute la péninsule, des flots de sang. La vraie cause de ces troubles fut la *conquête* elle-même. Cette conquête eut pour résultat d'introduire à Rome d'innombrables richesses dont la noblesse seule profita et dont elle se servit pour arrondir d'immenses domaines. Avec la richesse entrèrent le luxe et une corruption affreuse. Pendant ce temps, les petits propriétaires, ruinés par la concurrence des blés étrangers apportés des provinces, aliénaient en masse les terres sur lesquelles ils ne pouvaient plus vivre; et, ne pouvant ni offrir leurs bras aux grands propriétaires, ni entrer dans les carrières libérales, ni recourir aux métiers accaparés par les esclaves, ils allaient à Rome grossir la foule des indigents nourris par le Trésor. La classe des petits propriétaires disparue, il ne resta qu'une noblesse orgueilleuse et corrompue, décidée à tout oser contre la loi et l'intérêt public, en face d'une plèbe désœuvrée, turbulente, servile, vendant son vote au plus offrant, disposée à laisser tout faire, pourvu qu'on lui donnât de quoi manger et de quoi s'amuser. D'un tel état social, des désordres devaient sortir forcément, et ils en sortirent.

Les Gracques. — Deux nobles jeunes gens, *Tibérius* et *Caïus Gracchus,* essayèrent de sauver la République en conjurant le mal qui n'était point encore sans remède. Tibérius et Caïus étaient fils de *Sempronius Gracchus* et de *Cornélie.* Sempronius Gracchus, plusieurs fois consul, avait laissé un nom devenu synonyme de probité et d'honneur non seulement à Rome, mais aussi dans les provinces, chez les Espagnols surtout, qu'il avait combattus et soumis. Cornélie, fille de Scipion l'Africain, était une femme d'un grand cœur et d'un haut caractère. Veuve assez jeune, elle refusa les partis les plus brillants, même le diadème d'un Ptolémée, roi d'Égypte, pour se vouer tout entière à l'éducation de ses deux fils, qu'elle considérait comme ses bijoux les plus précieux.

Des prolétaires oisifs qui encombraient Rome, les Gracques voulurent faire des travailleurs, leur donner avec des terres l'aisance, les ramener par ce moyen à des habitudes d'ordre et de moralité, les soustraire à l'influence de la noblesse, dont la faim les rendait les esclaves; reconstituer ainsi la classe *moyenne*, la classe des petits propriétaires, qui, maîtres de leur vote et indépendants des grands, pouvaient seuls maintenir l'équilibre nécessaire au salut de l'État. *De cette pensée naquirent les lois agraires,* qui enlevaient aux nobles des terres publiques injustement détenues par eux pour les donner aux citoyens pauvres. N'espérant point empêcher le vote des lois agraires, les nobles firent lâchement assassiner les deux frères, l'un, Tibérius, en 133, l'autre, Caïus, dix ans après.

Marius. — « Atteint du coup mortel, a dit Mirabeau, le dernier des Gracques lança de la poussière vers le ciel en attestant les dieux vengeurs, et de cette poussière naquit *Marius.* » Marius punira cruellement l'égoïsme de la noblesse.

Né à Arpinium de parents obscurs et pauvres, Marius

passa ses premières années dans les occupations du paysan. Robuste, rude de figure, de manières et de langage, il paraissait peu propre aux affaires civiles; en revanche, il semblait né pour la guerre, et il fut tour à tour un bon soldat et un excellent général.

Emmené en Afrique comme lieutenant par le consul Métellus dans une guerre contre Jugurtha, roi de Numidie, Marius, en 107, se fit, malgré son protecteur, élire consul et lui enleva son commandement de l'armée d'Afrique. Il termina heureusement la guerre. Vaincu et fait prisonnier, Jugurtha fut emmené à Rome, où il périt de faim dans une affreuse prison.

Marius.

Marius avait à peine quitté le manteau de triomphateur qu'il dut courir aux Alpes, où un grand danger menaçait l'Italie. Reculant devant un débordement de la Baltique, qui engloutit une partie du littoral, les *Cimbres*, peuples de la Chersonèse cimbrique (aujourd'hui Danemark), et les *Teutons,* leurs voisins, étaient partis avec leurs familles à la recherche d'une nouvelle patrie. Ils étaient trois cent mille. Ces barbares, géants à l'aspect rude, aux mœurs sauvages, qui souvent dévoraient la chair crue et immolaient à leurs dieux sanglants des victimes humaines, s'abattirent comme un ouragan sur le bassin du Danube, puis sur les Gaules, où ils détruisirent six armées romaines. Toujours heureux, Marius les écrasa successivement dans deux batailles mémorables : les Teutons d'abord, à *Aix,* en Provence (102), les Cimbres ensuite, à *Verceil,* dans l'Italie septentrionale (101).

Ces brillants services valurent à Marius l'honneur inouï d'être, malgré les lois, élu six fois consul. Mais son ambition le brouilla avec *Sylla,* qui avait obtenu, à son préjudice, pensait-il, le commandement d'une guerre contre Mithridate, célèbre roi du Pont, petit royaume d'Asie-Mineure. Poursuivi par son rival, il dut quitter précipitamment la ville, et, sa tête étant mise à prix, errer d'abord dans les marais de Minturnes, en Campanie, puis sur les ruines de Carthage. Il revint à Rome pendant que Sylla était en Orient, rallia les gens de son parti, et, pour se venger, *ouvrit l'ère sanglante des proscriptions.* Quand il eut assez des massacres, sentant que sa fortune serait de courte durée, pour échapper aux terreurs qui l'obsédaient, il se mit à boire : il en mourut après sept jours de maladie, laissant la réputation d'un très grand général et d'un fort médiocre citoyen (86).

Sylla. — Cependant Sylla revenait d'Asie après avoir imposé un traité onéreux à Mithridate. D'humeur âpre et farouche, il roulait les plus noirs projets contre les partisans de Marius. « Je me vengerai », avait-il écrit au sénat, qu'il accusait de faiblesse, peut-être même de complicité. Il se vengea, en effet, et d'une façon épouvantable.

Les proscriptions recommencèrent. Elles frappèrent naturellement tout d'abord les membres de la famille de Marius et ses partisans. Mais le glaive des assassins n'immola point seulement les ennemis de Sylla ; il frappa une foule de gens qui n'avaient jamais rien eu à démêler avec lui, et dont tout le crime était de posséder des richesses convoitées par les meurtriers. Car les biens des

Monnaie de Sylla.

proscrits étaient confisqués, mis à l'encan et adjugés pour des sommes ridicules. Sylla et ses créatures amassèrent ainsi en peu de temps d'immenses fortunes.

Les jours, les semaines, les mois s'écoulaient, et l'on tuait toujours. Un Métellus se hasarda à demander à Sylla en plein sénat quand il comptait s'arrêter. « Je ne sais encore, » répondit-il cyniquement. « Mais au moins désigne ceux que tu destines à mourir. — Je le ferai. » Et le jour même une liste de quatre-vingts noms fut affichée au Forum; deux jours après, nouvelle liste de deux cent vingt personnes; puis une troisième liste de même nombre.

De Rome les proscriptions s'étendirent à l'Italie entière, avec une différence cependant. Tandis qu'à Rome on proscrivait par *tête*, en Italie on proscrivit en *masse*. Ainsi à Préneste, Sylla, pour s'épargner la peine de distinguer les innocents des prétendus coupables, condamna tous les habitants à mort. Un seul trouva grâce devant lui, son hôte, qui rejeta dédaigneusement l'odieuse clémence du bourreau de sa patrie.

Sylla exerça ainsi pendant deux ans la plus monstrueuse des dictatures; puis, au grand étonnement de tous, il abdiqua. Avant de se retirer, il fit au peuple des adieux dignes de son orgueil insolent et de ses propres goûts. Il le gorgea de viandes, de vins précieux, de mets recherchés, et avec une telle prodigalité que chaque jour on devait jeter au Tibre ce qui n'avait pu être consommé. On le vit ensuite paraître au Forum, monter à la tribune, congédier ses licteurs, déposer les insignes de sa dignité, et demander si l'on avait quelque réclamation à lui faire? Personne n'élevant la voix, il descendit de la tribune, traversa lentement la foule muette de surprise, et, accompagné de quelques amis, il rentra à pied chez lui. Au fond sa confiance était peu courageuse. N'avait-il pas pour le défendre le sénat, qu'il avait rempli de ses créatures, et les glaives de ses cent vingt mille vétérans, qui lui devaient tout?

Mort de Sylla (78). — A Cumes, où il s'était retiré, la vie de Sylla fut une orgie perpétuelle. Il y contracta une maladie horrible qui au bout d'un an devait le conduire au tombeau. Ses chairs corrompues engendrèrent une vermine épouvantable. En vain plusieurs personnes étaient-elles occupées à la nettoyer nuit et jour : elle renaissait toujours plus abondante. Ses vêtements, ses bains, son linge, sa table étaient comme inondés de ce fleuve intarissable de corruption. Ainsi mourut dans sa soixantième année celui qui s'était fait décerner le surnom de *Felix* (Heureux).

Pompée. — Le sénat avait accompagné en grande pompe le corps de Sylla jusqu'à son bûcher; il avait poussé en mesure de solennelles exclamations, que l'armée répétait et auxquelles le peuple faisait écho. Cela montre que tous, sénat, peuple, armée, étaient mûrs pour la servitude et ne pouvaient se passer d'un maître. Sylla à peine descendu dans la tombe, un nouveau maître apparait, *Pompée;* après Pompée, Rome aura *César.*

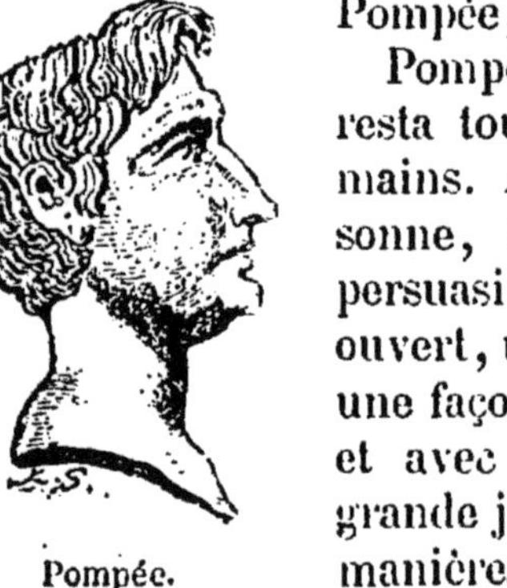

Pompée.
Monnaie d'argent.
(Cabinet de France.)

Pompée fut de bonne heure et resta toute sa vie l'idole des Romains. Aux agréments de sa personne, il joignait une éloquence persuasive, un caractère franc ét ouvert, un abord simple et gracieux, une façon de donner qui enchantait, et avec cela, même dans sa plus grande jeunesse, de la gravité et des manières toutes royales. Aussi habile, aussi vaillant à la guerre que Marius, il fut comme lui, dans les affaires politiques, faible et irrésolu. Mais il était infiniment plus honnête que Marius et infiniment plus humain. Ami de Sylla, il sut rester pur de toute tache de sang. Vaniteux à l'excès, ne pouvant supporter de rester un instant dans l'ombre, ni même d'arriver aux honneurs par la voie commune, il n'était cependant point ambitieux : il ne fit jamais courir aucun danger aux institutions de la République. Au fond il fut toujours *un peu enfant,* aimant mieux dans les honneurs le côté brillant que le côté solide; satisfait, s'il recevait des applaudissements, des surnoms pompeux ou de beaux triomphes.

Pendant trente ans, la vie de Pompée ne fut qu'une longue série de campagnes, de succès et d'honneurs. Il pacifia l'Espagne, soulevée par les partisans de Marius, écrasa avec Crassus une révolte formidable d'esclaves, révolte amenée par les mauvais traitements dont ces malheureux étaient accablés; pourchassa et détruisit les pirates qui, par leurs courses sur mer, affamaient Rome ; enfin força à se donner la mort le grand Mithridate, qui avait essayé de prendre sa revanche des victoires de Sylla.

Au retour de sa campagne contre Mithridate, Pompée forma avec *Crassus* et *César* un *triumvirat* par lequel ces trois généraux se partageaient le pouvoir et se faisaient de leur propre autorité comme les maîtres de la République (60).

En 52, Crassus ayant été tué dans une guerre en Asie, le sénat, qui redoutait particulièrement César, rendit un décret qui faisait Pompée *seul consul* et lui donnait un *pouvoir dictatorial*. Pompée eut l'imprudence d'accepter le présent dangereux du sénat. César, alors dans les Gaules, dont il venait de faire la conquête, furieux, criant au parjure, se précipita sur Rome avec son armée victorieuse. Surpris, Pompée se sauva non seulement de Rome, mais encore de l'Italie, et mit l'Adriatique entre lui et son rival ; mais César l'atteignit dans les plaines de *Pharsale*, en Thessalie, et le défit dans une grande bataille. Réduit à fuir de nouveau, Pompée se sauva en Égypte, espérant trouver un asile auprès du jeune roi Ptolémée, dont il était le tuteur. Mais, craignant de se compromettre et poussé par des conseillers inhumains, le jeune roi fit assassiner le grand homme de guerre. Sa tête sanglante fut apportée à César : il détourna les yeux avec horreur et versa même des larmes de pitié (48).

César. — César demeurait seul maître ; cependant il eut encore à livrer une série de combats en Asie Mineure, en Afrique, en Espagne : partout il demeura vainqueur.

De retour à Rome, l'heureux général fut nommé par le sénat dictateur à vie. Comme si ce titre ne suffisait point, on y ajouta ceux de consul, de censeur et d'*imperator* (général victorieux). Il était déjà grand pontife depuis de longues années, en dépit de son athéisme avoué et de ses mœurs détestables. Sa personne fut déclarée inviolable. Ainsi la religion, l'administration de la cité, la surveillance de tous les citoyens, le commandement des armées, étaient aux mains de César. Il eut de plus le droit de décider la paix ou la guerre, de puiser à discrétion dans le Trésor public, de nommer les gouverneurs de provinces, de choisir une partie des magistrats.

Un homme qui réunissait des pouvoirs si divers devait avoir des marques d'honneur particulières. César occupa dans le sénat un siège en or, plus élevé que la chaise curule des consuls; il mit son effigie sur les monnaies; il put ceindre sa tête de la couronne triomphale de laurier : distinction qui lui fut singulièrement agréable, parce qu'il était chauve, et que la couronne dissimulait cette infirmité. Enfin *on le fit dieu;* il eut ses temples, ses autels, ses statues et son collège de prêtres.

Jules César.

Rien cependant ne parut changé dans les formes extérieures du gouvernement : il y eut toujours des consuls, un sénat, des comices, des préteurs et autres magistrats ordinaires.

Gouvernement de César. — Au demeurant, le gouvernement de César fut bienfaisant et s'attacha à guérir les blessures de la patrie. Il visa non l'intérêt d'un parti, mais l'intérêt général. César releva les trophées de Marius, son oncle; il releva aussi les statues de Sylla et de Pompée. Les exilés politiques furent rappelés. Il pardonna généreusement à ses adversaires, et non content de leur rouvrir les portes de Rome, il leur conféra souvent des dignités. Pour occuper la foule des oisifs, il fit commencer les immenses travaux qui devaient transformer Rome. La justice devint plus impartiale, l'administration des gouverneurs fut sévèrement contrôlée, les exactions des provinces furent arrêtées, et les concusionnaires impitoyablement punis. Bref, Rome, et avec elle tout l'empire, se reprit à vivre; elle jouit d'une paix dont elle était déshabituée depuis bien longtemps.

César avait d'autres projets pour son agrandissement à l'extérieur. Il voulait reculer les limites de l'empire au delà du Danube comme au delà de l'Euphrate. Déjà il préparait une expédition contre les Parthes, quand il tomba sous le fer des assassins.

Mort de César (15 mars 44). — On a dit que ce qui perdit César ce fut son intention de ceindre le diadème et de se faire proclamer roi. Cette raison n'est guère plausible. César savait toute la haine qu'avait le peuple pour ce titre de roi. La vraie cause de la mort de César fut l'entêtement de quelques républicains incorrigibles, qui ne comprenaient pas que Rome, incapable de se gouverner, avait besoin d'un maître. Ce qu'il y a de particulièrement odieux dans la conjuration qui coûta la vie à César, c'est qu'en tête figurent des hommes comblés des bienfaits du dictateur, Cassius et Brutus. Les avertissements ne manquèrent point à César; mais il n'en tint aucun compte, ne pouvant croire à tant d'audace et à tant d'ingratitude.

Le jour des ides de mars (15 du mois), César se rend au sénat au milieu d'une foule immense. Au moment où le dictateur entre, le sénat s'incline et se lève pour lui faire honneur. Des complices de Brutus, les uns entourent par derrière le siège de César, les autres vont au-devant de lui, comme pour joindre leurs instances à celles de Tullius Cimber, qui demande le rappel de son frère exilé, et ces instances l'accompagnent jusqu'à son siège. A un signal de Tullius, les conjurés tirent chacun leur épée, font le cercle et environnent César; partout où se tournent ses regards, il ne trouve que gens qui le frappent au visage; il essaye d'abord d'échapper, mais quand il aperçoit Brutus l'épée nue, il s'enveloppe de son manteau et s'abandonne aux coups. Son corps roula jusqu'au piédestal de la statue de Pompée, qu'il inonda de sang : il avait reçu vingt-trois blessures.

L'assassinat de César fut un crime inintelligent et stérile. Rome était plus que mûre pour la servitude; il lui fallait un roi ou un empereur, elle le trouvera dans Octave; mais auparavant il lui faudra traverser quatorze ans de guerres civiles et connaître encore toutes les horreurs des proscriptions. Ce fut là tout le fruit du complot de Cassius et de Brutus.

RÉSUMÉ

La conquête du monde ne fut point un bienfait pour Rome. Elle ruina les petits propriétaires, enrichit démesurément la noblesse, enfla son ambition, corrompit les mœurs et éteignit le patriotisme. Des réformes généreuses furent tentées par les Gracques : l'égoïsme de la noblesse les fit échouer. La noblesse en fut punie par la guerre civile, qui commença sous Marius, se continua, en faisant verser des torrents de sang, avec Sylla, Pompée, César, et devait finir par la chute de la République.

CHAPITRE XI

LA CONQUÊTE DE LA GAULE (58-50)

SOMMAIRE

La Gaule avant César. — Occasion de la conquête. — Victoires sur les Helvètes et les Suèves (58). — Victoires sur les Belges (57). — Victoires sur l'Armorique (56). — César en Germanie (55). — César en Grande-Bretagne (54). — Soulèvement des Belges (53). — César et Vercingétorix. — Prise d'Alésia.

Après avoir formé en l'an 60 le triumvirat avec Pompée et Crassus, César se fit donner le gouvernement des Gaules. Sa pensée n'était point de se limiter à l'administration de la *Gaule cisalpine,* ou Italie septentrionale. Pour accroître le nombre de ses partisans et se créer des ressources dont il avait grandement besoin, étant criblé de dettes, il voulait en outre conquérir la *Gaule transalpine,* ou Gaule proprement dite.

La Gaule avant César (123-58). — On appelait

Gaule le territoire situé entre l'Océan, le Rhin, les Alpes et les Pyrénées, réparti, pour une population de six millions d'âmes, entre trois cents États indépendants les uns des autres. Avant l'arrivée de César, une partie de la Gaule était déjà romaine. Appelés par les Grecs de Marseille, que menaçaient les peuples voisins, les Romains en avaient profité pour prendre pied dans le pays et pour jeter les bases de la conquête future. *Aquæ Sextiæ* (Aix) fut fondée par le consul Sextius en 123. Les Allobroges (Dauphinois et Savoyards) voulurent chasser les Romains. Ils furent vaincus au confluent de l'Isère (121), et Rome prit tout leur territoire.

Maîtres de la rive gauche du Rhône, depuis ce fleuve jusqu'aux Alpes, les Romains passèrent sur la rive droite. Tout le versant méridional des Cévennes fut soumis, et le consul *Narbo Martius* fonda Narbonne (118), qui donna son nom à la nouvelle province (Narbonaise) et fut bientôt la rivale de Marseille.

Occasion de la conquête. — C'était comme auxiliaires des Grecs contre les Gaulois que les Romains avaient pris pied dans la Gaule; ce fut comme auxiliaire des Édues, établis dans la riche vallée de la Saône, contre les Helvètes et les Germains que César en fit la conquête.

Victoires sur les Helvètes et les Suèves (58). — Il marcha d'abord contre les Helvètes (Suisses), qui, après avoir brûlé leurs villages afin de s'enlever toute pensée de retour, venaient, au nombre de quatre cent mille, de franchir le Jura et d'arriver sur les bords de la Saône. César écrasa leur arrière-garde près de *Trévoux*, puis leur armée tout entière près de *Bibracte* (Autun). Ceux qui échappèrent au massacre remirent leurs armes et reprirent le chemin de leurs montagnes, qu'ils avaient juré de ne jamais revoir.

Après les Helvètes vint le tour des *Suèves*, peuplade germanique campée sur le Rhin. Arrivé à *Vesuntio* (Besançon), César faillit être abandonné par ses troupes, effrayées des récits que l'on faisait sur la taille gigantesque et la valeur des Barbares. La honte de le laisser marcher à peu près seul à l'ennemi les entraîna enfin à sa suite, et au bout de sept jours de chemin on se trouva sur les bords du Rhin, que pas un légionnaire n'avait vu encore. Battus, les Suèves repassèrent le Rhin et s'enfoncèrent dans les forêts de la Germanie (58).

Victoires sur les Belges (57). — César revint chez ses alliés les Édues et y fit prendre leurs quartiers d'hiver à ses légions comme en pays conquis. Les Édues, qui s'aperçurent qu'ils s'étaient donné un maître, n'osèrent se plaindre. Mais les Belges, peuplades nombreuses qui habitaient entre la Seine et le Rhin, s'in-

Pont de César sur le Rhin.
(Modèle du Musée de Saint-Germain.)

quiétèrent de ce dangereux voisinage, et, réunis en assemblée générale, ils votèrent une levée en masse. César parut tout à coup sur les bords de l'*Aisne,* où il rencontra les coalisés. Sa brusque arrivée jeta la terreur dans leurs rangs. Ils prirent la fuite, et les Romains, qui les poursuivirent, n'eurent guère d'autre peine que celle de tuer.

Les difficultés devinrent sérieuses quand César pénétra dans le pays sauvage des *Nerviens* (Hainaut). L'armée se trouva au milieu d'immenses marais, de forêts impénétrables, où l'on ne pouvait avancer que la hache à la main. Les Nerviens attendaient, retranchés derrière la *Sambre*. Ils firent une attaque soudaine, prirent le camp, et jetèrent un tel désordre dans l'armée romaine que César crut la bataille perdue. Il saisit un bouclier, se jeta en avant de ses légionnaires, combattit comme un simple soldat, et ses troupes, honteuses de leur peur, reprenant leurs rangs, retrouvèrent la victoire. Toute l'armée nervienne s'était fait tuer. Cette journée, qui avait causé bien des émotions à César, mit la Belgique à ses pieds (57).

Victoires sur l'Armorique (56). — La Belgique avait à peine déposé les armes, que l'Armorique (Bretagne) les prenait à son tour. Cette guerre fut particulièrement pénible tant à cause de la nature du pays, qui est coupé de baies profondes et de presqu'îles rocheuses, qu'à cause du courage de ses habitants, que rien ne pouvait lasser. Le peuple qui se fit le plus remarquer dans la défense fut celui des *Vénètes* (Vannes). Habitués au mouvement de leurs mers perpétuellement agitées par les hautes marées, les Vénètes défiaient, sur leurs légères embarcations aménagées en conséquence, les lourds et pesants vaisseaux des Romains construits pour les eaux beaucoup plus tranquilles de la Méditerranée. Le génie de César suppléa à l'insuffisance de sa flotte; des expédients furent imaginés qui enlevaient aux vaisseaux vénètes leurs avantages, et les courageux Bretons, vaincus dans une grande bataille, furent contraints de demander la paix.

César en Germanie et en Grande-Bretagne (55-54). — Cette laborieuse guerre achevée, César dut courir vers le Rhin, où une invasion de Germains venait au secours des Gaulois. L'invasion arrêtée, César, se disant qu'il fallait avant tout supprimer les secours qui pouvaient arriver aux Gaulois soit de la Germanie, soit de la Grande-Bretagne, où vivaient des peuples de même origine, résolut de porter d'abord la guerre sur la rive droite du Rhin. En dix jours, il construisit un pont de pilotis dont il nous a laissé lui-même une remarquable description, franchit le fleuve et jeta l'épouvante parmi les tribus riveraines. Il n'osa pas aller plus loin. Après dix-huit jours il repassa le Rhin, détruisit le pont et monta vers le détroit pour faire une descente en Grande-Bretagne.

Il n'avait que peu de troupes et manquait de renseignements : néanmoins il partit; mais quand il voulut aborder, près de Douvres, il fut attaqué par une nuée d'ennemis qui rendirent le débarquement fort difficile. Une fois à terre, les légionnaires chargèrent les Barbares, qui, dispersés, demandèrent aussitôt à traiter et livrèrent des otages. Une tempête ayant maltraité la flotte romaine, ils reprirent courage, assaillirent le camp, et César, après les avoir repoussés, fut tout heureux de repasser sain et sauf le détroit.

Au fond c'était l'envahisseur qui était le vaincu : aussi César voulut-il prendre sa revanche. Il prépara une expédition formidable : huit cents vaisseaux sur lesquels s'embarquèrent cinq légions. La première rencontre fut une victoire. Mais une tempête détruisit encore une partie de la flotte, et César, découragé, regagna le continent.

Soulèvement des Belges (53). — De graves événements l'y attendaient, et s'ils s'étaient produits plus tôt, pendant son absence, peut-être sa fortune y eût-elle sombré. Les affreuses exactions des agents romains, de César lui-même, qui en dépit de son renom d'humanité ne fut jamais humain, provoquèrent un soulèvement chez deux des peuples les plus redoutables, les *Éburons* (Liège) et les Nerviens. Les Éburons, guidés par un chef intrépide, resté fameux, *Ambiorix,* se jetèrent sur le camp de Sabinus, lieutenant de César, tuèrent Sabinus et avec lui tous ses hommes. Puis, aidés des Nerviens, ils se précipitèrent sur le camp de Quintus Cicéron et le mirent dans la position la plus critique.

Malgré sa vigilance, César ne savait rien de ces événements : tous les courriers qu'on lui avait dépêchés avaient été arrêtés; enfin un esclave gaulois parvint jusqu'à lui. Il précipita sa marche, et quand il rencontra l'ennemi, feignant l'effroi, il se cacha. Pris d'une folle confiance, l'ennemi vint l'attaquer sur un terrain désavantageux; il fut dispersé, et César put se jeter dans le camp de Cicéron.

Le camp sauvé, César fit aux Éburons une guerre d'extermination, brûlant tout, tuant tout; pendant plusieurs mois on chassa à l'homme dans les immenses forêts des Ardennes. Ambiorix fut poursuivi avec rage de refuge en refuge. Il était presque seul, mais telle fut la fidélité de son peuple, que personne ne le trahit jamais, et l'intrépide chef put se sauver au delà du Rhin. César se vengea par de nouveaux massacres.

César et Vercingétorix (52). — Ces terribles exécutions n'eurent d'autre effet que d'exaspérer les Gaulois. Une levée générale de boucliers se fit à la voix du fameux *Vercingétorix* (le grand chef des Cent-Têtes). L'héroïque Arverne avait pour plan d'affamer César en dévastant le territoire; dans un seul jour vingt villes des Bituriges furent livrées aux flammes par eux-mêmes. Malheureusement on eut la faiblesse d'épargner la grande ville d'*Avaricum* (Bourges), que César prit et où il trouva des provisions pour le reste de l'hiver. Vercingétorix dut reculer jusqu'à *Gergovie*, capitale des Arvernes. Il y occupa une position formidable. Le blocus était impossible : il aurait fallu bloquer toute la montagne; une bataille n'était guère plus facile. César n'espéra prendre la ville que par surprise, et un jour, en effet, trompant l'ennemi par

Vercingétorix.
(Restauration par Millet.)

une fausse attaque, il s'était déjà emparé du camp, lorsque Vercingétorix, revenu de son erreur, tomba sur les légionnaires et les jeta à bas de la montagne. Les pertes des Romains furent énormes.

César leva le siège. Sa retraite fut prise pour une

fuite, et les Édues eux-mêmes, ses plus anciens alliés, firent défection. Le péril de l'armée était si grand, que plusieurs conseillèrent à César de rentrer dans la Province. Il tint bon, et sa constance fut récompensée par une victoire qu'il remporta sur Vercingétorix, près de Mâcon. Cependant les débuts de la bataille avaient été si rudes, que César faillit être pris et laissa son épée aux mains de ses ennemis.

Prise d'Alésia. — Après sa défaite, Vercingétorix s'était retiré sous les murs d'*Alésia*, ville située, comme Gergovie, sur une montagne, et comme elle réputée imprenable. Le chef gaulois y traça un camp pour son armée, qui comptait encore quatre-vingt mille fantassins et dix mille cavaliers. César conçut l'audacieuse pensée d'assiéger la ville et le camp, et il commença aussitôt des travaux gigantesques qui ont été pour tous les hommes de guerre un sujet d'étonnement et d'admiration. Bientôt Vercingétorix fut cerné, et la disette se fit sentir. En vain deux cent cinquante mille Gaulois vinrent-ils essayer de le débloquer; en vain on multiplia les assauts et les sorties : on ne put forcer les lignes romaines. Vercingétorix comprit que tout était perdu et il demanda à César ses conditions : César exigea qu'il se rendit à discrétion. Le héros n'hésita point, espérant par le sacrifice de sa vie sauver la ville et son armée. Comme le proconsul était assis sur son tribunal, en avant de ses troupes, les portes de la ville s'ouvrirent. Un cavalier en sortit seul. Monté sur son cheval de bataille, couvert de sa plus riche armure, Vercingétorix arrive au galop, tourne en cercle autour du tribunal, saute à bas de son cheval, et muet, le regard fier, il jette son épée aux pieds de César. César ne sut ni respecter cette grande infortune, ni honorer ce grand courage. Il traîna Vercingétorix à son triomphe, puis le fit périr dans les cachots de Rome.

Il fallut encore deux ans à César pour *pacifier*, comme on aimait à dire, la Gaule. Mais la guerre sérieuse peut être considérée comme terminée avec la chute du noble Vercingétorix (52).

RÉSUMÉ

Consul en 59, *César* se fait donner pour 58 le gouvernement de la Province en Gaule. La Province comprend déjà la plus grande partie des deux rives du Rhône : Languedoc, Provence et Dauphiné. César fera la conquête de toute la Gaule.

César se pose en protecteur des *Édues* menacés par les Helvètes et les Suèves. Il bat les *Helvètes* près de Trévoux et de Bibracte, les *Suèves* sur les bords du Rhin (58).

Pressentant dans le proconsul un maître, les *Belges* prennent les armes. César les bat sur les bords de l'Aisne; de nouveau sur les bords de la Sambre, où les braves *Nerviens* se font tous égorger (57).

La Belgique est conquise, mais l'*Armorique* prend les armes à son tour. Cette nouvelle campagne donne beaucoup de peine à César, de la part surtout des Vénètes, qui sont punis de leur héroïque vaillance par des supplices et l'esclavage (57).

Une invasion des Germains ramène César sur le Rhin. Il le franchit, mais pour s'arrêter presque aussitôt. Une descente dans la *Grande-Bretagne* n'a pas plus de succès (55-54).

Pendant son absence, les *Éburons*, sous *Ambiorix*, et les Nerviens tuent son lieutenant Sabinus avec une légion; puis vont faire le siège du camp de Quintus Cicéron. César accourt, délivre le camp, puis se venge par de nouvelles dévastations et de nouveaux massacres (53).

Toute la Gaule se soulève sous *Vercingétorix*. Le grand Arverne inflige au proconsul une sanglante défaite à *Gergovie*. Mais il est battu à son tour près de Mâcon, cerné dans *Alésia* et obligé de se rendre après un siège mémorable (52). En 50, la Gaule est définitivement soumise.

L'EMPIRE ROMAIN

CHAPITRE PREMIER

ÉTABLISSEMENT DE L'EMPIRE

Rome après la mort de César. — Rome, après la mort de César, demeura calme et silencieuse. Ce calme lui-même épouvanta les meurtriers. Ils avaient compté sur les acclamations du sénat, et le sénat s'était écoulé au plus vite de la curie comme d'un lieu maudit. Ils avaient montré à la foule leurs poignards sanglants en criant que le tyran était mort, et la foule n'avait rien répondu. Alors, comme saisis d'une terreur soudaine, ils coururent se retrancher dans le Capitole.

Funérailles de César. — Cependant tout se serait peut-être passé tranquillement, si un homme n'avait eu intérêt à soulever la foule. *Antoine*, maître de la cavalerie de César, connu jusqu'alors seulement pour être un soldat emporté, insatiable d'argent et de plaisirs, se montra soudain profond politique et joua tout le monde. A peine informé du crime, il s'était précipité dans la maison de César et s'était fait remettre son épargne, le Trésor public, les papiers du dictateur et son testa-

ment. Antoine lut au peuple ce testament, dont
chaque disposition devait exciter sa pitié, ses regrets,
sa colère. Quelques murmures d'abord coururent dans
la foule lorsqu'elle apprit que César n'avait dans son
testament oublié aucun de ses assassins. Mais lorsque
Antoine ajouta que César laissait au peuple ses jardins
le long du Tibre, et à chaque
citoyen trois cents sesterces,
ce fut comme une immense
explosion de colère et de menaces.

Antoine fut plus habile encore. On devait prononcer au
Forum l'éloge du dictateur.
Son corps y fut porté sur un
lit d'ivoire, au milieu d'une
grande magnificence, et Antoine prit la parole. Ne s'esti-
mant pas assez éloquent pour
louer un si grand homme, il
fit parler la patrie elle-même;
il lut d'une voix lente et solen-

Antoine.
(Musée du Vatican.)

nelle les décrets du sénat qui déclaraient César saint,
inviolable, père de la patrie, dieu. « Ils avaient, ajouta-
t-il, voué aux dieux quiconque attenterait à ses jours, ils
avaient juré de le couvrir de leur corps contre le fer des
assassins, et voilà qu'eux-mêmes l'ont assassiné! Pour
moi, s'écria-t-il en tendant les mains vers le Capitole,
je le jure par Jupiter, je n'oublierai point mon serment
et je le vengerai. » Puis il retraça les guerres, les combats, les conquêtes du dictateur, et termina par ces mots
enflammés : « O héros invincible, tu n'as donc échappé
à tant de batailles que pour venir tomber au milieu de
nous! » Et en disant ces paroles, d'un mouvement
rapide il arracha la toge ensanglantée qui couvrait César
et la montra au peuple; au même instant, mû comme
par une force invisible, le cadavre se dressa sur sa couche
funèbre, et alors apparurent à tous les yeux les vingt-
trois blessures qu'il avait reçues à la poitrine et au vi-

sage. Le peuple s'écrie que c'est César lui-même qui se lève pour lui demander vengeance; on court à la curie, qui a été témoin de sa mort, et on y met le feu; de ses ruines embrasées on tire des tisons ardents qu'on lance sur les maisons des conjurés; puis on revient au Forum, on brise les tribunaux, on en fait un immense bûcher sur lequel on brûle le corps.

Tyrannie d'Antoine. -- L'effet espéré par Antoine était produit : les conjurés épouvantés s'étaient échappés de Rome, et il restait maître dans la cité. Il se fit une garde de six mille hommes, gouverna en despote; il trafiqua de tout avec impudence, et ramassa en peu de temps une fortune qui lui permit de payer ses dettes, d'acheter les soldats et des partisans. *Cicéron*, grand orateur et grand patriote, s'écriait douloureusement : « Le tyran est mort, mais la tyrannie vit toujours. »

Arrivée d'Octave à Rome. — Sur ces entrefaites arriva à Rome *Octave*, petit-neveu du dictateur, son fils par adoption et son héritier. Le jeune *César*, comme il se faisait appeler, à peine âgé de dix-neuf ans, avait encore l'air d'un enfant. Petit et délicat, souvent malade, boitant d'une jambe, ayant une voix faible et sourde, il était timide et parlait avec peine. L'avenir montra quelle réflexion et quel courage sérieux se cachaient sous cet extérieur insignifiant. Octave se présenta sans faste, presque seul au Forum devant le préteur, en présence de la foule; se fit reconnaître comme fils et héritier de César; promit d'exécuter soigneusement ses dernières volontés, puis demanda une entrevue à Antoine. Le général aurait bien voulu refuser, mais il n'osa point. Dans cette entrevue, Octave protesta de son dévouement, de sa reconnaissance, et finit par réclamer les biens du dictateur, dont Antoine s'était emparé. Antoine entendait bien ne rien restituer; il le dit assez crûment.

Le second triumvirat (43). — Octave fut profondément blessé, mais non découragé : c'était une nature tenace, qui ne se laissait point abattre par un premier ennui. Il vendit tous les biens, toutes les villas de son père adoptif; il vendit ses propres biens, emprunta, et put ainsi acquitter les legs que faisait César dans son testament. Cette vigueur tranquille déconcerta Antoine, qui suivait avec inquiétude toutes les démarches du jeune homme. Il ne tarda point à s'apercevoir que le peuple, que l'armée lui échappaient. Après avoir essayé de combattre Octave, même par les armes, il comprit qu'un rapprochement était le parti le plus sûr, et il forma avec lui et *Lépide*, ancien lieutenant de César, le second *triumvirat* (43).

Ce fut dans une île du Réno, près de Bologne, que les triumvirs s'abouchèrent. L'association qu'ils formèrent n'était point un simple pacte conclu entre des particuliers comme le premier triumvirat : ce fut une magistrature nouvelle, connue de tous et qui reçut la sanction officielle du peuple. Cette magistrature absorbait tous les pouvoirs publics. En effet les triumvirs s'attribuaient la puissance consulaire pour cinq ans et se réservaient pour le même temps le droit de disposer de toutes les charges. Leurs décrets auraient force de loi, sans être soumis à l'approbation du sénat ni du peuple. En outre ils se partageaient le monde romain.

Les conditions du triumvirat écrites et jurées furent lues à l'armée, qui désormais, dans les révolutions de l'État, jouera un rôle prépondérant. Puis les triumvirs firent leur entrée dans Rome, graves et silencieux, entourés chacun d'une légion. Le peuple, réuni à la hâte, approuva le triumvirat, et l'usurpation se trouva consommée : au lieu d'un tyran, Rome en avait trois maintenant (27 novembre 43).

Les proscriptions. — Avec le nouveau régime se rouvrit l'ère sanglante des proscriptions. On revit les scènes hideuses des plus mauvais jours de Marius et de Sylla. Les triumvirs n'avaient même point, comme Marius et Sylla, l'excuse de la passion et de la colère; ils proscrivaient froidement, par calcul. Ils se firent, pour cimenter leur alliance, les concessions réciproques les plus monstrueuses, immolant qui un parent, qui un bienfaiteur. Lépide livrait son propre frère; Antoine, son oncle L. César ; Octave, un de ses tuteurs, Toranius.

Un des meurtres les plus odieux, parce qu'il frappait un illustre vieillard désormais inoffensif, fut celui de Cicéron, qu'Octave, son protégé, abandonna lâchement à Antoine. Cicéron sut bien mourir. Il essaya d'abord de fuir, puis il se ravisa et tendit courageusement la tête aux assassins. On lui coupa les deux mains, que l'on planta sur la tribune aux harangues ; sa tête sanglante, après avoir servi aux jeux cruels de Fulvie, femme d'Antoine, qui avec son mari avait été peu ménagée par ce grand orateur, fut placée sur la même tribune entre les deux mains, et les honnêtes citoyens, qui regardaient en pleurant ces trophées de la tyrannie, purent se dire que la liberté et la justice avaient vécu.

Rupture du triumvirat (32). — Octave et Antoine affectaient de traiter Lépide moins en collègue qu'en simple lieutenant. Sa vanité en fut blessée, et, se voyant à la tête de vingt légions, il se révolta. Ses soldats n'ayant pas voulu le suivre dans sa révolte, il fut pris et déposé. Antoine et Octave restaient seuls en présence, maîtres l'un de l'Occident, l'autre de l'Orient ; la paix ne pouvait être de longue durée, bien qu'elle eût été scellée par le mariage d'Antoine avec la sœur d'Octave, *Octavie*, jeune femme d'une grande vertu et d'une grande beauté, tendrement aimée de son frère.

Octavie.
(Camée appartenant au baron Roger.)

Après avoir échoué dans une expédition mal conduite contre les Parthes, Antoine, non content de se déshonorer par des orgies sans fin à la cour de Cléopâtre, reine d'Égypte, sacrifia à sa passion les intérêts de Rome. La reine convoitait la Cœlé-Syrie, la Phénicie, Chypre, etc., qui étaient autant de provinces romaines. Antoine les lui donna. Il fit un sanglant affront à Octave en répudiant Octavie, qui reçut l'ordre de sortir de sa maison à Rome. La noble femme obéit en pleurant et quitta la maison de son indigne époux, emmenant avec elle pour les élever ses enfants, ceux mêmes qu'il avait eus de sa première femme, Fulvie. Enfin il osa réclamer sa part des dépouilles de Lépide. Pour toute réponse, Octave lui reprocha vivement de prodiguer à Cléopâtre les trésors et les provinces de Rome et de déshonorer la patrie par sa conduite.

Guerre entre les deux triumvirs (32). — C'était une rupture, et Antoine se disposa à combattre. Octave eût été en grand embarras si son rival eût agi avec promptitude comme il semblait d'abord vouloir le faire. Mais il revint bien vite à ses plaisirs, et tout l'été s'écoula dans de nouvelles fêtes. Quand Octave se vit prêt, il fit déclarer la guerre par le sénat à la reine d'Égypte.

Bataille d'Actium (2 septembre 31). — Au moment de commencer la guerre, Antoine avait cent mille fantassins, douze mille chevaux et une flotte de cinq cents bâtiments de guerre. Les forces d'Octave étaient moins considérables, mais mieux exercées et plus solides. Les deux rivaux se rencontrèrent au promontoire d'Actium. Après de longues heures d'une lutte effroyable, la victoire restait douteuse quand les vaisseaux de Cléopâtre, qui avait voulu assister à la bataille, déployant leurs voiles, s'ouvrirent un passage à travers les combattants et cinglèrent vers le Péloponèse. A la vue de la reine qui fuyait, Antoine vira de bord et courut honteusement sur ses traces. Tous deux rentrèrent en Égypte; mais, poursuivis par le vainqueur, pour lui échapper, ils se donnèrent la mort.

Octave empereur. — Revenu à Rome, Octave se garda de toucher à la forme républicaine : il y eut encore un sénat, des comices, des consuls, etc.; mais ce n'était là que parade et vaine apparence. Le vrai et seul maître fut bien Octave, qui, sous le nom modeste d'*imperator* (empereur), titre autrefois purement honorifique décerné par les soldats à leur général victorieux, sut concentrer habilement entre ses mains sans en avoir l'air tous les pouvoirs. Personne ne songea à se plaindre, parce que, après tout, dans la servitude, on trouva le repos et l'ordre, et il y avait trop longtemps que la liberté ne donnait ni l'un ni l'autre. L'empereur du reste ne se servit jamais de son autorité que pour le bien de tous, sans distinction d'amis ou d'ennemis. Soit adulation, soit enthousiasme sincère et besoin de témoigner sa reconnaissance, le sénat changea son nom d'Octave en celui d'*Auguste*.

Auguste.

Auguste régna quarante-quatre ans (30 av. J.-C. à 14 après J.-C.). Ce long règne fut consacré à l'intérieur à entretenir une paix profonde, à relever les ruines des guerres civiles, à embellir prodigieusement Rome, à faire fleurir les arts et les lettres, à ranimer la prospérité des provinces, qui furent admirablement gouvernées. L'extérieur ne fût point sans nuage. Les légions romaines, franchissant le Rhin, avaient soumis la Germanie. Maltraitée par le général *Varus*, homme inhabile et dur, la Germanie se souleva. Ce soulèvement coûta la vie à Varus avec cinquante mille hommes. Auguste ne se consola jamais de cette retentissante catastrophe.

RÉSUMÉ

Après leur crime, comme effrayés du silence de Rome, les meurtriers de César se réfugient au Capitole. *Antoine,* lieutenant de César, profite des funérailles pour ameuter la foule. Brutus et Cassius se sauvent en province.

Octave, fils adoptif de César, vient à Rome réclamer l'héritage de son père. Antoine refuse de rendre ce qu'il en a pris. Octave n'en acquitte pas moins les legs de César et gagne ainsi le peuple et l'armée. Antoine essaye de le combattre, puis se réconcilie avec lui, et ils forment avec *Lépide* le deuxième triumvirat (43). Les proscriptions recommencent. Une des victimes les plus illustres est *Cicéron*.

La déposition de Lépide révolté (36) laisse en face Octave et Antoine. Une expédition mal conduite et désastreuse d'Antoine contre les *Parthes* (35-34), sa funeste passion pour la reine d'Égypte, *Cléopâtre,* à qui il sacrifie des provinces romaines, enfin le renvoi de sa femme, la noble Octavie, sœur d'Octave, amènent la rupture entre les deux triumvirs (32). Une seule bataille, celle d'*Actium* (2 sept. 31), suffit à ruiner les affaires d'Antoine, qui se tue à Alexandrie (30). L'Empire est fondé. Empereur, Octave, devenu *Auguste,* règne avec sagesse pendant 44 ans (30 av. J.-C. à 14 après J.-C.). Ses dernières années sont attristées par le désastre de Varus en Germanie.

CHAPITRE II

QUELQUES SUCCESSEURS D'AUGUSTE

SOMMAIRE

Tibère. — Néron. — Vespasien. — Trajan. — Marc-Aurèle.

Tibère (14-37). — Auguste mort, rien dans la Constitution ne disait qui devait être empereur. Mais Rome, déjà façonnée au joug, subit spontanément la loi de l'hérédité. Cette loi de l'hérédité était toutefois bien fragile : au fond, la seule loi qui fît les empereurs, c'était la volonté de l'armée. L'armée resta fidèle à la famille d'Auguste, par respect pour la mémoire du fondateur de l'Empire, et lui donna comme successeur *Tibère,* le fils de sa femme Livie et son fils adoptif.

Tibère, quand il prit le pouvoir, avait cinquante-six ans. Jusque-là il ne s'était fait connaître que par son activité et sa bravoure. S'il n'avait pas de vertus, il n'avait pas non plus de grands vices. Tout ce qu'on pouvait lui reprocher, c'était son humeur, qui était fort chagrine, et un certain penchant à boire : *Biberius mero* (qui aime à s'abreuver de vin pur), disaient les soldats en jouant sur son nom, *Tiberius Nero*. Pendant quinze ans son administration, soit en Italie, soit dans les provinces, fut des meilleures : elle présentait un caractère remarquable d'ordre, de justice et de fermeté.

Tibère.

Le malheur de Tibère fut qu'il se laissa dominer par un favori, le jeune *Séjan*. Ce fils d'un simple chevalier prit sur l'empereur un tel ascendant, qu'il ne lui refusait rien. La retraite volontaire de Tibère dans la délicieuse île de Caprée, en face du Vésuve, le fit comme le maître de l'Empire. Enivré par la fortune, Séjan fit empoisonner *Drusus*, le fils et héritier de l'empereur, et osa même conspirer contre son bienfaiteur. Tibère l'apprit. Aussitôt l'ambitieux ministre fut arrêté et envoyé au dernier supplice. Mais Tibère avait goûté le sang, il ne s'arrêta plus. Trahi par celui à qui il avait donné toute sa confiance, il ne vit partout que des conspirateurs. Tous les complices vrais ou prétendus de Séjan furent tués et leurs biens confisqués; il y eut comme une épidémie de suicides pour échapper à la main du bourreau. De bon empereur changé en tyran, Tibère périt lui-même de la main d'un de ses officiers.

Néron (54-68). — Tibère eut pour successeurs d'abord son petit-neveu *Caligula*, un épouvantable fou furieux qu'on tua au bout de quatre ans; puis son neveu *Claude*, un imbécile, qui déshérita le fils de sa première femme, Britannicus, pour adopter *Néron*, fils de sa deuxième femme, l'altière et ambitieuse Agrippine.

Né vicieux, Néron ne se laissa point tout d'abord emporter à toutes les fureurs de ses mauvais penchants. Les cinq premières années de son règne (*quinquen-*

niuri) demeurèrent longtemps célèbres comme une époque de justice et de bonheur. Un de ses gouverneurs, Burrhus, lui présentant à signer deux sentences capitales, il s'était écrié : « Ah ! que je voudrais ne point savoir signer ! » Il se montrait plein de respect pour sa mère, pour le sénat. Le peuple avait en abondance ce qu'il aimait tant, les distributions de vivres et d'argent, surtout des jeux et des représentations théâtrales. Décidément on avait un César irréprochable.

Néron.

Tout ceci n'était qu'une feinte, et on le vit bientôt. Même pendant qu'il jouait au prince vertueux, une fois l'heure de la représentation passée, Néron courait à des plaisirs extravagants, et Rome entendait dire, avec une stupeur mêlée d'effroi, que le jeune empereur qu'elle avait vu le jour gravement assis sur son tribunal pour rendre bonne justice, la nuit courait les rues, déguisé en esclave, pillant et cassant tout dans les boutiques, distribuant aux passants attardés force coups de bâton, au risque d'en recevoir davantage lui-même, ce qui lui arriva plus d'une fois.

Ce n'étaient là que des fantaisies brutales, encore un peu excusables chez un jeune

Agrippine, mère de Néron.
(Musée du Capitole.)

homme ; mais des fantaisies Néron passa rapidement à des crimes affreux. Sa mère Agrippine et sa femme Octavie le gênaient dans ses passions. Après avoir essayé de noyer sa mère dans les eaux de Baïes, à la suite d'un souper dans lequel il lui avait prodigué toute sorte de perfides caresses, il la fit poignarder (59). Octavie reçut l'ordre de mourir : elle avait vingt ans.

La barrière était rompue, et Néron ne connut plus de frein. Il donna carrière à ce qu'il croyait être ses goûts d'artiste, conduisant les chevaux du cirque, composant des vers, faisant entendre sa *voix divine* en s'accompagnant de la lyre; puis il se plongea dans des orgies qui font rougir pour l'humanité.

Ce n'était point assez ; il se traînait dans la boue, il se vautra dans le sang. En 64, un effroyable incendie qui dura neuf jours détruisit presque entièrement Rome. La voix publique accusa Néron. On ajouta même que pendant l'immense destruction qui s'accomplissait, debout au sommet du Palatin, en costume de théâtre, une lyre à la main, il chantait des vers sur la ruine de Troie, tandis que les soldats du prétoire et les esclaves du palais attisaient l'incendie. Accusé, Néron accusa les chrétiens. On imagina pour ces malheureux des raffinements incroyables de cruauté. On les enveloppait de peaux de bêtes, puis on les livrait à des chiens qui les mettaient en pièces; mieux encore, on les attacha à des poteaux, on les enduisit de poix et de résine, et la nuit venue on alluma ces flambeaux vivants pour éclairer les fêtes que Néron donnait dans ses jardins!

Rome fut rebâtie sur un plan plus régulier, avec des rues larges et droites, des maisons moins hautes, isolées et ornées de portiques sur la façade. Néron se fit construire dans le vaste espace qui s'étend entre les Esquilies et le Palatin sa célèbre *maison d'or*, qui, outre le palais, comprenait des jardins, des prairies, des lacs et des bois; vraie villa en pleine Rome, mais villa décorée avec un luxe insensé. Le même luxe éclatait dans les meubles, dans les vêtements, dans les repas, dans tout ce qui touchait à la cour : ainsi Néron ferrait ses mules d'argent, et Poppée, sa femme, ferrait ses chevaux d'or.

Tant d'extravagances lassèrent à la fin l'Empire.

Néron avait commis l'imprudence d'insulter les généraux, de les tuer même après leurs victoires. Un mécontentement profond agitait les armées, et les chefs, se sentant menacés, se tenaient prêts à la révolte. Le coup partit de la Gaule, du noble *Vindex*, qui comme beaucoup d'autres éprouvait des nausées à se sentir gouverné par un « mauvais chanteur ». Galba, gouverneur d'Espagne; Othon, gouverneur de Lusitanie, suivirent le mouvement. Les statues de Néron furent renversées, et *Galba* proclamé empereur.

Quand on apprit ces nouvelles à Rome, l'agitation fut à son comble. Le sénat sortit de sa torpeur et menaça le tyran. Abandonné de tous, Néron s'enfuit à cheval, pieds nus, en tunique, couvert d'un mauvais manteau, dans la maison de campagne de Phaon, un de ses affranchis. Il fit creuser sa fosse devant lui, car il fallait mourir, et il était là pleurant, n'osant se frapper. Enfin, entendant le galop des cavaliers qui venaient se saisir de lui, il s'enfonça le fer dans la gorge, aidé par son secrétaire Épaphrodite. Une de ses dernières paroles fut : « Quel artiste le monde va perdre ! » Néron avait trente ans. Avec lui s'éteignit la famille d'Auguste.

Vespasien (69-79). — Après Néron, trois empereurs, dans l'espace d'une année, périrent de mort violente. Le pouvoir fut enfin saisi d'une main vigoureuse par *Vespasien*, général des légions d'Orient, et fondateur de la famille des *Flaviens*.

Vespasien, né à Réate, dans les montagnes de la Sabine, fils d'un modeste percepteur d'impôts, se proposa

Vespasien.
(Musée Campana.)

de relever les ruines amoncelées par ses prédécesseurs; il y réussit. Il fut, dit saint Augustin, un prince très bon et très digne d'être aimé. Très laborieux, simple, sobre, frugal, il se fit d'abord une cour à son image, puis s'occupa de réformer le sénat, les légions, la justice, les finances. Le sénat fut épuré, et ses membres indignes rejetés. Les légions, depuis longtemps habituées à l'indiscipline, furent ramenées à la vie sévère des camps. La justice fut surveillée par l'empereur, qui aimait à la rendre en personne. Les finances furent l'objet de soins particuliers que réclamait leur état déplorable ; à force d'économie sévère, on a dit d'avarice, elles furent promptement rétablies.

Les grands travaux publics furent repris ; les rues, les aqueducs restaurés ; de nouvelles fontaines installées ; le

Le Colisée (état actuel).

Capitole rebâti. Un immense amphithéâtre, le *Colisée*, pouvant contenir plus de quatre-vingt mille spectateurs, fut construit. Vespasien, jusqu'à la dernière heure, conserva son infatigable activité : « Un empereur, disait-il, doit mourir debout. »

Deux guerres importantes signalèrent ce règne : une en Gaule, l'autre en Judée.

Guerre des Gaules (69-70). — *Sabinus*, qui prétendait descendre de César, souleva les *Lingons* (Langres) et se fit proclamer empereur. Mais il fut vaincu par les Séquanes, ses voisins, qui s'étaient déclarés pour les Romains. Réduit à fuir, il mit lui-même le feu à sa maison pour donner le change, et se réfugia dans un souterrain. Sa femme *Éponine*, qui d'abord l'avait cru mort, vint l'y rejoindre et y vécut avec lui neuf ans. Découvert à la fin, il fut conduit à Rome et condamné au supplice par Vespasien, malgré les touchantes prières d'Éponine, qui, ne pouvant sauver son mari, demanda à mourir avec lui. Cette grâce cruelle lui fut accordée.

Guerre de Judée (67-70). — La guerre de Judée fut plus sérieuse. Depuis l'an 6 de J.-C., la Judée était administrée par des *procurateurs*. La domination romaine, longtemps douce, devint odieusement tyrannique sous Néron. Le patriotisme juif frémissait sous le joug de l'étranger. En 65, une explosion terrible éclata, et des milliers de Romains succombèrent.

Vespasien, général des légions d'Orient, fut chargé de comprimer la révolte. Il mit deux ans à reconquérir la Palestine, qui fut horriblement dévastée. Il n'était pas pressé d'assiéger Jérusalem, car il savait que la ville, livrée aux horreurs de l'anarchie, se dévorait elle-même. Des bandits, qui se décoraient du nom de *zélateurs*, remplissaient les prisons pour les vider ensuite par la mort. Vespasien allait enfin commencer le siège de Jérusalem quand il fut proclamé empereur (69). Il partit pour Rome, laissant la continuation de la guerre à son fils *Titus*.

Titus parut sous les murs de la ville avec soixante mille hommes, au printemps de 70. Le siège dura cinq mois et dépassa tout ce que l'antiquité avait vu d'héroïque obstination et d'horreurs. Jérusalem était une très grande ville ; mais sa population était plus que doublée par les étrangers qu'y avaient attirés les fêtes de Pâques. Aussi la famine s'y fit-elle bientôt sentir, une famine horrible, telle qu'une mère mangea son enfant. Plusieurs essayèrent de fuir ; mais tous ceux qu'on prenait étaient mis en croix. Les Romains n'avançaient qu'avec peine, malgré leurs formidables machines de guerre.

Quand la première enceinte fut entamée, chaque mai-

son devint une forteresse qu'il fallut emporter séparément ;
quand on eut fait brèche dans la deuxième enceinte, on
se trouva en face du Temple, qui formait à lui seul une
citadelle, où les *zélateurs* se défendirent avec l'énergie du désespoir. Titus aurait voulu sauver le Temple ;
mais Jésus-Christ avait dit que de cet important édifice
il ne resterait pas pierre sur pierre : un soldat y mit le

Arc de Titus, à Rome, élevé en mémoire de la prise de Jérusalem.
(D'après une photographie.)

feu par mégarde, et le Temple disparut dans les flammes
avec ses défenseurs. Restait la ville haute : quand les
Romains y pénétrèrent, ils n'y trouvèrent que des
cadavres ; les Juifs s'étaient entre-tués après avoir mis
partout le feu. Onze cent mille Juifs avaient péri ; cent
mille étaient prisonniers. Du Temple et de la ville, il ne
restait que des ruines sanglantes.

Trajan (98-117). — La famille des Flaviens donna
encore deux empereurs à Rome : *Titus,* « les délices du
genre humain », et *Domitien,* un affreux tyran ; puis elle
fit place à la famille des *Antonins,* dont deux princes

furent particulièrement remarquables : *Trajan* et *Marc-Aurèle.*

Trajan était un provincial, né à *Italica*, sur le Bétis, en Espagne. Lorsqu'il fut proclamé empereur, à l'âge de quarante-cinq ans, il était sur le Rhin, où il commandait les légions de la haute Germanie. Sa vie s'était passée dans les camps, et il était fort aimé de ses soldats, malgré sa sévérité.

Le nouvel empereur entra dans Rome sans pompe, sans appareil. Le peuple, accouru en foule, contemplait avec étonnement ce soldat à la taille haute, à l'air martial, qui prenait possession de sa capitale à pied, suivi d'une faible escorte de légionnaires. Des distributions de vivres et d'argent achevèrent de gagner tous les cœurs.

Trajan était avant tout un soldat ; mais son amour de la guerre ne lui fit point oublier les affaires de l'intérieur. La justice fut bien rendue ; plusieurs impôts furent diminués, et cependant les finances se trouvèrent promptement rétablies. Malgré les charges énormes que lui imposaient ses guerres et ses grandes constructions, l'empereur se trouva assez riche pour réaliser une institution charitable où l'on sent déjà comme une infiltration du christianisme, nous voulons dire l'*assistance des enfants pauvres.*

On a remarqué que tous les grands princes ont été de grands bâtisseurs : ce titre ne manqua point à Trajan, dont les travaux furent aussi hardis que nombreux. Pont sur le Danube, pont sur le Rhin, tous deux disparus. Pont d'Alcantara, sur le Tage, haut de soixante mètres et long de cent quatre-vingt-huit, encore debout. A Rome, colonne Trajane, parfaitement conservée, sous laquelle il s'était fait préparer son tombeau ; et tout autour un Forum, qu'Ammien Marcellin, historien du ive siècle, nommait le plus magnifique ensemble de constructions qui fût au monde. A ces monuments, ajoutons la création de deux ports qui fonctionnent toujours : celui d'Ancône, où un bel arc de triomphe en marbre blanc rappelle le souvenir du fondateur, et celui de Civitta-Vecchia.

L'empereur s'ennuya vite à Rome, au milieu des froides adulations du peuple et du sénat. Deux ans après son avènement, il partit pour les régions du Danube, où un peuple barbare, les *Daces*, établi dans la Transylvanie et la Roumanie actuelles, fatiguait de ses incursions les frontières de l'Empire. Il franchit le fleuve vers les fameuses *Portes de fer*, où le Danube, resserré dans des gorges étroites, bondit avec colère sur les rochers ;

Un Dace.

(Musée du Vatican.)

puis il pénétra jusque dans les montagnes de Transylvanie, et écrasa l'ennemi dans une grande bataille.

Pour affermir sa conquête, Trajan jeta sur le Danube un pont gigantesque, dont les restes se voient encore à la saison des eaux basses, puis fonda plusieurs colonies militaires tant dans l'intérieur du pays que sur les rives du fleuve. Une de ces colonies subsiste encore : c'est *Nicopolis*, la ville de la victoire, sur le Danube. Les Daces se laissèrent si aisément pénétrer par la civilisation de leurs vainqueurs, qu'ils semblèrent ne plus former avec eux qu'un seul peuple, et la Dacie devint une Italie nouvelle où se retrouvent de nos jours, dans la *Roumanie*, le nom de Rome et sa langue.

C'était assez de succès et de gloire : Trajan pendant sept ans se reposa dans les travaux féconds de la paix. Mais le désir de la guerre le reprit, et, sous un prétexte plus ou moins plausible, il marcha contre les Parthes, qui habitaient les rives de l'Euphrate. Partout la victoire suivit ses armes ; mais, comme il revenait, toutes les provinces soumises se révoltèrent. Il se retourna furieux et réduisit en cendres nombre de villes. Malgré sa vengeance, il n'osa point garder sa conquête, et il se hâta de courir en Syrie par le plus court chemin, semant sa route des cadavres de ses soldats. Arrivé en Cilicie, à Sélinonte, il y mourut de chagrin (117). Ainsi, comme tous les grands règnes, le règne de Trajan se fermait sur une catastrophe.

Marc-Aurèle (161-180). — L'originalité de Marc-

Marc-Aurèle. (Place du Capitole, à Rome.)

Aurèle fut d'être un philosophe couronné. Il avait pris le manteau des philosophes dès l'âge de douze ans; il avait adopté la barbe, les austérités et toutes les mortifications de la secte stoïcienne, travaillant sans relâche, mangeant peu, couchant sur la dure. Adopté à l'âge de dix-huit ans par l'empereur Antonin, il continua à fréquenter ses maîtres. Sa vie privée demeura conforme à sa doctrine. D'une santé délicate, il régla minutieusement son régime et suivit *par devoir* les ordonnances de ses médecins, au nombre desquels était *Galien*, le plus célèbre de l'antiquité après Hippocrate. Il ne connut pas le plaisir, fut sobre et chaste, c'est-à-dire une exception, même parmi les meilleurs empereurs.

Marc-Aurèle n'aimait point la guerre. Cependant il fut obligé de batailler pendant tout son règne contre les Parthes, les peuples du Danube, les Germains. Les Barbares repoussés reparaissaient infatigables, et ne laissaient à l'empereur que de courts répits. Il y mourut à la peine, après treize ans de campagnes, à Vindobona (Vienne), le 17 mars 180, dans sa cinquante-neuvième année.

Pendant qu'il luttait péniblement contre les envahisseurs, Marc-Aurèle, à deux pas de l'ennemi, retrouvait assez de sang-froid et de tranquillité d'âme pour réfléchir et écrire sur les questions qui intéressent le plus l'humanité. Ces notes, rédigées au jour le jour, sans ordre, sans plan, pour lui-même, renferment des aperçus d'une telle pureté et d'une telle élévation, qu'on se croirait par moments en présence de l'Évangile. On a justement dit que, de tous les païens, Marc-Aurèle a été celui qui a été le plus chrétien.

Comment expliquer maintenant que l'auteur des *Pensées* ait tenu une conduite si opposée à ses belles maximes? L'homme qui a écrit cette admirable sentence : « Pense que les hommes sont tes frères, et tu les aimeras », ne vit point dans les chrétiens ses frères. Il fut pour eux un persécuteur atroce.

RÉSUMÉ

Bien que la loi de l'hérédité n'existât point officiellement, Auguste eut pour premiers successeurs des princes de sa famille, *Tibère, Caligula, Claude, Néron*, tous fort peu recommandables. A la famille d'Auguste succéda en 69 la famille des *Flaviens*, dont le fondateur fut *Vespasien*. Cette famille fut remplacée en 96 par celle des *Antonins*. Deux princes surtout l'illustrèrent, *Trajan* (98-117) et *Marc-Aurèle* (161-180).

CHAPITRE III

L'ORGANISATION DE L'EMPIRE

SOMMAIRE

L'empereur. — La défense des frontières. — Les monuments. — Les routes. — Les mœurs. — Les spectacles. — Le cirque. — Pompéi.

L'empereur. — Tout en laissant, comme Auguste, subsister la forme républicaine, et sans porter tout d'abord au moins la couronne, les empereurs exercèrent un pouvoir absolu et furent de vrais despotes, toute l'autorité et toute loi résidant uniquement dans leur volonté. Ils s'appuyaient principalement sur l'armée, qui bientôt, s'apercevant du rôle important qu'on lui faisait jouer, fit et défit les empereurs et devint à son tour seule maîtresse des destinées de l'Empire.

Le principal auxiliaire de l'empereur à Rome et dans l'Italie fut le *préfet de Rome;* dans les provinces, ce furent des gouverneurs qui, nommés ou non par l'empereur, ne relevaient que de lui, et lui devaient un compte sévère de leur gestion. Sous les pires empereurs, les provinces furent mieux administrées qu'aux plus beaux jours de la République.

La défense des frontières. — L'Empire sous Auguste était déjà immense ; il s'agrandit encore après lui. Sous l'infâme Domitien, un grand général, *Agricola,* fit la conquête de toute la Grande-Bretagne jusqu'aux frontières de la Calédonie (Écosse). Trajan en personne soumit les deux rives du Danube occupées par les Daces. Pour ne prendre que les grandes lignes, à un moment l'Empire allait de la chaîne de l'Atlas en Afrique aux frontières de l'Écosse; de l'Atlantique aux rives du Rhin, du Danube et de l'Euphrate. Tous les peuples établis au delà de ces limites reçurent la dénomination commune de Barbares.

Non seulement ces Barbares ne furent jamais soumis, mais encore de bonne heure ils se heurtèrent aux frontières romaines et cherchèrent à les franchir. Pour défendre ces frontières, d'innombrables légions durent y séjourner en permanence ; sur les points les plus menacés on bâtit des retranchements, comme le *vallum Adriani*, retranchement d'Adrien, élevé sur la limite de la Calédonie ; le mur du Diable, qui reliait le Rhin au Danube ; on construisit des camps fortifiés qui sont devenus de grandes villes : telles *Cologne*, sur le Rhin ; *Augsbourg*, sur le Danube. Tous ces obstacles devaient s'écrouler un jour sous la poussée des Barbares.

Les routes. — Un des moyens les plus efficaces pour la défense de l'Empire étaient les routes, qui permettaient aux légions de se porter rapidement d'un point à l'autre. Depuis longtemps l'Italie était sillonnée de magnifiques voies construites en larges dalles carrées et comme indestructibles. L'Empire multiplia ces routes à l'infini. Pour ne parler que de notre pays, une voie fut jetée à travers les Alpes par le col actuel du Mont-Cenis, reliant la Gaule cisalpine à la Gaule transalpine. De Lyon, capitale de la Gaule, partirent quatre grandes voies, vers l'Océan, vers la Manche, vers le Rhin, vers la Méditerranée. Puis, sur ces routes, par une innovation remarquable, on plaça à de faibles distances, d'abord des courriers agiles pour porter les lettres, puis des voitures pour les voyageurs : les *postes* étaient créées.

Les monuments. — La République, tout occupée des guerres de la conquête, ou ensuite déchirée par les guerres civiles, n'avait pas eu le temps de songer aux monuments. L'Empire au contraire en éleva une multitude. Temples, arcs de triomphe, colonnes, thermes, amphithéâtres, arènes, surgirent de terre comme par enchantement ; et une foule sont encore debout : ainsi, à Rome, le Panthéon, le Colisée, la colonne Trajane ; en France, les arènes de Nîmes, d'Arles, etc... Auguste à lui seul avait fait élever tant de monuments, qu'il se

vantait d'avoir trouvé Rome de briques et de la laisser
de marbre.

Les mœurs. — Il était plus facile d'ériger de
somptueux édifices que de réformer les mœurs. Les
derniers siècles de la République avaient été signalés
par une affreuse corruption. Les mœurs ne furent pas
meilleures sous l'Empire. Tout ce que purent obtenir
les empereurs, ce fut, à force de règlements honnêtes,
de ramener dans la société un peu d'ordre, de retenue
et de dignité extérieure. D'ailleurs, comment les empereurs auraient-ils pu réformer les autres, ayant eux-
mêmes, sauf de très rares exceptions, une large part de
la corruption générale ?

Le spectacle; le cirque. — A Rome, les spectacles
firent toujours fureur. *Du pain et des jeux*, voilà tout
ce que le peuple demandait à ceux qui étaient au pouvoir, et à ce prix il faisait bon marché de sa liberté.
Mais les spectacles qu'il préférait n'étaient point ceux
que recherchaient les peuples vraiment civilisés. Les
jouissances de l'esprit, les représentations dramatiques
si goûtées à Athènes, lui furent toujours à peu près
étrangères. Il lui fallait des courses de chars, surtout
des combats de gladiateurs, malheureux prisonniers que
l'on forçait à s'entr'égorger, ou à lutter jusqu'à la mort
contre les bêtes féroces. Pour les courses de chars,
l'empereur Caracalla fit construire un cirque auquel
son nom est resté attaché. Pour les combats de gladiateurs, l'empereur Vespasien fit construire le *Colisée*,
colossal amphithéâtre dont les gigantesques ruines comp-
tent encore aujourd'hui parmi les plus belles du monde.

Amphithéâtre et cirque avaient à peu près la même
forme : enceinte circulaire, plutôt ovale pour le cirque,
à laquelle étaient adossés les gradins servant de sièges
aux spectateurs, et au centre les *arènes*, immense espace
couvert de sable fin, pour les évolutions des chars ou
pour les combats des gladiateurs.

Pompéi. — Le court règne de Titus (79-81) fut
marqué par une catastrophe célèbre. Le Vésuve, qui
depuis longtemps semblait complètement mort, fit tout

à coup éruption et ensevelit sous un monceau de cendres et de lave brûlante trois villes : Stabies, Herculanum et Pompéi (79). Pline l'Ancien, naturaliste distingué, qui commandait la flotte de Misène, voulut voir le phénomène de près et périt étouffé. Pompéi a été presque

Le Forum de Pompéi, état actuel. (D'après une photographie.)

entièrement déblayée de nos jours, et dans cette ville qui ressuscite après dix-huit siècles, on peut étudier sur place l'art, les habitations, les costumes et les mœurs des Romains.

RÉSUMÉ

L'empereur à Rome jouissait d'un pouvoir absolu et commandait à un empire immense. Les frontières de cet empire étaient défendues par d'innombrables légions y séjournant en permanence, par des retranchements et des camps fortifiés. De superbes routes facilitaient les déplacements des légions. Les Romains acceptaient volontiers la servitude, pourvu que les empereurs leur donnassent du pain et des jeux.

CHAPITRE IV

L'ÉGLISE PRIMITIVE

SOMMAIRE

Jésus-Christ. — Sa mission. — Sa mort. — Prédication de l'Évangile. — Les persécutions. — Souffrances des martyrs. — Courage des martyrs. — Triomphe de l'Église.

Jésus-Christ. — A côté du monde romain, qui
chancelle déjà malgré des apparences trompeuses de
solidité, s'élève un nouveau monde qui a des destinées
immortelles, le monde chrétien. Son fondateur n'est pas
autre que le Fils de Dieu lui-même, fait homme par
amour pour nous, *Jésus-Christ,* né à Bethléem, la tren-
tième année du règne d'Auguste. Pour établir son
empire qui devait régénérer et sauver la société, Jésus-
Christ a choisi la voie de la pauvreté et de l'humiliation.
Il a vécu dans une province méprisé, la *Galilée;* dans
une ville plus méprisée encore, *Nazareth.* Il a voulu
être le fils d'une pauvre femme du peuple, mariée à un
charpentier. Lui-même a exercé le métier de charpentier
jusqu'à l'âge de trente ans, ignoré de tous.

Sa mission. — Puis cet ouvrier qui n'a jamais
appris les lettres, qui a simplement reçu l'instruction
que reçoivent tous les Juifs dans leur réunion de chaque
semaine à la synagogue, s'est mis à parcourir son pays
pour annoncer une doctrine nouvelle. Les foules se
sentent invinciblement attirées par sa parole douce et
persuasive, par l'air indéfinissable de bonté et de
majesté que respirent tous ses traits. Des milliers
d'hommes lui font sans cesse cortège et le suivent
jusque dans les solitudes, oubliant auprès de lui et le
boire et le manger. Jésus ne se contente point d'ensei-

gner : il console les affligés, il chasse les démons, il guérit les malades, il apaise les tempêtes, il ressuscite les morts. Il s'est dit le *Fils de Dieu, Dieu lui-même,* et dans sa bouche cette parole, qui dans toute autre bouche aurait paru odieusement insensée, n'a point paru aux foules un blasphème; car la foule, avec son gros bon sens, a compris qu'un Dieu seul peut parler et agir comme le fait Jésus.

Sa mort. — Jésus prêche ainsi et fait le bien pendant trois ans; mais il s'est attiré l'inimitié des grands de sa nation, des pharisiens et des princes des prêtres, dont il a révélé les vices et flétri l'orgueil. Par là il s'est fait des ennemis irréconciliables, car l'orgueil froissé ne pardonne jamais. Poursuivi par la haine indomptable de ces hommes, abandonné de la foule qui tout à l'heure l'acclamait, lâchement sacrifié par son juge Ponce Pilate, qui reconnaît son innocence, il subit la peine des esclaves, il expire sur la croix, délaissé de tous, sauf de sa mère et de Jean, son disciple bien-aimé. Son œuvre semble perdue, et ses ennemis triomphent.

Médaille dite du *Campo dei Fiori,* représentant le Christ, trouvée à Rome en 1897.

La prédication de l'Évangile. — Tout à coup ses disciples plus intimes, connus sous le nom d'*apôtres,* que l'on croyait dispersés, reparaissent et se mettent à publier hautement sa doctrine. Ils affirment que Jésus n'est resté que trois jours dans le tombeau, qu'il s'est ressuscité lui-même par sa propre puissance, qu'il est vivant et qu'il est Dieu. Et ils prouvent leur dire par des œuvres semblables à celles de leur Maître : eux aussi guérissent les malades, chassent les démons, ressuscitent les morts. En vain les pharisiens leur font les plus terribles menaces s'ils ne se taisent ; en vain ils les jettent en prison, les font fouetter jusqu'au sang : les apôtres se réjouissent d'avoir eu quelque chose à souffrir pour Jésus, et, à peine libres, se remettent à prêcher dans les rues, sur les places publiques. La foule accourt, les traite d'abord d'hommes ivres, les écoute ensuite avec étonnement et curiosité, enfin avec émotion et repentir, et des milliers de personnes embrassent la nouvelle doctrine.

Ceci se passait dans la dix-neuvième année du règne de Tibère. Moins de trente ans après, la nouvelle doctrine avait franchi les mers et trouvé des adeptes dans toutes les parties de l'empire romain. A peine leur divin Maître les avait-il

Saint Pierre et saint Paul.
(Bronze des Catacombes.)

quittés pour remonter au ciel, les apôtres s'étaient dispersés dans le monde entier pour annoncer l'Évangile. Saint Pierre fonda l'Église d'Antioche, où pour la première fois les disciples prirent le nom de *chrétiens*; puis il vint attaquer l'idolâtrie dans le centre même de son empire, à Rome. Saint Jean prêcha dans l'Asie Mineure. Saint Philippe parcourut la haute Asie et revint chercher le martyre dans la Phrygie. Saint André visita les peuplades nomades de la Scythie. Saint Thomas et saint Barthélemy pénétrèrent chez les Parthes et jusque chez les Indiens. Saint Jude évangélisa l'Arabie et la Mésopotamie ; saint Matthieu, l'Éthiopie, l'Égypte, l'Abyssinie ; saint Simon et saint Barnabé, la Perse. Saint Mathias prêcha dans la Cappadoce et en Colchide ; saint Paul partout. Nous avons les lettres qu'il écrivait aux Romains, aux Corinthiens, aux Galates, aux Éphésiens, aux Hébreux, aux habitants de Philippes, etc...

Les persécutions. — Cette simple énumération a son éloquence et indique quelle variété de peuples le christianisme renfermait déjà dans son sein. Il comptait des adhérents parmi les plus grandes familles, on dit même dans le palais de Néron. A Rome donc et dans tout l'Empire il y avait côte à côte deux sociétés : l'une, petite encore, mais qui grandira chaque jour, pratiquant, à l'exemple de son fondateur, toutes les vertus inconnues à l'antiquité : l'humilité, la pureté, le désintéressement, l'amour du sacrifice, l'amour du pauvre, de l'esclave ; l'autre, cruelle, égoïste, sensuelle, ne rêvant que pouvoir, honneurs, richesses et plaisirs honteux. Il y avait entre ces deux sociétés une antipathie naturelle, l'une étant la *condamnation de l'autre*. Et cette antipathie devait amener forcément, de la part de celle qui pour le moment était la plus forte, la guerre, c'est-à-dire la persécution.

La persécution, inaugurée par Néron, qui faisait servir les chrétiens de torches vivantes à ses orgies, qui envoyait au supplice *Pierre*, le chef visible de la nouvelle religion, et *Paul*, l'apôtre des nations, se continua, avec des alternatives d'assoupissement et de réveil furieux, pendant deux cent quarante-neuf ans. Sur ces deux cent quarante-neuf ans, l'Église eut cent vingt ans de repos et cent vingt-neuf ans de luttes. C'est dire au prix de combien de sang elle acheta la victoire. On ne sait quel fut le nombre des confesseurs de la foi. Tout ce qu'on peut dire, c'est qu'il périt des milliers de chrétiens et qu'il n'y eut pas un coin de l'Empire qui ne fut arrosé de leur sang.

Souffrances des martyrs. — Les persécuteurs épuisèrent sur les chrétiens tous les genres de tortures. Le glaive, la dent des bêtes, la faim, la prison, étaient les plus doux des supplices. On ne se contentait point de prendre la vie des victimes ; on les faisait expirer au milieu de tourments inouïs. Les martyrs étaient brûlés à petit feu, déchirés avec des tenailles ou des peignes de fer, plongés dans des chaudières d'huile ou de poix bouillante, assis sur des chaises de fer rougies au feu ou étendus sur des grils ardents ; ils étaient crucifiés, roués, écartelés, frappés de lanières armées de boules de plomb ; ils étaient lapidés, empalés, écorchés vifs, coupés encore vivants, membre par membre ; attachés à des cadavres en putréfaction ; soumis enfin à tout ce que peut imaginer de plus barbare la cruauté furieuse de se voir impuissante.

Courage des martyrs. — Si le souvenir des tortures des martyrs fait frissonner, la pensée de leur courage étonne et confond. De faibles enfants, de jeunes femmes allaient à la mort le sourire sur les lèvres, et, au milieu des supplices les plus affreux, chantaient, remerciaient le Seigneur. Pour eux la souffrance la plus vive n'était point toujours celle du corps, mais celle de l'âme. Il leur fallait lutter contre les affections les plus profondes, les plus légitimes, sacrifier un père, un enfant, un époux ; briser ces affections et se déchirer ainsi eux-mêmes le cœur.

Triomphe de l'Église. — Malgré tous les obstacles, l'Église triompha : le sang des martyrs avait été une semence féconde qui avait germé au loin et couvrit le monde d'une riche moisson de chrétiens. Les persécuteurs s'avouèrent vaincus, et, en 313, l'empereur Constantin publia le fameux *édit de Milan,* qui donnait à l'Église non seulement la liberté, mais encore une place d'honneur dans l'État. Lui-même avait embrassé le christianisme, et désormais tous les empereurs seront chrétiens.

RÉSUMÉ

Au monde romain qui s'écroule sous le poids de ses vices, le relèvement est offert par le Fils de Dieu lui-même fait homme, sous le nom de *Jésus-Christ.* L'humilité et la souffrance seules pouvaient régénérer l'homme dégradé. Cette humilité et cette souffrance qu'il vient prêcher au monde, Jésus les a prises pour lui-même, simple ouvrier et passant pour fils d'ouvrier dans une ville méprisée de Galilée. Quand il commence sa vie publique, la sublimité de sa doctrine, l'éclat de ses miracles, la merveilleuse pureté de sa vie lui attirent les foules. Mais l'orgueil blessé lui aliène les savants et les princes des prêtres. Ils le font mourir sur une croix et croient en le tuant tuer sa doctrine. Elle est reprise intrépidement par ses apôtres, et en quelques années le monde entier est évangélisé. Les chrétiens se glissent partout, même à la cour des empereurs. Les empereurs déclareront une guerre acharnée à cette religion nouvelle qui condamne leurs excès et refuse de se courber devant leurs images divinisées par une lâche adulation. Malgré leur puissance, les empereurs seront vaincus, et, en 313, Constantin publiera *l'édit de Milan* qui accordera la liberté à l'Église.

CHAPITRE V

ANARCHIE ET INVASIONS

SOMMAIRE

Anarchie militaire. — Invasions. — Dioclétien et la tétrarchie. — Abdication de Dioclétien. - Nouvelle anarchie. Constantin seul empereur.

Anarchie militaire. — L'Empire n'avait que deux siècles d'existence, et déjà, grâce au rôle prépondérant des armées, il était dévoré par l'anarchie. Durant une période de trente-trois ans (235-268), connue sous le nom d'*anarchie militaire*, on ne compta pas moins de *sept* empereurs, de *vingt* généraux qui revêtirent la pourpre dans quelque partie du monde romain, et qui tous eurent une fin tragique. Le plus célèbre de ces empereurs pour ses infortunes fut *Valérien* (254-260), qui, vaincu par Sapor, roi des Perses, successeurs des Parthes, tomba entre ses mains et subit une honteuse captivité de huit ans. Le cruel vainqueur, paraît-il, se servait de son dos comme d'un marchepied pour monter à cheval. Quand l'empereur fut mort, il fit tanner sa peau; on la teignit de rouge, et elle fut suspendue aux voûtes du sanctuaire principal de la Perse.

Invasions. — Il est clair que pendant ces guerres civiles l'Empire n'était plus défendu : les Barbares l'envahissaient de toutes parts. Pendant que dans les Gaules des paysans insurgés, qu'on a surnommés les *Bagaudes*, faisaient d'affreuses dévastations, les Alamans ravageaient les rives du Danube et du Rhin; les pirates saxons pillaient les côtes de la Bretagne et de la Gaule; les Francs poussaient leurs incursions jusqu'en Sicile; en Afrique les Maures s'agitaient, les Perses aussi derrière le Tigre.

Sous le poids des désordres intérieurs et de l'invasion étrangère, l'Empire semblait à la veille de s'effondrer, lorsqu'il fut relevé tout à coup par l'énergie et l'habileté d'un empereur originaire de Dalmatie, *Dioclétien*.

Dioclétien (285-305). La tétrarchie. — Comprenant que ses épaules ne pourraient porter un fardeau aussi lourd que celui de l'Empire, Dioclétien résolut de se donner un auxiliaire. Son choix tomba sur un de ses compagnons d'armes, **Maximien**, fils d'un colon de Pannonie, homme sans éducation, mais

Dioclétien.
(Musée du Capitole.)

brave, expérimenté, bien propre à être le *bras*, tandis que Dioclétien serait la *tête*. Il l'adopta, et le déclara *César;* puis, après d'éclatants services, dès 286, il le fit *Auguste;* c'était le faire son égal. Les deux Augustes luttèrent avec succès contre les Barbares, Dioclétien en Orient, Maximien en Occident. Cependant les efforts qu'ils durent faire leur rendirent évidente la nécessité de s'adjoindre chacun un *César ;* et ainsi se trouva établie la forme de gouvernement qu'on a appelée *tétrarchie, gouvernement des quatre*. Les Césars furent deux Illyriens : pour Dioclétien, **Galère**, ancien bouvier, homme grossier, mais plein de courage; pour Maximien, **Constance** dit **Chlore** ou *le Pâle,* d'un esprit plus cultivé, d'un caractère plus doux, l'époux de la pieuse princesse devenue *sainte Hélène*.

On fit quatre parts des provinces : Dioclétien eut l'Orient, et Galère, la Thrace avec les provinces du Danube; Maximien eut l'Italie, l'Afrique, les îles; et Constance, l'Espagne, la Gaule et la Bretagne. L'unité de l'Empire subsista malgré ce partage : le maître suprême en fut toujours Dioclétien. Les dernières formes de la République achevèrent alors de disparaître, et il ne resta plus, sans aucun déguisement, qu'une volonté, la volonté du maître. Cette consécration définitive du *despotisme*, Dioclétien l'affirma même par la pompe extérieure dont il entoura la majesté souveraine, par l'étiquette qu'il fit régner à la cour. Les empereurs ceignirent le diadème; ils parurent revêtus de riches étoffes de soie et d'or; on ne put les approcher qu'à genoux, en les *adorant*.

Par la tétrarchie d'ailleurs, Dioclétien atteignit le but désiré, et les Barbares durent reculer sur tous les points. Pendant que Maximien écrasait les Bagaudes en Gaule, chassait les Germains au delà du Rhin, Galère forçait le roi des Perses, *Narsès*, à céder la Mésopotamie et cinq provinces au delà du Tigre; Constance refoulait les Francs, descendait en Bretagne et y détruisait des usurpateurs respectés par Dioclétien lui-même. Le calme rétabli, Dioclétien releva les fortifications des frontières, créa des postes nouveaux, et mit l'Empire sur un pied formidable.

Abdication de Dioclétien (305). — Ne voulant à la tête de l'Empire que des hommes vigoureux, Dioclétien avait sagement disposé que les deux Augustes abdiqueraient après la vingtième année de leur règne et seraient remplacés par les deux Césars, qui à leur tour choisiraient deux Césars nouveaux. Il abdiqua donc le 1er mai 305, et Maximien suivit son exemple, mais bien à contre-cœur; puis le maître du monde se retira en Dalmatie dans une magnifique villa, à Salone, où il s'occupa à faire pousser des légumes superbes, heureux, du moins feignant de l'être. Il vécut encore huit ans (305-313).

Nouvelle anarchie (305-324). Constantin seul empereur (324). — Après l'abdication de Dioclétien, Galère et Constance prirent le titre d'*Augustes* et créèrent deux Césars : **Maximin Daïa**, qui eut la Syrie et l'Égypte; **Sévère**, qui reçut l'Italie et l'Afrique. Mais presque aussitôt Constance mourut en Bretagne, et son fils **Constantin** lui succéda avec le titre de César. Rome, où les empereurs ne résidaient plus, irritée de son abandon, salua **Maxence**, fils de Maximien, qui prit son père pour collègue. L'Empire eut donc à la fois six maîtres : deux Augustes, Galère et Sévère; deux Césars, Constantin et Maximin; deux usurpateurs, Maxence et Maximien.

Ce que Dioclétien aurait dû prévoir arriva. Sa fermeté, son esprit discret et insinuant, avaient maintenu la concorde entre les princes; mais aussitôt qu'il se fut retiré, on vit une effroyable anarchie. Sévère disparut le premier, vaincu et tué par Maximin (307). Maximien fut mis à mort par son gendre Constantin, qu'il avait essayé de renverser (310). L'an-

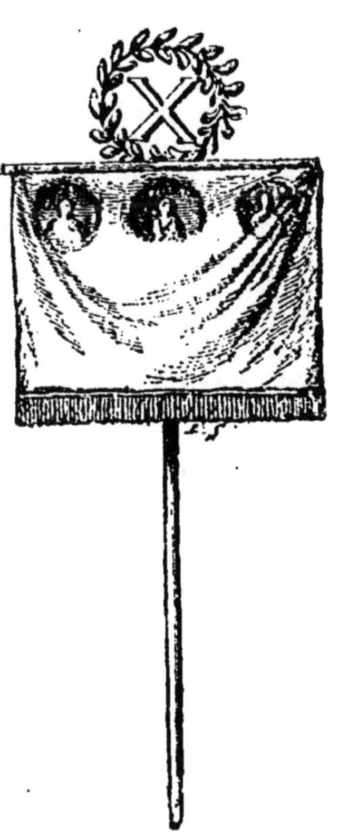

Le *Labarum*. (D'après les monnaies de Constantin.)

née suivante, Galère mourait d'une maladie affreuse (311). Maxence fut vaincu et tué, près le *pont Milvius*, à Rome, par Constantin, qui avait arboré le *Labarum*, ou l'*étendard de la croix* (312). Maximin s'empoisonna, après avoir été vaincu par le successeur de Galère, *Licinius* (313). Licinius, à son tour, fut battu, déposé d'abord (323), puis tué (324), et Constantin demeura seul empereur. Il maintint une heureuse paix pendant tout son règne (324-337), réorganisa fortement l'Empire et fonda une nouvelle capitale, *Constantinople*, admirablement située entre l'Europe et l'Asie, à l'entrée de deux grandes mers.

RÉSUMÉ

L'anarchie et l'invasion étrangère désolent l'Empire. L'ordre revient avec Dioclétien (285-305), qui fait disparaître les derniers vestiges de la forme républicaine, et, pour contenir les Barbares, organise la *tétrarchie :* deux empereurs, Dioclétien en Orient, *Maximien* en Occident, assistés chacun d'un César, *Galère* pour Dioclétien, *Constance Chlore* pour Maximien. Les invasions sont partout arrêtées.

Dioclétien abdique en 305, et avec lui Maximien. Constance Chlore, bientôt remplacé par son fils *Constantin,* prend pour César *Sévère*, qui devient Auguste à sa mort; Galère prend pour César *Maximin Daïa*. Mais Rome proclame *Maxence*, qui se donne pour collègue son père l'ancien Auguste, *Maximien*. La guerre éclate entre les six maîtres de l'Empire. Sévère est tué par Maximin. Maximien est tué par Constantin. Maxence est vaincu et tué par Constantin, dans la célèbre bataille du *pont Milvius* (312). Maximin, vaincu par le successeur de Galère, Licinius, s'empoisonne. Licinius est vaincu et tué par Constantin, qui, resté seul maître (324), rétablit pour quelques années la paix.

CHAPITRE VI

LE CHRISTIANISME RELIGION D'ÉTAT

SOMMAIRE

Constantin après sa conversion. — L'arianisme et le concile de Nicée. — L'organisation de l'Église primitive. — L'empereur Théodose.

Constantin après sa conversion. — Constantin montra une reconnaissance sincère pour la victoire du pont Milvius, qu'il avait remportée en 312 avec le

secours de la croix. Il arrêta aussitôt toutes les persécutions contre les chrétiens par *l'édit de Milan*, et se fit
inscrire parmi les catéchumènes.

L'empereur, il est vrai, ne rompit pas immédiatement avec le paganisme. Il garda son titre païen de
grand pontife, qui mettait entre ses mains la religion
de l'Empire; il conserva à sa cour des païens; si à son
fils aîné Crispus il donna
pour précepteur *Lac-
tance*, le plus violent
ennemi des faux dieux,
à un autre de ses fils il
donna comme maître
d'éloquence *Arborius*,
païen ou du moins indif-
férent. Il fit fermer dans
les provinces un temple
d'Esculape et un temple
de Vénus, parce qu'il s'y
commettait d'odieux dé-
sordres; mais il respecta
les temples de Byzance
et de Rome. Rome, avec
ses cent cinquante-deux
temples, son sénat païen
en grande majorité, de-
meura longtemps encore,
selon le mot de saint Jé-

Constantin. — Buste d'agate.
(Cabinet de France.)

rôme, « l'égout de toutes les superstitions. » Sur l'arc
triomphal que fit ériger l'empereur en 315 en mémoire
de sa victoire sur Maxence, on voit des sacrifices païens.
Enfin la plupart des médailles qu'on a retrouvées de lui
sont frappées à l'effigie de quelque divinité païenne :
Jupiter, Mars, surtout le Soleil ou Apollon.

Néanmoins, on aurait tort de conclure de tout ceci
à l'indifférence religieuse de Constantin. L'ensemble des
faits nous le présente, au contraire, *comme un croyant*,
comme un véritable dévot. Sans doute il crut devoir au
paganisme des ménagements, et l'Église elle-même lui en

donnait l'exemple. Mais alors même qu'il aurait, comme le dit saint Jérôme, différé de recevoir le baptême jusqu'à son lit de mort, il n'en est pas moins vrai que dès l'année 312 ses convictions étaient faites en faveur du christianisme, et sa conduite *officielle* fut conforme à ses convictions. Aumônes aux églises, restitution des biens confisqués pendant les persécutions, exemption pour les clercs des charges publiques, obligation pour tous du repos dominical, ces mesures et une foule d'autres témoignent de la sympathie de Constantin pour le christianisme. On peut dire que dès lors le christianisme devint réellement *religion d'État;* en d'autres termes, qu'elle fut la seule religion reconnue et protégée par l'Empire.

L'arianisme. Le concile de Nicée (325). — L'empereur se regardait comme le défenseur naturel de l'Église, chargé de la protéger contre ses ennemis et du dehors et du dedans. Ce rôle d'*évêque du dehors,* comme il aimait à s'appeler, il eut l'occasion de le remplir à propos d'une hérésie redoutable qui affligea l'Orient.

Un diacre d'Alexandrie, nommé *Arius,* niait la divinité de Jésus-Christ : c'était nier la base elle-même du christianisme. Aussi l'émoi fut-il vif parmi les fidèles. Une première condamnation portée par le patriarche d'Alexandrie n'arrêta point l'hérésiarque. Ses partisans ne s'en agitèrent que davantage, et la lutte prit un caractère d'âpreté tel que Constantin résolut, pour mettre fin à la querelle, de réunir tous les évêques de la catholicité à Nicée (325). Ce fut le premier concile *œcuménique* ou *universel.* Les évêques y délibérèrent au nombre de trois cent dix-huit, sous la présidence de deux légats envoyés par l'évêque de Rome, saint Sylvestre. Un *Credo,* ou *résumé de la foi chrétienne,* qui est encore récité à la messe, y fut rédigé. Arius fut solennellement condamné, et Constantin l'exila après avoir brûlé ses livres.

Rappelé quelques années après, l'hérésiarque, escorté d'un nombreux et brillant cortège, se disposait à souiller de sa présence l'église de Constantinople, lorsqu'il fut emporté par une mort subite et honteuse.

Organisation de l'Église primitive. — L'arianisme ne disparut point avec Arius; mais l'Église était assez forte maintenant pour ne point le craindre. Dans les solennelles assises de Nicée, elle avait trouvé son *Credo*, qui avait fixé pour toujours sa doctrine; ce *Credo* sera une arme invincible que chercheront en vain à entamer et l'arianisme et de nouvelles hérésies. Dans ce premier concile, l'Église avait donné aussi au monde le spectacle de sa puissante organisation. Elle avait grandi silencieusement dans les ténèbres des Catacombes, et à l'heure où il lui était permis de se montrer au grand jour, elle apparaissait vigoureuse, armée pour l'existence et pour la lutte. Le paganisme n'avait rien connu de semblable à cette hiérarchie majestueuse composée des *patriarches*, des *évêques*, des *prêtres*, des *diacres* et des ministres inférieurs. Au-dessus de tous, comme pour donner à tout l'ensemble l'unité de vie et de mouvement, était l'évêque de Rome, le *pape*, successeur de saint Pierre, et comme lui représentant visible du chef invisible de la chrétienté, Jésus-Christ.

Théodose (379-395). — Jusqu'à sa mort, arrivée en 337, Constantin se montra le zélé protecteur de l'Église. Plus fervent chrétien encore fut *Théodose*, fils d'un simple comte de l'Empire, que son mérite éleva au souverain pouvoir en 379. Il porta même contre l'arianisme et contre le paganisme des mesures sévères qui l'ont exposé auprès de certains esprits grincheux au reproche de dureté et d'intolérance.

Théodose, médaille d'argent.
(Cabinet de France.)

La religion de Théodose se manifesta en deux circonstances particulièrement mémorables, où l'on voit une preuve éclatante de l'ascendant que commençait à prendre le christianisme sur ces natures violentes. La ville d'Antioche s'était révoltée à l'occasion de nouveaux impôts. Dans l'émeute on avait outragé les statues de l'empereur et de l'impératrice. C'était une insulte grave, qui pouvait amener de terribles représailles, étant donné le caractère emporté de l'empereur. Pendant un mois, les habitants furent dans de mortelles alarmes. Mais l'évêque Flavien alla vers l'empereur, plaida la cause des coupables, et la colère de l'empereur, qui était grande, tomba.

Le second fait est plus remarquable encore peut-être. Les habitants de Thessalonique, pour un cocher du cirque jeté en prison, avaient tué le Goth *Bothéric,* commandant de la place, et plusieurs officiers. La vengeance arriva prompte, épouvantable. Pendant que le peuple était tout occupé aux jeux du cirque, des soldats entourèrent en silence l'édifice et égorgèrent tous ceux qui étaient là; on n'épargna ni les vieillards, ni les femmes, ni les enfants. Théodose se trouvait alors à Milan, dont Ambroise était évêque. Lorsqu'il se présenta au temple pour faire ses dévotions, l'évêque l'arrêta à la porte, et lui reprocha intrépidement son crime. Théodose ne put entrer dans l'église qu'après s'être humilié la face contre terre et avoir demandé pardon en présence de tous les fidèles. Jamais encore la puissance spirituelle n'avait remporté pareil triomphe : cet acte est à la fois la gloire de Théodose et la gloire d'Ambroise.

Avant de mourir, en janvier 395, Théodose partagea ses États entre ses deux fils : *Arcadius,* qui eut l'Orient, et *Honorius,* qui eut l'Occident. Cette division fut définitive. Il y eut un *empire d'Orient,* un *empire d'Occident;* il n'y avait plus d'*empire romain.*

RÉSUMÉ

Après d'affreuses persécutions, l'Église devient *religion d'État* sous l'empereur Constantin, qui se fait gloire de jouer le rôle d'*évêque du dehors,* surtout au concile de Nicée (325); et surtout sous l'empereur *Théodose* (379-395), qui laisse d'admirables exemples de clémence et d'humilité chrétiennes.

TABLE DES MATIÈRES

L'ANTIQUITÉ

Les peuples de l'Orient.

La Grèce.

30884. — Tours, impr. Mame.